THE MAGIC OF MARKETING
마케팅의 마법

당신이 무심코 선택한 브랜드에는,
이미 마법이 걸려 있다.

강동성

저자 소개

강동성 | 그래픽디자이너, 브랜딩 디렉터

성균관대학교에서 시각디자인과 미디어커뮤니케이션을 전공한 그는,
디자인과 커뮤니케이션의 경계를 넘나들며 브랜드의 본질을 탐구해 왔다.

또한 20년 넘게 그래픽디자인과 브랜딩 현장에서 활동하며
국내외 디자인·광고 공모전에서 29회 이상의 수상 경력을 거둔
실무형 디자이너이자 전략가로 불리고 있다.

그의 작업은 늘 같은 질문에서 시작된다.
"사람은 왜 이 브랜드를 좋아할까?"
이 질문을 따라가며 그는 디자인과 마케팅의 중심에
결국 '사람의 마음'이 있다는 것을 깨닫는다.

이 책 『THE MAGIC OF MARKETING | 마케팅의 마법』은
저자의 실무 경험을 바탕으로 선정한 200가지 주제를
체크리스트 형식으로 풀어낸 결과물이다.

이 200가지 체크리스트를 통해
당신의 마케팅도 언젠가 마법과 같은 순간을 맞이할 것이다.

마케팅은 마법이 아니다.
하지만, 마법처럼 느껴질 때가 있다.

우리는 매일 수많은 브랜드와 메시지 속에서 살아간다.
길을 걷다 문득 눈에 들어오는 간판,
손가락이 멈추는 광고,
이유를 설명할 수 없는 어떤 끌림.
그 순간 작동하는 것이 바로 마케팅의 마법이다.

20년 넘게 디자인과 브랜딩의 현장에서 일해왔다.
그 여정에서 깨달은 것이 있다.
사람을 움직이는 건 기술도 예산도 아니라 진솔한 감정과 이야기라는 사실이다.

마케팅은 데이터를 다루지만, 결국 사람의 마음을 다룬다.
논리보다 공감이, 계산보다 진심이 오래 남는다.
나는 그 원리를 수많은 브랜드와 프로젝트 속에서 확인했다.

이 책 『마케팅의 마법』은 그런 순간들의 기록이다.
화려한 이론보다, 사람들이 왜 브랜드에 끌리는지
그 본질적인 이유를 이야기한다.

이 책은 마케터만을 위한 기록이 아니다.
누구나 살아가며 무언가를 설득하고, 표현하고,
누군가의 마음을 움직인다.
그 순간, 당신은 이미 마케터다.

마케팅은 마법이 아니다.
하지만 사람의 마음을 이해하는 순간,
언제나 마법처럼 작동한다.

추천사

정성은 | 성균관대학교 미디어커뮤니케이션학과, 교수

15년전 설득커뮤니케이션 수강생이 마케팅의 전문가가 되어 돌아왔다.
수많은 현장경험을 바탕으로 마케팅이 공감과 관계의 언어로
세상과 사람을 잇는 마법임을 쉽게 설명한다.

강민용 | 성균관의대·삼성서울병원, 교수

『마케팅의 마법』은 결국 사람을 이해하는 이야기다.
이 책을 통해 '사람을 어떻게 이해할 것인가'에 대한 깊고도 따뜻한 통찰을 얻게 된다.

최길림 | 법무법인 시완, 대표 변호사

작가의 20년 경험을 통해 마케팅의 본질이 무엇인지 다시 생각하게 한다.
마케팅의 본질을 알게 하고 그 시야를 한층 더 확장시킬 수 있는 책이다.

DJ 래피 | SBS 라디오 'DJ 래피의 드라이브 뮤직'

시장은 전장이요, 마음은 승부처다.
『마케팅의 마법』은 기술의 전술이 아닌 '공감의 병법'을 펼친다.

고은아 | 영화배우·방송인

『마케팅의 마법』은 크리에이티브의 교과서다.
카피, 디자인, 브랜딩이 한 언어로 연결될 때 비로소 '설득'이 예술이 된다는 걸 보여준다.

이승오 | 네스프레소 코리아, 마케팅 본부장

마케팅의 방대한 내용을, 한 입 크기로 쏙쏙 읽히는 스낵형 콘텐츠이면서도,
브랜드 전략부터 세일즈, 디지털, 소비자 인사이트까지 핵심을 골고루 맛볼 수 있는
'마케팅 미식 플레이팅' 같은 책이었다.

갈민수 | 삼덕회계법인, 공인회계사

마케팅의 효과를 단기 손익만으로 평가하기 어렵고,
장기적인 자산가치로 봐야 한다.

임성중 | 동국대학교 미래융합교육원, 겸임교수

'Think Different'를 넘어 'Feel Together'로.
이 책은 브랜드와 인간의 관계를 다시금 돌아보게 한다

윤재영 | 세무법인 시완, 대표 세무사

수많은 노하우, 다향한 경험 속에서 탄생한 주옥같은 마케팅의 마술서!
세분화된 접근이 정말 큰 울림을 준다.

김종성 | 노무법인 시완, 대표 노무사

마케팅이 어렵게 느껴질 때, 이 책은 방향을 제시한다.
진심이 마법이 되는 순간을 경험하게 될 것이다.

이우람 | PR펌 바다와하늘처럼, 대표

브랜드와 사람 사이에 공감의 다리를 놓는 법을 아는 이에게 든든한 나침반이 될 것이다.
진심 어린 커뮤니케이션이 만드는 마법을,
200가지 통찰 속에서 생생하게 확인할 수 있다.

목차

마케팅이란?	---	9
소비자는 어떻게 선택하는가?	---	10
첫인상에 팔린다	---	11
소비자는 감정으로 결정한다	---	12
광고의 본질	---	13
애플	---	14
슬로건의 힘	---	15
색 하나가 매출을 바꾼다	---	16
고객은 왜 비교하는가?	---	17
비싼 게 더 잘 팔리는 이유	---	18
희소성이 만들어내는 착각	---	19
마케팅은 심리학이다	---	20
충동구매는 어떻게 유도되는가?	---	21
나이키	---	22
시장조사의 기본 원리	---	23
후기 한 줄의 힘	---	24
입소문은 어떻게 형성되는가?	---	25
감성 디자인의 힘	---	26
유통채널의 비밀	---	27
브랜드란 무엇인가?	---	28
스토리텔링 마케팅	---	29
프로모션의 심리학	---	30
제품 포지셔닝 기술	---	31
마케팅 믹스 4P	---	32
코카콜라	---	33
충성 고객은 어떻게 만들어지는가?	---	34
보편적 니즈와 잠재 욕구	---	35
세분화 전략의 힘	---	36
마케팅 목표 설정	---	37
고객 경험 관리	---	38
도브	---	39
고객 여정맵 이해하기	---	40
옴니 채널 전략이 필요한 이유	---	41
마케팅과 문화 코드	---	42
사회적 책임과 브랜드 이미지	---	43
고객 가치란 무엇인가?	---	44
고객 불만은 어떻게 기회가 되는가?	---	45
리서치 도구의 활용법	---	46
스타벅스	---	47
소비자 인사이트 발굴	---	48
경쟁자 분석 제대로 하기	---	49
차별화 전략의 성공 포인트	---	50
블루오션 전략	---	51
틈새시장 공략	---	52
데이터 기반 마케팅	---	53
디지털 전환과 마케팅 혁신	---	54
고객 경험의 디지털화	---	55
레고	---	56
ESG가 브랜드 이미지를 바꿀까?	---	57
Z세대 마케팅	---	58
밀레니얼 세대 마케팅	---	59
레드불	---	60
베이비 부머 세대 마케팅	---	61
시니어 마케팅	---	62
구글	---	63
여성 소비자 분석	---	64
남성 소비자 분석	---	65
가족 단위 마케팅	---	66
헬스케어 마케팅	---	67
뷰티 마케팅	---	68
패션 마케팅	---	69
이케아	---	70
스포츠 마케팅	---	71
엔터테인먼트 마케팅	---	72
여행 산업 마케팅	---	73
식음료 마케팅	---	74
교육 산업 마케팅	---	75
금융 서비스 마케팅	---	76
부동산 마케팅	---	77
올드 스파이스	---	78
스타트업 마케팅	---	79
프랜차이즈 마케팅	---	80
B2B 마케팅	---	81
B2C 마케팅	---	82
파타고니아	---	83
선거 캠페인 전략	---	84
정치와 마케팅	---	85
불매운동과 브랜드	---	86
가상 인플루언서	---	87
바이오 산업과 마케팅	---	88

테슬라	---	89
직영점과 대리점 운영	---	90
리테일먼트 마케팅	---	91
번들링과 세트 판매의 기술	---	92
희소성과 긴급성의 법칙	---	93
크로스셀링과 업셀링 전략	---	94
맥도날드	---	95
온라인 광고의 기본	---	96
검색광고 이해하기	---	97
디스플레이 광고와 배너	---	98
리타깃팅 광고 전략	---	99
유튜브 마케팅의 가능성	---	100
버거킹	---	101
콘텐츠 SEO 전략	---	102
키워드 분석과 활용	---	103
링크 빌딩의 힘	---	104
블로그 마케팅	---	105
퍼포먼스 마케팅의 핵심	---	106
KPI 설정과 관리	---	107
ROI 계산하기	---	108
구독 경제와 마케팅	---	109
토요타	---	110
밈과 마케팅의 결합	---	111
레트로 마케팅	---	112
게임화 마케팅	---	113
싫어도 기억나는 광고	---	114
나스	---	115
지갑을 열게 하는 카피	---	116
카피의 반전 효과	---	117
넷플릭스	---	118
광고 속 유머 코드	---	119
캐릭터와 브랜드	---	120
원소스멀티유즈	---	121
IMC 전략	---	122
파트너십과 협업 마케팅	---	123
소셜 프루프 전략	---	124
ESG와 가치 기반 마케팅	---	125
넛지 마케팅	---	126
로컬리즘 마케팅	---	127
리버스 마케팅	---	128
샤넬	---	129
타임 마케팅	---	130
스텔스 마케팅	---	131
침묵 마케팅	---	132
아디다스	---	133
언박싱 마케팅	---	134
심리적 가격 마케팅	---	135
펩시	---	136
섀도 마케팅	---	137
기억 왜곡 마케팅	---	138
만델라 효과	---	139
광고의 3B 법칙	---	140
광고의 4C 법칙	---	141
루이비통	---	142
AIDA 모델	---	143
광고의 황금 8초 법칙	---	144
칵테일 파티 효과	---	145
메라비언의 법칙	---	146
삼성전자	---	147
광고의 빈도 효과	---	148
브랜드 저널리즘	---	149
앵커링 효과	---	150
페덱스	---	151
감정 곡선 이론	---	152
길거리 게릴라 광고	---	153
펭귄 효과	---	154
슬리퍼 효과	---	155
핑크 택스	---	156
컬처 잭킹	---	157
카니발라이제이션	---	158
핀터레스트	---	159
심리적 소유 효과	---	160
라스트마일 마케팅	---	161
언더독 효과	---	162
디드로 효과	---	163
제로 모먼트 오브 트루스	---	164
다크 패턴	---	165
스티커 가격 쇼크	---	166
허먼 밀러	---	167
파라독스 오브 초이스	---	168

후광 효과	---	169
자이가르닉 효과	---	170
밴드왜건 효과	---	171
컨텍스트 마케팅	---	172
플라세보 마케팅	---	173
옥시토신 마케팅	---	174
디커플링 전략	---	175
바넘 효과	---	176
톡 트리거	---	177
에스컬레이터 효과	---	178
심볼릭 가치	---	179
롱테일 법칙	---	180
고객 생애 가치	---	181
플라이휠 효과	---	182
슈거마켓 전략	---	183
퍼플 카우	---	184
리버스 포지셔닝	---	185
필립 코틀러	---	186
세스 고딘	---	187
데이빗드 오길비	---	188
아메리칸 익스프레스	---	189
스티브 잡스	---	190
게리 베이너척	---	191
도미노 피자	---	192
앨 리스 & 잭 트라우트	---	193
사이먼 시넥	---	194
브라이언 체스키	---	195
닐 파텔	---	196
제이 베어	---	197
리처드 브랜슨	---	198
리바이스	---	199
말콤 글래드웰	---	200
다니엘 핑크	---	201
앤 핸드리	---	202
세스 스티븐스 다비도위츠	---	203
브라이언 솔리스	---	204
버나데트 지와	---	205
세라 블레이클리	---	206
로리 서덜랜드	---	207
마케팅의 미래와 마케터의 역할	---	208

마케팅이란?

당신이 어제 산 그 운동화는 정말 운동화 그 자체였을까? 단지 발을 보호하거나 운동을 하기 위해서라면 만 원짜리 신발로도 충분했을 것이다. 하지만 당신은 십만 원이 넘는 돈을 지불했다. 당신이 산 것은 신발이 아니라 그 신발을 신었을 때 표현하고 싶은, 어떤 정체성이었다. 마케팅은 바로 거기에서 시작된다.

마케팅이 무엇이냐고 물으면 대부분 광고나 홍보를 떠올린다. 하지만 그것은 마케팅의 표면일 뿐이다. 진짜 마케팅은 훨씬 더 깊고 인간적이다. 좋은 마케팅은 마케팅처럼 보이지 않는다. 당신이 스스로 선택했다고 느끼게 만든다.

애플은 컴퓨터를 팔지 않는다. '다르게 생각하는 사람들'의 세계관을 판다. 나이키는 '해내는 사람'이 되고 싶은 욕망을 판다. 스타벅스는 집과 직장 사이 '제3의 공간'을 판다. 이것이 마케팅이다. 제품이 아니라 의미를 파는 일이다. 그렇다면 마케팅은 속임수인가? 아니다. 나쁜 마케팅은 거짓 욕망을 만들어낸다. 하지만 좋은 마케팅은 이미 당신 안에 있던 욕망을 발견하게 해준다. 당신도 미처 몰랐던 당신의 필요를 알아차리게 해준다.

즉, 마케팅은 설득이 아니라 울림이다. 브랜드 메시지가 당신 안의 어떤 부분과 울림을 만들어낼 때, 당신은 그 브랜드를 선택한다. 파타고니아는 "우리 제품을 사지 마세요"라는 광고를 냈다. 상식적으로는 말이 안 된다. 하지만 사람들은 오히려 더 많이 샀다. 제품이 아니라 철학을 샀기 때문이다. 이것이 마케팅의 역설이다. 팔려고 하면 팔리지 않는다. 진심으로 가치를 전하면 팔린다.

마케팅은 끊임없이 진화해 왔다. 20세기에는 대중 광고와 미디어가 중심이었고, 21세기에는 디지털과 데이터가 주도하고 있다. 하지만 시대가 변해도 마케팅의 본질은 변하지 않는다. 기술은 도구일 뿐, 핵심은 여전히 사람이다. 인공지능이 소비자 데이터를 분석해도, 그 데이터를 어떻게 인간적인 메시지로 바꿀지 결정하는 것은 마케터의 감성이다.

결국 마케팅은 '팔기 위한 전략'이 아니라, '사람을 이해하는 철학'이다. 좋은 마케팅은 소비자를 조종하지 않는다. 오히려 공감하고 존중하며, 함께 가치를 만들어간다. 마케팅의 출발점은 제품이 아니라 사람의 마음이며, 그 목적은 매출이 아니라 관계의 형성이다.

당신이 어제 산 그 운동화를 다시 보라. 누군가 당신의 욕망을 이해했고, 당신의 삶을 존중했다는 증거다. 마케팅은 그렇게 세상과 사람 사이에 보이지 않는 다리를 놓는다.

소비자는 어떻게 선택하는가?

소비자는 제품이나 서비스를 선택할 때 가격 비교에만 의존하지 않는다. 그 결정은 복잡한 심리, 사회적 요인, 그리고 경험이 얽혀 이루어진다. 마케터가 이 과정을 이해해야 하는 이유는 명확하다. 소비자가 무엇을 보고, 무엇을 느끼며, 어떤 계기로 행동하는지 알 때 효과적인 전략을 세울 수 있기 때문이다.

첫 번째 요인은 '필요와 욕구'다. 기본적으로 소비는 필요에서 출발한다. 배고픔을 해결하기 위해 음식을 사거나, 추위를 막기 위해 옷을 고르는 것이 그 예다. 그러나 현대 소비는 필요를 넘어서 욕구를 충족하는 성격이 강하다. 옷을 고를 때 기능보다 디자인과 브랜드를 중시하거나, 스마트폰을 선택할 때 단순한 통화 기능보다 카메라 성능이나 스타일을 고려하는 것이 대표적이다.

두 번째는 '정보 탐색'이다. 소비자는 선택 과정에서 다양한 경로로 정보를 모은다. 온라인 리뷰, 유튜브 영상, 친구의 추천 등은 구매 결정을 좌우하는 중요한 요소다. 특히 신뢰할 수 있는 사람이나 매체의 의견은 강력한 영향을 준다. 그래서 기업들은 공식 광고 외에도 체험단, 인플루언서 마케팅을 통해 소비자의 정보 탐색 과정에 개입하려 한다.

세 번째는 '비교와 평가'다. 소비자는 여러 대안을 놓고 가격, 품질, 디자인, 서비스 등을 비교한다. 이때 자신의 가치관과 상황에 맞는 선택을 한다. 예를 들어 친환경을 중요시하는 소비자는 다소 비싸더라도 지속 가능성을 강조하는 브랜드를 선택한다. 이는 소비자의 선택에 정체성과 가치관의 표현이 반영된다는 것을 보여준다.

네 번째는 '구매 후 경험'이다. 소비자의 선택은 일시적 구매로 끝나지 않는다. 실제 사용 과정에서의 만족도가 다음 선택에 큰 영향을 미친다. 좋은 경험은 재구매와 긍정적 입소문으로 이어지고, 나쁜 경험은 불만과 부정적 평판으로 남는다. 그렇기에 마케팅은 구매 전 단계뿐 아니라 구매 후 경험까지 설계해야 한다.

이 모든 과정을 거치며 소비자는 자신에게 가장 합리적이라고 느끼는 선택을 내린다. 하지만 그 합리성은 철저히 주관적이다. 따라서 마케터는 소비자를 획일적으로 보지 않고, 다양한 기준과 맥락으로 이해하는 것이 중요하다.

첫인상에 팔린다

사람이 새로운 사람을 만날 때 몇 초 만에 이미지를 형성하듯, 브랜드와 제품도 첫인상에서 많은 것이 결정된다. 연구에 따르면 소비자는 3~7초 안에 구매 여부를 마음속으로 정한다고 한다. 이 짧은 순간 안에 소비자의 눈을 사로잡고 호감을 얻는 것이 마케팅의 성패를 좌우한다. 그래서 첫인상은 브랜드가 전달하는 전반적인 경험의 출발점이라고 할 수 있다.

첫인상을 좌우하는 가장 큰 요소 중 하나는 디자인이다. 패키지, 로고, 매장 인테리어, 웹사이트 화면은 소비자에게 브랜드의 태도를 보여주는 창구다. 세련된 디자인은 전문성과 신뢰감을, 따뜻한 색감과 부드러운 곡선은 친근감을 준다. 이러한 시각적 단서는 고객이 브랜드를 이해하고 감정을 느끼는 첫 관문이 된다.

시각뿐만 아니라 언어적 요소도 중요하다. 광고 문구, 제품 설명, 브랜드가 사용하는 톤앤매너는 첫 만남에서 소비자가 받는 인상을 결정한다. 짧지만 강렬한 문장은 신뢰를 주고, 복잡한 표현은 혼란을 만든다. 고객은 브랜드가 어떤 방식으로 자신과 소통하는지로 브랜드를 평가한다.

경험 역시 첫인상 형성에 큰 역할을 한다. 예를 들어 새로운 카페를 방문했을 때 직원의 인사와 서비스 태도가 좋다면 브랜드 전체에 대한 호감이 높아진다. 반대로 작은 불친절이나 불편한 과정이 있었다면 브랜드 전반에 부정적인 인상을 남긴다. 사람은 부정적인 경험을 긍정적인 경험보다 더 오래 기억하는 경향이 있다. 그렇기에 첫 접점에서 제공하는 경험은 세심하게 설계되어야 한다.

디지털 환경에서도 첫인상은 중요하다. 웹사이트의 로딩 속도, 모바일 앱의 직관적 인터페이스, 소셜 미디어 계정의 피드 구성까지 모두 브랜드를 평가하는 근거가 된다. 사용자가 처음 클릭했을 때 느끼는 매끄러움과 편리함은 제품 품질과 별개로 신뢰를 심어준다. 디지털 시대의 첫인상은 단 몇 초의 체험으로 형성되며, 그 순간 고객은 브랜드를 선택할지 떠날지를 결정한다.

심리학에서 '초두 효과'라고 부르는 현상은 처음 형성된 인상이 이후의 경험을 해석하는 틀로 작용함을 보여준다. 한번 좋은 인상을 받은 고객은 작은 실수를 너그럽게 받아들이지만, 나쁜 인상을 받은 고객은 긍정적인 요소도 부정적으로 해석한다. 마케팅에서 첫인상이 중요한 이유가 여기에 있다.

첫인상은 시간이 지나도 쉽게 바뀌지 않는다.

소비자는 감정으로 결정한다

사람들은 구매를 이성적으로 판단한다고 믿는다. 가격과 성능을 비교하고 합리적인 근거를 따져 결정을 내린다고 생각한다. 하지만 심리학과 행동경제학의 연구는 다른 결과를 보여준다. 실제로 소비자는 순간적인 감정에 따라 선택하고, 이성적 근거는 이미 내린 결정을 정당화하는 역할에 그치는 경우가 많다.

옷을 고를 때를 떠올려보자. 소재와 가격을 확인하는 과정은 있지만, 마지막에 결정을 이끄는 것은 "이 옷이 나와 잘 어울린다"는 감정이다. 자동차를 구입할 때도 마찬가지다. 안전성과 연비를 따진다 해도, 차를 처음 봤을 때의 설렘이나 운전석에 앉았을 때의 자신감이 구매로 이어진다. 감정이 선택을 움직이고, 이성이 뒤따라 설명을 보태는 구조다.

감정은 기억과 연결되어 강력한 영향력을 발휘한다. 특정 브랜드를 떠올릴 때 떠오르는 것은 제품 자체가 아니라 그것과 함께한 경험이다. 초콜릿 브랜드가 어린 시절의 따뜻한 추억을 소환하고, 향수 브랜드가 첫사랑의 감정을 불러오는 것이 대표적 사례다. 마케터는 이런 기억과 정서를 브랜드 메시지와 연결해 고객이 무의식적으로 긍정적인 반응을 하도록 만든다.

광고는 감정을 활용하는 가장 효과적인 도구다. 따뜻한 가족 이야기, 감동적인 음악, 유머러스한 장면은 복잡한 설명보다 훨씬 오래 남는다. 소비자는 정보를 쉽게 잊지만, 감정은 오래 간직한다. 그래서 뛰어난 광고는 제품의 기능을 나열하기보다 마음을 움직이고 공감을 일으킨다. 이 과정을 통해 브랜드는 기능적 속성을 넘어 감정적 상징으로 자리 잡는다.

디지털 환경에서는 감정의 영향력이 더욱 두드러진다. 소셜 미디어에서 공유되는 콘텐츠는 정보 전달이 아니라 감정을 자극하는 경우가 많다. 웃음을 주거나 감동을 일으키거나, 때로는 분노를 불러일으키는 메시지가 폭발적으로 확산된다. 사람들은 논리보다 감정에 빠르게 반응하고, 그 감정은 행동으로 이어진다.

그러나 감정만 자극한다고 해서 성공이 보장되는 것은 아니다. 소비자는 진정성을 쉽게 구분한다. 억지로 눈물을 유도하거나 과장된 메시지는 오히려 거부감을 낳는다. 브랜드가 진심 어린 철학과 가치를 기반으로 감정적 연결을 만들어야 한다. 그럴 때 소비자는 브랜드를 상품이 아닌 자신의 일부로 받아들인다.

광고의 본질

광고는 소비자의 마음을 움직이는 커뮤니케이션이다. 광고의 핵심은 제품이나 서비스의 존재를 알리고 구매를 촉진하는 데 있지만, 그것만으로는 설명이 부족하다. 본질적으로 광고는 브랜드가 소비자와 대화하는 방식이며, 사람들의 일상 속에서 자연스럽게 메시지를 각인시키는 도구다.

광고의 출발점은 '관심'을 얻는 것이다. 수많은 정보가 쏟아지는 시대에서 소비자의 시선을 잡지 못하면 광고는 존재 자체가 무의미하다. 따라서 첫 단계는 시각적, 청각적 자극을 통해 주목을 끌고, 이어서 메시지를 명확히 전달하는 것이다. 이때 중요한 것은 화려한 표현이 아니라 브랜드가 진정으로 전하고 싶은 핵심 가치다.

광고의 두 번째 본질은 '설득'이다. 소비자가 이미 알고 있는 정보나 태도를 변화시키려면, 그들이 공감할 수 있는 논리와 감정을 동시에 건드려야 한다. 단순히 기능적 장점을 나열하는 광고는 오래 기억되지 않는다. 반대로 감정적 스토리와 사회적 맥락을 담은 광고는 강한 인상을 남긴다. 예를 들어 나이키의 광고는 신발 기능보다 '도전과 성취'라는 가치에 초점을 맞추며, 소비자의 삶과 연결된 설득을 이끌어낸다.

세 번째 본질은 '브랜드 관계 강화'다. 광고는 단기적으로 판매를 올리지만, 장기적으로는 브랜드와 소비자 간 신뢰를 쌓는 역할을 한다. 반복 노출을 통해 브랜드를 친숙하게 만들고, 긍정적인 이미지를 심어줌으로써 충성도를 높인다. 스타벅스가 매년 특정 시즌마다 캠페인을 이어가는 것도, 소비자와의 관계를 강화하려는 전략적 광고 활동이다.

또한 광고는 사회적, 문화적 맥락 속에서 기능한다. 같은 메시지라도 시대와 환경에 따라 다르게 받아들여진다. 디지털 시대의 광고는 단방향 전달에서 벗어나 소비자 참여를 유도하고, 소셜미디어를 통해 대화형 구조로 발전했다. 이는 광고가 단순히 '보여주는 것'에서 '함께 경험하는 것'으로 진화했음을 보여준다.

마케터가 잊지 말아야 할 점은 광고의 목적이 단기적 매출 증대에만 있지 않다는 것이다. 광고는 브랜드가 지향하는 철학과 소비자의 욕구를 연결해, 장기적인 관계를 만들어가는 과정이다. 성공적인 광고는 사람들에게 제품을 사게 만들 뿐 아니라, 브랜드를 삶 속의 의미 있는 상징으로 자리 잡게 한다.

결국 광고의 본질은 정보 전달, 설득, 관계 강화라는 세 축으로 요약된다. 이를 통해 광고는 단순한 상업적 메시지가 아니라 문화적 경험이 되며, 소비자가 브랜드와 맺는 관계의 깊이를 결정짓는다.

💡 **Get ideas!**

애플
Think Different

6

1997년, 파산 위기에 몰린 애플(Apple)은 기능이 아닌 철학으로 승부를 걸었다. 스티브 잡스가 복귀 후 내놓은 전략은 단순했다. "제품을 팔지 말고, 우리가 믿는 것을 말하라." 그렇게 탄생한 캠페인이 바로 'Think Different(다르게 생각하라)'였다.

광고에는 아인슈타인, 간디, 마틴 루터 킹, 피카소 등 세상을 바꾼 인물들이 등장했다. 그들의 공통점은 단 하나, 세상이 불가능하다고 말할 때도 '다르게 생각한 사람들'이었다. 내레이션은 이렇게 끝난다. "미친 사람들, 반항아들, 문제아들... 세상을 다르게 보는 사람들. 그들이 세상을 바꾼다." 이 광고는 제품의 사양이나 기능을 단 한 줄도 언급하지 않았다. 대신 애플이 믿는 가치와 태도를 보여줬다.

이 한 문장이 애플의 운명을 바꿨다. 'Think Different'는 혁신과 자유, 창의성의 상징이 되었다. 소비자는 컴퓨터가 아니라, 자신이 '세상을 다르게 바라보는 사람'이라는 정체성을 샀다. 즉, 애플은 제품이 아닌 정신(Spirit)을 팔았다.

이 캠페인은 브랜딩의 방식을 완전히 바꿨다. 과거의 광고가 "무엇을 파는가?"에 집중했다면, 애플은 "왜 존재하는가?"에 답했다. 이는 이후 전 세계 마케팅 교과서에서 'Purpose-driven Branding(목적 중심 브랜딩)'의 시작으로 기록됐다. 스티브 잡스는 "우리의 고객은 세상을 바꿀 수 있다고 믿는 사람들"이라며, 애플을 혁신의 상징으로 다시 세웠다.

'Think Different'는 또한 감성 브랜딩(Emotional Branding)의 대표 사례다. 사람들은 애플의 기술이 아닌 감정에 반응했다. 광고를 본 사람들은 그 정신의 일부가 되고 싶어 했다. 애플은 기술 회사에서 문화적 아이콘으로 성장했다.

이 캠페인은 직원들에게도 깊은 울림을 주었다. 그들은 "우리는 단순한 컴퓨터 회사가 아니라, 세상을 바꾸는 팀이다."라는 자부심을 갖게 되었다. 즉, 'Think Different'는 외부 소비자뿐 아니라 내부 조직의 영혼을 일깨운 메시지였다.

스티브 잡스는 말한다. "마케팅은 속이는 기술이 아니라, 우리가 믿는 것을 세상에 알리는 예술이다." 'Think Different'는 그 철학을 완벽히 증명한 캠페인이었다. 기능보다 믿음, 기술보다 인간의 감성을 이야기한 그 한 문장은 지금도 브랜드 마케팅의 본질을 보여준다.

슬로건의 힘

브랜드를 대표하는 문장인 슬로건은 짧지만 강력한 힘을 가진다. 단 몇 단어만으로도 브랜드가 전하려는 철학과 메시지를 압축해 보여주기 때문이다. "Just Do It", "Because You're Worth It" 같은 문장은 단순한 광고 문구가 아니라 세대를 넘어 문화적 상징으로 자리 잡았다. 사람들의 마음속에 깊게 남는 슬로건에는 분명한 원리가 있다.

첫째, 슬로건은 명확해야 한다. 불필요하게 길거나 복잡하면 기억되지 않는다. 간결한 문장은 이해하기 쉽고, 입에 착 붙는다. 특히 리듬감 있는 구조나 반복은 기억을 강화한다. 짧고 단호한 문장은 메시지를 직관적으로 전달하며, 소비자가 브랜드와 함께 떠올릴 수 있는 강력한 단서를 제공한다.

둘째, 감정을 움직여야 한다. 슬로건이 단순한 설명에 머물면 소비자는 곧 잊어버린다. 감정은 기억을 붙잡는 접착제다. 자신감, 행복, 자유, 사랑 같은 감정을 자극할 때 소비자는 문장을 단어 이상의 의미로 받아들인다. 나이키의 슬로건은 운동화 판매를 넘어 도전과 용기를 상징하는 말로 자리 잡았고, 이는 소비자에게 스스로를 표현하는 언어가 되었다.

셋째, 슬로건은 브랜드의 정체성과 일관돼야 한다. 기업이 실제로 추구하지 않는 메시지를 내세우면 소비자는 곧 불신을 느낀다. 슬로건이 살아남기 위해서는 브랜드의 행동과 경험이 그 문장을 뒷받침해야 한다. 화려한 문구보다 중요한 것은 메시지와 실제 경험이 얼마나 일치하는가이다.

넷째, 문화적 맥락을 고려해야 한다. 한 나라에서 성공한 슬로건이 다른 문화권에서 어색하거나 부정적인 의미를 가질 수 있다. 언어적 뉘앙스와 사회적 분위기를 이해하는 것이 필수적이다. 현지화를 고려한 슬로건은 글로벌 시장에서 더 큰 힘을 발휘한다.

다섯째, 시대성을 반영하되 너무 빠르게 휘둘리지 않아야 한다. 유행어를 그대로 가져다 쓰면 잠시 관심을 끌 수는 있지만 오래 남기 어렵다. 반면 보편적인 가치와 희망을 담은 메시지는 시간이 지나도 살아남는다. 훌륭한 슬로건은 시대의 흐름과 함께 공감대를 형성하면서도 본질적인 가치를 잃지 않는다.

슬로건은 짧지만 브랜드의 얼굴과도 같다. 고객은 광고를 잊더라도 슬로건은 기억한다. 그리고 그 문장은 브랜드에 대한 태도와 경험을 다시 떠올리게 만든다. 마케터가 고민해야 할 것은 어떻게 문장을 만드는가가 아니라, 어떤 철학과 감정을 농축해 담을 것인가다. 기억에 남는 슬로건은 결국 브랜드의 진심을 가장 압축된 언어로 표현한 결과다.

색 하나가 매출을 바꾼다

우리가 물건을 고를 때 눈에 가장 먼저 들어오는 요소는 색이다. 색은 단순한 장식이 아니라 감정을 자극하고 행동을 유도하는 강력한 신호다. 마케팅과 심리학 연구에 따르면, 사람들은 제품을 접한 후 불과 몇 초 안에 첫인상을 형성하는데 그 판단의 대부분은 색에서 비롯된다. 그래서 브랜드는 색을 신중하게 선택해야 하며, 이 작은 차이가 매출에 큰 영향을 미친다.

빨강은 긴장과 에너지를 불러일으켜 주목도를 높인다. 음식점이나 패스트푸드 브랜드가 빨강을 즐겨 사용하는 이유는 사람들의 식욕을 자극하기 때문이다. 파랑은 안정감과 신뢰를 상징한다. 금융사와 기술 기업이 파랑을 활용하는 것은 신뢰와 전문성을 강조하기 위해서다. 초록은 자연과 건강, 균형을 떠올리게 하며, 친환경 브랜드나 웰니스 관련 산업에서 많이 사용된다. 이런 색의 연상 효과는 단순한 미학적 선택이 아니라 소비자의 무의식에 작용하는 전략이다.

색은 제품의 카테고리와도 밀접하다. 예를 들어 화장품 패키지에서 흰색은 깨끗함과 순수함을 전달하며, 고급 브랜드는 검정과 금색을 사용해 세련됨과 권위를 표현한다. 스포츠 브랜드는 강렬한 색 대비로 활동성과 에너지를 강조한다. 같은 제품이라도 어떤 색을 입히느냐에 따라 소비자가 느끼는 가치와 가격 인식까지 달라진다.

또한 색은 브랜드 정체성을 구축하는 데 핵심 역할을 한다. 스타벅스의 녹색, 코카콜라의 빨강, 티파니의 블루처럼 특정 색은 곧 브랜드 그 자체로 기억된다. 소비자는 로고를 보지 않아도 색만으로 브랜드를 떠올릴 수 있다. 이는 색이 단순한 시각 요소를 넘어 브랜드 자산으로 기능한다는 증거다.

디지털 환경에서도 색은 중요하다. 웹사이트의 배경, 버튼의 색상, 앱의 인터페이스는 사용자의 행동을 직접적으로 좌우한다. 연구에 따르면 버튼의 색상만 바꿔도 클릭률이 눈에 띄게 달라질 수 있다. 전자상거래 사이트에서 '구매하기' 버튼의 색이 강조되지 않으면 사용자는 행동을 미루거나 이탈한다. 색은 곧 행동을 유도하는 촉매제다.

다만 색을 선택할 때 주의해야 할 점도 있다. 문화권마다 색의 상징이 다르기 때문이다. 서양에서 흰색은 순수함을 의미하지만, 일부 아시아 문화에서는 장례를 상징하기도 한다. 따라서 글로벌 시장을 겨냥하는 브랜드는 색이 가진 문화적 함의를 충분히 검토해야 한다.

고객은 왜 비교하는가?

사람들은 물건을 살 때 거의 항상 비교 과정을 거친다. 가격, 성능, 디자인, 후기까지 다양한 요소를 대조하며 자신에게 가장 합리적인 선택을 하려 한다. 그런데 고객이 비교를 하는 이유는 단순히 정보를 더 많이 알고 싶어서가 아니다. 비교 과정은 불확실성을 줄이고 선택에 확신을 얻기 위한 심리적 장치다.

소비자는 구매 과정에서 불안을 느낀다. 돈을 지불한 뒤 후회하지 않을까 하는 두려움 때문이다. 비교는 이 불안을 줄이는 가장 손쉬운 방법이다. 두세 가지 옵션을 나란히 놓고 차이를 확인하면 스스로 판단을 통제하고 있다는 안정감을 얻는다. 이 과정에서 고객은 선택의 주도권을 쥐고 있다고 느끼며, 결과적으로 만족감이 높아진다.

또한 비교는 사회적 영향과도 관련이 있다. 사람들은 타인의 선택을 참고하며 자신의 결정을 정당화하려 한다. 온라인 리뷰나 별점이 중요한 이유도 여기에 있다. 실제로 많은 연구에서 별점이 높은 제품은 가격이 다소 비싸더라도 선택될 가능성이 크다는 결과가 나타났다. 비교는 단순한 정보 탐색이 아니라 사회적 동조 현상의 일부다.

흥미로운 점은 비교의 기준이 항상 객관적이지 않다는 것이다. 소비자는 절대적 가치보다 상대적 차이에 민감하게 반응한다. 예를 들어 5천 원이 더 저렴한 제품을 발견했을 때, 실제 금액 차이는 크지 않지만 "내가 더 나은 선택을 했다"는 심리적 만족을 준다. 이런 이유로 유사한 제품군을 나란히 진열하는 전략이 효과적이다. 고객은 차이를 확인하며 스스로 현명한 소비를 하고 있다고 느낀다.

기업은 이러한 심리를 활용해 가격 정책을 설계한다. 대표적인 것이 '미끼 효과'다. 실제로 판매하려는 상품 옆에 조금 덜 매력적인 옵션을 배치하면, 소비자는 자연스럽게 원하는 방향으로 선택하게 된다. 잡지 구독이나 스트리밍 서비스 요금제가 이런 방식으로 구성되는 경우가 많다. 소비자는 비교를 통해 자유롭게 선택했다고 생각하지만, 사실은 브랜드가 미리 설계한 길을 따라간 셈이다.

비교는 고객에게 필요하지만, 지나치면 선택을 방해한다. 선택지가 너무 많으면 오히려 결정 장애를 불러오고, 이탈률이 높아진다. 따라서 마케터는 비교를 용이하게 만들되, 선택을 단순화하는 균형을 유지해야 한다. 핵심은 고객이 스스로 똑똑한 결정을 내렸다고 느끼게 만드는 것이다.

비싼 게 더 잘 팔리는 이유

가격은 숫자 이상의 의미를 지닌다. 소비자는 가격을 통해 품질과 가치를 해석하며, 때로는 값비싼 제품을 더 선호한다. 경제학의 이론만으로는 설명하기 어렵지만, 심리학과 사회적 맥락을 고려하면 이해할 수 있다. 가격은 신호이자 상징이며, 소비자가 느끼는 감정을 자극하는 장치다.

첫째, 높은 가격은 신뢰로 이어진다. 사람들은 값이 비쌀수록 더 좋은 재료와 기술이 사용되었을 것이라고 추측한다. 와인을 대상으로 한 실험에서 동일한 제품을 서로 다른 가격으로 제시했을 때, 더 비싸다고 설명된 와인을 사람들이 더 맛있게 평가한 사례가 있다. 이처럼 가격은 품질을 보증하는 신호로 기능한다.

둘째, 비싼 제품은 희소성과 차별성을 드러낸다. 사람들은 다른 이들과 차별화된 경험을 원하며, 가격은 이를 구분해 주는 기준이 된다. 명품 가방이나 한정판 스니커즈는 기능을 넘어 소유욕과 사회적 지위를 상징한다. 가격이 높을수록 소유 자체가 특별한 의미를 갖게 되는 이유다.

셋째, 가격은 자기 정체성과 연결된다. 소비자는 제품을 통해 자신을 표현하고, 때로는 자신을 보상한다. 힘든 하루를 보낸 뒤 고급 레스토랑을 선택하는 것은 단순한 식사가 아니라 자기 위로와 격려의 행위다. 값비싼 제품을 고르는 선택은 자신이 가치 있는 존재라는 확신을 강화하는 과정이 된다.

넷째, 가격은 브랜드 스토리를 강화한다. 고급 브랜드는 일정 수준 이상의 가격을 유지함으로써 전통과 품질을 지켜왔다. 반대로 가격을 낮추면 오랫동안 쌓아온 이미지를 스스로 흔들 위험이 있다. 소비자는 가격에서 브랜드가 가진 역사와 철학을 읽어내며, 그 자체를 하나의 신뢰 신호로 받아들인다.

물론 비싼 가격이 항상 성공을 보장하는 것은 아니다. 소비자가 지불한 비용에 걸맞은 경험과 품질이 제공되지 않으면 실망은 더욱 커진다. 한 번의 불만은 브랜드 전체를 흔들 수 있으며, 가격이 높을수록 기대치도 높아진다는 점을 간과해서는 안 된다. 따라서 고가 전략은 철저한 품질 관리와 차별화된 경험이 반드시 뒷받침되어야 한다.

마케터가 고민해야 할 핵심은 가격을 높일 방법이 아니라, 그 가격에 걸맞은 경험과 가치를 어떻게 설계할 것인가다. 가격은 강력한 마케팅 언어이자 브랜드의 신뢰를 형성하는 중요한 요소다.

희소성이 만들어내는 착각

사람들은 흔히 귀한 것일수록 가치 있다고 믿는다. 마케팅에서 희소성은 소비자의 판단을 흔드는 강력한 장치다. 재고가 얼마 남지 않았다는 문구나 '한정판'이라는 표시만으로도 구매 욕구가 급격히 높아진다. 실제로 제품의 본질은 변하지 않았는데도, 희소성은 소비자에게 특별한 의미를 부여한다. 이는 심리학에서 말하는 '결핍 효과'와 깊은 관련이 있다.

희소성은 선택을 서두르게 만든다. "지금 사지 않으면 기회를 놓친다"는 압박은 소비자의 합리적 사고보다 본능을 자극한다. 사람들은 자유롭게 선택할 수 있다는 확신을 중요하게 여기지만, 선택의 기회가 제한된다고 느낄 때 오히려 강한 소유 욕구를 느낀다. 온라인 쇼핑몰에서 '마지막 3개 남음'이라는 문구가 매출을 끌어올리는 이유가 바로 여기에 있다.

희소성은 사회적 비교 심리와도 맞닿아 있다. 특정 상품이 한정 수량으로만 제공될 때, 그 제품을 얻은 사람은 자연스럽게 차별성을 지닌다고 생각한다. 이 차별성은 단순히 소유의 기쁨을 넘어 타인과의 비교에서 오는 우월감으로 이어진다. 명품 브랜드가 매 시즌 한정판을 출시하는 이유는 제품 자체의 기능이 아니라 사회적 지위를 상징하는 힘 때문이다.

그러나 희소성은 때때로 착각을 불러온다. 실제로 필요하지 않은 제품조차 '지금 아니면 못 산다'는 심리가 작동하면 소비자는 충동적으로 지갑을 연다. 나중에 후회하더라도 당시의 감정은 강력하게 작용해 구매를 이끈다. 이런 점에서 희소성은 소비자에게 합리적 선택의 근거가 아니라 감정을 자극하는 신호로 작용한다.

마케터는 희소성을 전략적으로 활용하지만, 무분별한 사용은 위험하다. 항상 "품절 임박"이나 "한정판"을 내세우면 소비자는 금세 익숙해져 신뢰를 잃는다. 더 나아가 허위로 희소성을 강조하면 브랜드의 신뢰가 무너진다. 따라서 진정한 희소성은 실제 자원이나 기회가 제한되어 있을 때만 효과적으로 작동한다.

흥미로운 점은 희소성이 반드시 물리적 수량에만 국한되지 않는다는 것이다. 경험이나 시간도 희소성을 가진다. 특정 기간에만 열리는 전시회나 이벤트는 그 자체로 특별한 의미를 갖는다. 소비자는 그 순간에만 참여할 수 있다는 제한 때문에 더 강한 몰입을 보인다.

진정성 있는 희소성은 고객에게 특별한 경험을 제공하고, 브랜드를 독보적인 위치로 끌어올린다.

마케팅은 심리학이다

제품이 시장에서 성공하는가를 이해하려면 경제 논리만으로는 부족하다. 같은 조건의 상품이라도 어떤 것은 폭발적인 반응을 얻고, 어떤 것은 주목받지 못한다. 그 차이를 설명하는 열쇠는 소비자의 마음속에 있다. 사람들의 생각과 행동을 연구하는 심리학은 마케팅의 핵심 도구다.

소비자는 언제나 합리적으로 행동하지 않는다. 가격이 조금 더 높더라도 포장이 세련되면 마음이 끌리고, 필요하지 않은 물건도 "지금 기회를 놓치면 안 된다"는 말에 흔들린다. 이는 감정과 인지적 편향이 결정에 영향을 미치기 때문이다. 심리학은 사람들이 왜 그렇게 반응하는지, 어떤 자극에 움직이는지를 해석해 준다.

대표적인 사례가 앵커링 효과다. 소비자는 처음 제시된 숫자나 정보에 크게 좌우된다. 할인 전 가격을 강조하는 방식은 실제 절약 금액과 상관없이 더 이득을 보는 것처럼 느끼게 만든다. 또 다른 사례는 사회적 증거다. "많은 사람들이 선택했다"는 문구나 높은 별점은 개인의 판단보다 훨씬 강력한 설득력을 발휘한다. 불확실할 때 사람들은 타인의 행동을 기준으로 삼는다.

색채와 형태 같은 시각적 요소도 심리학적 해석이 가능하다. 빨강은 긴장과 에너지를, 파랑은 안정과 신뢰를 떠올리게 한다. 브랜드가 색을 선택할 때는 미적 취향을 넘어 무의식적 반응까지 고려한다. 디자인 요소는 감정을 자극하고 브랜드에 대한 첫인상을 형성하는 중요한 단서다.

스토리텔링 또한 심리학과 깊은 관계가 있다. 인간은 숫자보다 이야기를 더 잘 기억한다. 이야기는 감정을 자극하고 공감을 불러일으켜 소비자와 브랜드 사이의 유대를 강화한다. 나이키가 운동화를 넘어 도전과 성취의 상징으로 자리 잡은 것도 강력한 스토리와 감정적 연결 덕분이다.

디지털 환경에서도 심리학은 여전히 작동한다. 앱을 처음 실행했을 때 느끼는 편리함, 웹사이트 버튼의 위치와 색, 알림이 도착하는 순간까지 모두 심리적 반응을 고려한 결과다. 작은 변화가 클릭률과 전환율을 크게 바꾸는 이유는 인간의 인지가 섬세하기 때문이다.

심리학을 이해하는 순간 마케팅은 거래가 아니라 마음을 움직이는 전략으로 발전한다.

충동구매는 어떻게 유도되는가?

매장에서 사람들이 계획에 없던 물건을 집어 드는 장면은 흔히 볼 수 있다. 충동구매는 일시적인 감정과 환경적 요인이 결합해 발생하는 행동이다. 전체 소비의 상당 부분이 충동구매에서 비롯된다는 연구도 있을 만큼, 마케팅에서 중요한 영역이다. 마케터는 이 심리를 이해하고 전략적으로 활용해야 한다.

첫째, 시각적 자극이 강력하다. 계산대 근처에 배치된 간식, 눈에 잘 띄는 진열대의 신제품은 소비자의 즉각적인 호기심을 자극한다. 짧은 시간 안에 판단하도록 유도하는 배치는 "생각할 틈을 주지 않는 설득"이 된다. 색상 대비가 강한 패키지나 한눈에 들어오는 디자인은 충동구매를 이끄는 주요 장치다.

둘째, 한정성과 시간 압박이 결합되면 효과가 커진다. "오늘만 할인", "재고 소진 시 종료" 같은 문구는 선택을 지연시키기 어려운 분위기를 만든다. 기회가 제한적이라는 인식은 소비자에게 행동을 서두르게 하는 압박으로 작용한다. 희소성과 긴급함이 함께 작동할 때 충동구매의 가능성은 급격히 높아진다.

셋째, 감각적 경험은 구매 욕구를 강화한다. 향기로운 냄새, 매장에서 흘러나오는 음악, 부드러운 촉감은 제품에 대한 호감을 빠르게 형성한다. 슈퍼마켓에서 갓 구운 빵 냄새를 풍기는 전략은 오래전부터 사용되어 왔으며, 실제로 판매율을 크게 높인다. 오감을 활용하는 마케팅은 이성적 판단보다 감정적 반응을 빠르게 자극한다.

넷째, 사회적 요인도 중요하다. 다른 사람들이 장바구니에 담은 모습을 보거나 온라인에서 "인기 상품"이라는 표식을 볼 때 소비자는 자신도 선택해야 한다는 압박을 느낀다. 사회적 증거는 합리적 분석보다 즉각적인 행동을 유발하는 촉매제가 된다.

다섯째, 디지털 환경에서도 충동구매는 빈번하다. 온라인 쇼핑몰의 '추천 상품', 한정 수량 알림, 푸시 메시지는 계획에 없던 클릭을 유도한다. 특히 모바일에서는 구매 과정이 단순화되어 있어 충동적인 결정을 빠르게 행동으로 옮기게 된다.

충동구매를 유도하는 전략은 효과적이지만 주의도 필요하다. 소비자가 반복적으로 후회한다면 브랜드에 대한 신뢰가 무너질 수 있다. 따라서 마케터는 충동구매가 긍정적인 경험으로 이어지도록 제품 품질과 서비스 만족을 함께 보장해야 한다. 충동구매는 소비자의 약점이 아니라 인간적인 특성이다.

> Get ideas!

나이키
Just Do It

14

1988년, 나이키(Nike)는 아디다스와 리복의 거센 추격으로 위기에 놓여 있었다. 제품의 품질은 뛰어났지만, 메시지는 없었다. 그때 나이키는 광고회사 와이든 앤 케네디(Wieden + Kennedy)와 함께 단 한 문장의 슬로건을 내세웠다. 바로 "Just Do It(그냥 해)"이었다. 이 짧은 세 단어가 브랜드의 운명을 바꾸었다.

이 단순한 문구에는 인간의 도전, 두려움, 결단, 그리고 자유의 의미가 담겨 있었다. 나이키는 '운동선수를 위한 브랜드'에서 '모든 사람의 잠재력을 깨우는 브랜드'로 변신했다. 누구나 마음속에 있는 '할까 말까'의 순간에, "그냥 해"라는 나이키의 목소리가 울렸다. 이 한 문장은 운동을 넘은 삶의 철학이 되었다.

첫 캠페인 영상에는 80세 마라톤 러너 월터 스택(Walter Stack)이 등장했다. 그는 웃으며 달리며 말한다. "난 매일 17마일을 뛰어. Just do it." 젊음, 화려함, 완벽한 몸매 대신, 꾸준함과 의지를 보여준 이 광고는 '모든 사람의 가능성'을 응원했다. 이때부터 나이키는 신발이 아닌 영감(Inspiration)을 팔기 시작했다.

"Just Do It" 캠페인은 감정 중심 마케팅(Emotional Branding)의 전환점이었다. 나이키는 제품의 기능을 강조하지 않았다. 대신 인간의 본능적인 열망 '시작하고 싶지만 두려운 마음'을 건드렸다. 이 메시지는 운동선수뿐 아니라, 새로운 도전을 앞둔 모든 사람에게 울림을 주었다.

이 슬로건은 시대를 거치며 끊임없이 새롭게 해석되었다. 여성, 장애인, 흑인, 성소수자 등 다양한 주체들이 등장하며, 나이키는 그들의 목소리를 통해 '도전의 보편성'을 이야기했다. 특히 2018년, NFL 선수 콜린 캐퍼닉(Colin Kaepernick)을 모델로 한 광고는 큰 파장을 일으켰다. 그가 인종차별에 항의해 경기 중 무릎을 꿇은 행동을 지지한 것이다. 광고 문구는 이렇게 말했다. "무엇을 믿든, 그것을 위해 모든 것을 걸어라." 이 용기 있는 선택은 논란을 불렀지만, 동시에 나이키를 신념의 브랜드로 만들었다.

"Just Do It"은 광고를 넘어 문화가 되었다. 시험을 앞둔 학생, 창업을 고민하는 사람, 두려움 앞에 선 누구나 이 말을 떠올린다. 나이키의 공동창립자 필 나이트는 말했다. "나이키는 신발을 만드는 회사가 아니라, 사람의 잠재력을 믿게 만드는 회사다."

시장조사의 기본 원리

시장조사는 마케터가 전략을 세우기 위해 반드시 거쳐야 하는 출발점이다. 좋은 아이디어나 직관만으로는 시장의 반응을 정확히 예측할 수 없기 때문에, 체계적으로 데이터를 수집하고 분석하는 과정이 필요하다. 시장조사의 목적은 소비자가 누구인지, 어떤 문제를 가지고 있으며, 어떤 상황에서 제품과 서비스를 선택하는지 이해하는 데 있다. 이를 통해 기업은 불필요한 위험을 줄이고 성공 가능성을 높일 수 있다.

시장조사의 기본은 크게 두 가지로 나뉜다. 첫째는 정량 조사다. 이는 설문조사나 통계 자료처럼 수치로 표현되는 데이터를 다루며, 시장의 규모나 소비자의 선호도를 수치화해 보여준다. 예를 들어 특정 연령대의 사람들이 어떤 브랜드를 얼마나 자주 구매하는지, 제품 가격을 어떻게 인식하는지 등을 파악할 수 있다. 둘째는 정성 조사로, 소비자의 생각이나 감정을 깊이 이해하는 방식이다. 인터뷰, 포커스 그룹, 관찰 조사가 여기에 속한다. 정성 조사는 숫자로 표현하기 어려운 동기와 행동 패턴을 밝혀내는 데 유용하다.

시장을 조사할 때는 몇 가지 기본 단계가 있다. 먼저 문제를 명확히 정의해야 한다. 원인이 경쟁사의 가격 인하 때문인지, 소비자의 라이프스타일 변화 때문인지, 유통 채널의 문제인지에 따라 접근 방식이 달라진다. 문제 정의가 정확해야 조사 설계와 분석이 올바르게 진행된다.

다음은 자료 수집 단계다. 이때 1차 자료와 2차 자료로 구분할 수 있다. 1차 자료는 직접 조사해 얻은 새로운 데이터이고, 2차 자료는 이미 존재하는 보고서, 통계, 논문 등에서 얻을 수 있는 정보. 대부분의 시장조사는 비용과 시간을 절약하기 위해 2차 자료부터 확인하며, 필요할 경우 1차 조사를 병행한다.

자료를 수집한 후에는 분석 단계가 뒤따른다. 데이터를 나열하는 것이 아니라, 패턴을 발견하고 의미를 해석하는 과정이 중요하다. 예를 들어 동일한 제품을 사용하는 소비자라도 지역별, 소득별로 다른 이유를 가지고 있을 수 있으며, 이를 파악해야 효과적인 마케팅 전략을 설계할 수 있다.

마지막 단계는 결과를 의사결정에 연결하는 것이다. 즉, 조사 결과는 마케팅 전략 수립, 제품 개선, 가격 정책 조정, 광고 메시지 개발 등 실제 실행 단계에 반영되어야 한다. 결국, 마케팅 시장 조사는 고객, 트렌드, 경쟁사 등 시장에 대한 체계적인 데이터 수집 및 분석을 통해 효율적인 마케팅 전략을 수립하고 의사 결정을 지원하는 활동이다. 이를 통해 기업은 고객의 니즈를 파악하고, 시장에서 경쟁 우위를 확보할 수 있다.

후기 한 줄의 힘

16

현대 소비자는 광고보다 또래의 목소리를 먼저 찾는다. 같은 제품이라도 별점과 한 줄 평이 탄탄하게 쌓인 페이지는 클릭률과 전환율에서 유리하다. 이유는 명확하다. 기업이 전하는 메시지는 이해관계가 앞설 수 있지만, 사용자가 남긴 경험담은 생활의 언어로 기록되어 신뢰를 끌어올린다.

후기는 정보 이상의 역할을 한다. 짧은 문장이라도 실제 맥락을 담아낸 문구는 브랜드에 대한 심상을 형성한다. "포장 깔끔, 문의 답변 빠름", "재구매 의사 있음" 같은 표현은 기능 설명보다 빠르게 마음을 움직인다. 사람들은 자신과 비슷한 상황에 있는 타인의 선택을 근거로 삼는 경향이 있어, 소수의 진솔한 리뷰가 다수의 망설임을 해소한다.

양만큼 질도 중요하다. 과장된 수식이나 템플릿처럼 반복되는 표현은 신뢰를 갉아먹는다. 사진, 사용 환경, 전후 비교 같은 구체적 근거가 포함될수록 설득력이 높아진다. 반대로 악의적 평가는 길게 남는다. 삭제에만 의존하기보다 응답 속도, 해결 과정 공개, 사후 조치 안내를 통해 공정한 절차를 보여주는 편이 브랜드 자산을 지킨다.

이때 마케터가 할 일은, 제품 사용 여정을 점검해 자연스럽게 칭찬이 나올 포인트를 심어야 한다. 배송 정확도, 개봉 경험, 첫 설정 가이드, 문제 발생 시 응대까지 전 구간이 리뷰의 소재가 된다. 만족 구간을 또렷하게 만들면 고객은 자발적으로 경험을 기록한다. 안내 문구도 중요하다. "구매자 팁을 한 줄로 남겨주세요"처럼 구체적으로 요청하면 참여율이 오른다.

노출 전략도 성패를 가른다. 상세 페이지 상단에 대표 후기 3~5개를 배치하고, 제품 유형별로 필터를 제공하면 탐색 피로가 줄어든다. 핵심 키워드 하이라이트, 별점 분포 시각화, 질문·답변 모듈을 함께 구성하면 고객은 필요한 근거를 빠르게 확보한다. 캠페인 크리에이티브에도 실제 문구를 인용하면 광고 신뢰가 올라간다. 다만 인용 시에는 출처 표기와 동의 절차를 지켜야 한다.

인센티브는 투명해야 한다. 플랫폼 가이드라인에 맞춰 보상 여부를 명확히 밝히고, 긍정·부정 가리지 않는 솔직한 피드백을 요청해야 한다. 편파적 유도는 단기 성과를 만들 수 있어도 장기적으로는 계정 제재나 신뢰 하락을 초래한다. 리뷰 조작 시도는 검색 노출과 평판 모두에 치명적이므로 금물이다.

한 줄 평은 짧지만 무게가 크다. 그 한 줄이 쌓여 브랜드의 이야기와 지위를 만든다.

입소문은 어떻게 형성되는가?

입소문은 브랜드가 억지로 조작하기 어려운 힘이다. 고객이 직접 경험한 이야기를 자발적으로 전할 때 발생하며, 전통적인 광고보다 훨씬 높은 신뢰를 얻는다. 사람들은 기대하지 않았던 만족이나 인상 깊은 순간을 경험했을 때, 이를 주변에 공유하고 싶어 한다.

입소문이 형성되는 조건은 몇 가지로 정리할 수 있다. 첫째는 놀라움이다. 예상치 못한 경험은 강렬한 인상을 남기며 대화의 소재가 된다. 둘째는 유용함이다. 일상에서 실질적으로 도움이 되는 정보나 혜택은 주변에 전파하고 싶게 만든다. 셋째는 간결함이다. 기억하기 쉬운 문구나 짧은 설명은 다른 사람에게 전달되기 쉽다. 이 요소가 하나라도 충족되면 입소문은 생겨나고, 여러 요소가 함께할 때 파급력은 훨씬 커진다.

고객 여정에서의 특정 순간도 결정적인 역할을 한다. 첫 구매 과정, 포장이나 개봉 경험, 고객센터 응대에서의 친절함 같은 장면은 감정을 자극하고, 브랜드를 긍정적으로 각인시킨다. 이렇게 형성된 감정은 자연스럽게 대화로 이어져 입소문을 확산시킨다.

브랜드는 이를 뒷받침할 장치를 제공할 수 있다. 예를 들어 "세 번 클릭이면 끝난다" 같은 짧은 문구는 기억하기 쉬워 다른 사람에게 바로 전해진다. 또한 충성 고객이나 커뮤니티의 핵심 인물에게 특별한 경험이나 선물을 제공하면, 이들이 이야기를 퍼뜨리는 핵심 매개자가 된다.

입소문이 잘 퍼지기 위해서는 참여 장벽을 낮추는 것도 중요하다. 리뷰 작성은 짧고 간단해야 하며, 추천 코드나 초대 링크는 쉽게 공유 가능해야 한다. 오프라인에서도 포토존이나 특별한 포장, 매장에서의 따뜻한 한마디가 공유 욕구를 자극한다.

무엇보다 중요한 것은 신뢰다. 인위적인 보상은 반드시 투명하게 밝혀야 하며, 불만은 성실하게 처리해야 한다. 잘 해결된 불만 사례는 오히려 브랜드의 신뢰를 높이고 긍정적인 입소문으로 이어진다.

입소문은 우연이 아니다. 일관된 경험, 고객 중심의 태도, 그리고 세심한 배려가 모였을 때, 비로소 사람들은 자발적으로 브랜드를 이야기하고 널리 퍼뜨린다. 이것이 진짜 입소문이 형성되는 과정이다.

감성 디자인의 힘

사람들은 기능적 필요만으로 만족하지 않는다. 성능이 비슷한 제품이라도 어떤 감정을 불러일으키는지에 따라 선택은 달라진다. 감성 디자인은 사용자가 제품이나 서비스를 경험하는 과정에서 느끼는 감정을 고려해 설계하는 방식이다.

예를 들어 스마트폰은 통화와 메시지를 제공하는 기본 기능 외에도 카메라 인터페이스의 편리함, 부드러운 그래픽 전환, 손에 닿는 촉감에서 만족을 준다. 자동차 역시 이동 수단 이상의 가치를 지닌다. 운전자가 핸들을 잡을 때 느끼는 안정감, 문을 닫을 때의 묵직한 소리, 계기판의 직관적인 배치 같은 요소가 감각적 경험을 완성한다. 이러한 디테일은 성능만큼이나 구매 결정에 영향을 미친다.

감성 디자인은 브랜드 정체성과도 연결된다. 사용자가 경험하며 느끼는 감정은 브랜드 이미지를 만들고, 다시 충성도로 이어진다. 커피 전문점의 공간 디자인, 향기, 포장재의 질감, 직원의 태도는 단순한 음료 소비가 아닌 따뜻한 기억을 남긴다. 이런 기억은 시간이 지나도 지속되며, 재방문 동기를 형성한다.

디지털 환경에서도 감성 디자인은 큰 힘을 발휘한다. 앱이나 웹사이트는 기능적으로 비슷할 수 있지만, 글꼴의 분위기, 색채의 안정감, 애니메이션의 부드러움에 따라 사용자 만족이 달라진다. 이는 사용 시간을 늘리고 재방문 가능성을 높인다. 즉 감각적 경험은 고객 행동과 직결된다.

기업이 감성 디자인을 강화하려면 사용자의 맥락을 깊이 이해해야 한다. 소비자가 언제, 어디서, 어떤 상황에서 제품을 사용하는지 고려할 때 감정적 경험은 더 설득력을 갖는다. 작은 디테일이 큰 차이를 만든다는 점도 중요하다. 포장의 재질, 문구 하나, 인터페이스 색상 대비 같은 세부 요소는 무심히 보일 수 있지만 실제로는 강력한 기억을 남긴다.

결국, 감성 디자인은 사람을 이해하는 디자인이다. 사용자의 감정, 심리, 정서적 반응을 고려하여 제품이나 서비스를 디자인한다. 즉, 기능적인 측면을 넘어, 사용자의 만족감과 긍정적인 경험을 극대화하는 것을 목표로 한다.

기능이 빠르게 복제되는 시대, 감성 디자인은 차별화의 핵심이자 장기적 충성도를 만드는 중요한 힘으로 자리 잡을 것이다.

유통채널의 비밀

소비자가 제품을 손에 넣는 순간까지는 보이지 않는 복잡한 과정이 숨어 있다. 매장에서 물건을 고르는 행위 뒤에는 수많은 유통 전략과 채널 관리가 작동한다. 이 과정이 원활하게 설계되지 않으면 아무리 뛰어난 제품이라도 소비자에게 닿지 못한다. 그래서 유통채널은 단순한 물류 경로가 아니라, 브랜드와 소비자를 연결하는 핵심 축이다.

유통채널의 첫 번째 비밀은 '접근성'이다. 소비자가 제품을 쉽게 만날 수 있는 환경을 만들어야 한다. 예를 들어 편의점이 도심 곳곳에 자리 잡은 것은 단순히 입점이 아니라 접근성을 높이는 전략이다. 온라인에서는 검색과 클릭 몇 번으로 구매가 가능해야 한다. 접근성이 낮으면 소비자의 관심은 금세 다른 브랜드로 이동한다.

두 번째 비밀은 '채널의 다양성'이다. 현대 소비자는 오프라인 매장, 온라인 쇼핑몰, 모바일 앱 등 여러 채널을 넘나들며 구매한다. 특히 '옴니채널 전략'은 고객이 어느 환경에서든 일관된 경험을 하도록 돕는다. 예를 들어 오프라인에서 제품을 보고 온라인에서 결제하거나, 온라인에서 주문한 상품을 오프라인 매장에서 픽업할 수 있는 서비스는 유통채널 혁신의 대표적 사례다.

세 번째는 '브랜드 이미지와의 일관성'이다. 제품이 놓이는 채널은 단순한 판매 공간을 넘어 브랜드 이미지를 결정짓는다. 고급 브랜드가 대형마트에 진열되면 이미지가 흔들릴 수 있고, 반대로 대중 브랜드가 프리미엄 편집숍에 들어가면 소비자의 인식이 달라진다. 즉, 채널은 단순히 판매량을 좌우하는 것이 아니라 브랜드의 정체성을 소비자에게 각인시키는 역할을 한다.

네 번째는 '가격 전략과의 연계'다. 유통채널은 가격 정책과 밀접하게 연결된다. 같은 상품이라도 백화점, 대형마트, 온라인 쇼핑몰마다 가격이 다를 수 있다. 마케터는 채널별 특성을 고려해 가격을 조정하고, 프로모션이나 할인 전략을 세밀하게 운영해야 한다. 이는 채널 간 균형을 유지하면서도 매출을 극대화하는 중요한 포인트다.

마지막으로 유통채널의 비밀은 '데이터'다. 디지털 시대의 유통은 물건을 전달하는 과정이 아니라 소비자의 행동 데이터를 수집하고 분석하는 통로다. 어떤 채널에서 구매가 활발한지, 언제 거래가 집중되는지, 어떤 제품이 함께 팔리는지를 파악하면 새로운 마케팅 전략을 도출할 수 있다.

즉, 고객이 '어디서, 어떻게, 얼마의 가격으로' 접하게 될지를 설계하는 것이 유통채널의 핵심이다.

브랜드란 무엇인가?

브랜드는 소비자의 머릿속에 형성되는 이미지와 신뢰, 그리고 경험의 총합이다. 우리가 어떤 제품을 선택할 때, 가격과 기능만으로 결정하지 않는 이유는 바로 여기에 있다. 소비자는 제품이 주는 실질적 효용뿐 아니라 브랜드가 상징하는 가치와 감정을 함께 고려한다. 그래서 브랜드는 기업이 가장 소중하게 지켜야 할 자산이라 불린다.

브랜드의 핵심은 '차별화'에 있다. 수많은 경쟁 제품 가운데 소비자가 특정 브랜드를 떠올리는 이유는 독특한 메시지와 일관된 경험 때문이다. 예를 들어 스타벅스는 단순한 커피숍이 아니라 '편안한 공간에서 즐기는 특별한 경험'을 제공하는 브랜드로 인식된다. 애플 역시 기술력 이상의 가치를 전달하며, 창의성과 혁신을 상징하는 브랜드로 자리 잡았다. 이런 차별화는 제품의 기능을 넘어, 소비자가 브랜드를 통해 자신을 표현할 수 있게 만든다.

브랜드를 이해할 때 중요한 요소는 네 가지로 요약할 수 있다. 첫째, 브랜드 아이덴티티다. 이는 로고, 색상, 슬로건, 톤앤매너 같은 외형적 요소와 함께 기업이 전달하려는 핵심 메시지를 포함한다. 둘째, 브랜드 이미지다. 이는 소비자가 실제로 느끼는 인식으로, 기업이 의도한 아이덴티티와 다를 수 있다. 셋째, 브랜드 가치다. 브랜드가 제공하는 무형의 혜택, 예를 들어 신뢰감, 품질 보증, 사회적 지위 등이 포함된다. 마지막으로 브랜드 경험이 있다. 이는 소비자가 제품을 사용하고 서비스를 접하며 겪는 모든 순간의 합으로, 긍정적 경험이 쌓일수록 충성도가 높아진다.

브랜드는 소비자와의 관계 속에서 성장한다. 좋은 브랜드는 단순히 제품을 판매하는 것이 아니라, 고객의 삶 속에서 의미 있는 위치를 차지한다. 예를 들어 나이키의 "Just Do It"은 단순한 광고 문구가 아니라, 도전과 성취라는 가치를 고객에게 각인시킨다. 소비자는 제품을 구매하면서 동시에 그 가치에 동의하고, 브랜드와 정서적 유대를 맺는다.

마케터에게 브랜드는 장기적 전략의 중심축이다. 단기적인 판촉이나 이벤트는 일시적인 성과를 만들 수 있지만, 강력한 브랜드는 시장에서 지속적인 경쟁우위를 가능하게 한다. 브랜드는 가격 경쟁에 휘둘리지 않도록 지켜주는 방패이자, 새로운 시장으로 확장할 수 있는 발판이 된다.

좋은 브랜드는 상표를 넘어 소비자의 머릿속에 무형의 인식과 가치, 기업의 정체성 등을 형성시킨다. 이는 곧 품질에 대한 신뢰로 이어지며 판매에 긍정적인 영향을 미친다.

스토리텔링 마케팅

스토리텔링 마케팅은 소비자가 브랜드를 이해하고 느끼도록 돕는 강력한 방법이다. 사람은 정보보다 이야기에 더 큰 영향을 받는다. 이야기는 감정을 자극해 기억에 오래 남고, 공감을 통해 행동을 유도한다. 그래서 마케팅에서 이야기는 제품의 기능을 설명하는 것보다 더 큰 힘을 발휘한다.

좋은 스토리에는 몇 가지 조건이 있다. 우선, 주인공이 필요하다. 주인공은 브랜드일 수도 있고, 고객이나 특정 상황을 대표하는 인물일 수도 있다. 둘째, 갈등 구조가 있어야 한다. 문제나 장애물이 등장해야 이야기가 흥미를 끌고, 브랜드가 어떻게 해결책을 제시하는지가 드러난다. 셋째, 명확한 메시지가 담겨야 한다. 이야기를 다 듣고 난 뒤 소비자가 브랜드가 말하려는 가치를 분명히 떠올릴 수 있어야 한다.

도브의 '리얼 뷰티 캠페인'은 대표적인 사례다. 이 캠페인은 전통적인 미의 기준을 넘어 모든 여성이 아름답다는 메시지를 실제 여성들의 이야기로 전달했다. 소비자들은 그 안에서 자신을 발견했고, 브랜드에 강한 호감을 느꼈다. 또 다른 예로 레고가 있다. 레고는 블록을 파는 것이 아니라, 창의력과 상상력을 펼칠 수 있는 도구라는 이야기를 지속적으로 전달한다. 이 스토리는 세대를 넘어 공감대를 만들며 브랜드 충성도를 높였다.

스토리텔링은 디지털 시대에 더욱 영향력이 크다. 영상, 소셜미디어, 블로그 같은 채널은 브랜드가 소비자와 직접 연결되는 창구다. 진정성 있는 이야기는 소비자들이 자발적으로 공유하며 빠르게 확산된다. 예를 들어 소규모 브랜드가 창업자의 경험담을 영상으로 공개했을 때, 대규모 광고보다 더 큰 파급력을 일으키는 경우도 많다.

스토리텔링 마케팅에서 핵심은 진정성이다. 꾸며낸 이야기나 과장된 설정은 오히려 신뢰를 잃게 만든다. 소비자는 브랜드의 진심을 빠르게 구별하기 때문이다. 따라서 브랜드가 실제로 추구하는 가치와 일치하는 이야기여야 한다.

스토리텔링은 단발적 이벤트가 아니라 브랜드 아이덴티티를 드러내는 통로다. 소비자가 브랜드를 기억하는 방식은 기능이 아니라 이야기와 감정이다. 그래서 스토리텔링은 브랜드를 특별하게 보이게 하는 장식이 아니라, 본질을 드러내는 가장 효과적인 방법이라 할 수 있다.

"사람은 스토리를 통해 정보를 접할 때, 22배 더 잘 기억한다."
- 제롬 브루너 (미국 심리학자)

프로모션의 심리학

소비자는 이성적으로 계산하는 것 같지만, 실제 구매 순간에는 심리에 크게 좌우된다. 프로모션은 바로 이 심리를 자극해 행동을 유도하는 마케팅 도구다.

첫 번째 심리 원리는 '한정성'이다. "오늘까지만 30% 할인"이라는 문구가 주는 압박은 소비자에게 기회를 놓치고 싶지 않다는 두려움을 일으킨다. 이를 심리학에서는 FOMO(Fear Of Missing Out)라고 부른다. 한정된 시간과 수량은 상품의 희소성을 높이고, 평소라면 주저했을 소비자도 빠르게 결정을 내리게 만든다.

두 번째는 '보상 심리'다. 프로모션은 소비자에게 일종의 성취감을 준다. 정가보다 저렴하게 샀다는 사실이 만족을 강화한다. 예를 들어 쿠폰을 사용해 결제 금액을 줄이거나, 적립 포인트로 혜택을 누릴 때 소비자는 '이득을 봤다'는 긍정적 감정을 갖는다. 이는 실제 금전적 절약뿐 아니라 심리적 만족을 크게 키운다.

세 번째는 '사회적 증거'다. 프로모션은 집단적 행동을 강화한다. "많은 사람들이 선택한 상품"이라는 표현이나, SNS에 공유되는 이벤트 참여 인증은 소비자에게 신뢰를 준다. 남들이 이미 선택한 제품이라는 사실이 불안감을 줄이고, 나도 같은 행동을 해야 한다는 심리를 유발한다.

네 번째는 '놀이와 참여'다. 현대 프로모션은 단순한 할인보다 게임적 요소를 포함하는 경우가 많다. 룰렛 이벤트, 스탬프 적립, 미션 수행 방식 등이 대표적이다. 소비자는 이 과정에서 즐거움을 경험하고, 브랜드와의 상호작용이 강화된다. 이는 단기적 구매뿐 아니라 장기적 충성도를 높이는 효과로 이어진다.

다섯 번째는 '프레이밍 효과'다. 같은 혜택이라도 어떻게 표현하느냐에 따라 소비자의 반응이 달라진다. "정가에서 20% 할인"과 "20% 더 저렴하게 구매"는 본질적으로 같지만, 표현 방식은 소비자에게 다른 심리적 무게를 준다. 마케터는 메시지를 설계할 때 이 차이를 활용해야 한다.

프로모션의 심리학은 결국 소비자의 이성보다 감정이 우선한다는 사실을 보여준다. 한정성, 보상, 사회적 증거, 참여, 프레이밍이라는 다섯 가지 심리 원리를 이해하면 단순한 가격 경쟁을 넘어 소비자의 마음을 움직이는 전략을 세울 수 있다.

제품 포지셔닝 기술

시장에서 수많은 제품이 경쟁하는 상황에서 소비자의 머릿속에 자리를 잡는 일은 쉽지 않다. 이때 마케터가 활용하는 핵심 전략이 바로 '포지셔닝'이다.

첫 번째 기술은 '차별화'다. 포지셔닝의 출발점은 경쟁 제품과 다른 점을 명확히 보여주는 것이다. 기능이든 디자인이든, 혹은 서비스 경험이든 소비자가 "이 브랜드만의 이유"를 떠올릴 수 있어야 한다. 예를 들어 전자제품 시장에서 애플은 기술적 사양보다 심플한 디자인과 사용자 경험을 강조하며 차별화를 이뤘다.

두 번째는 '세분화된 타깃 설정'이다. 모든 사람에게 맞추려는 제품은 결국 누구에게도 강한 인상을 주기 어렵다. 특정 세그먼트를 정의하고 그들의 니즈를 충족시켜야 한다. 예를 들어 고급 자동차 브랜드는 대중 시장을 포기하는 대신, 품질과 희소성을 추구하는 고객층에게 집중한다. 이렇게 선택과 집중을 통해 메시지가 뚜렷해진다.

세 번째 기술은 '인지적 위치 선정'이다. 소비자는 제품을 스펙이 아니라 인식으로 판단한다. 건강 음료가 단순히 영양소를 강조하는 대신 "하루를 상쾌하게 시작하게 돕는 음료"라는 이미지를 전달하면, 소비자는 기능보다 감각적 경험으로 기억한다. 즉, 포지셔닝은 소비자의 마음속에서 특정 좌표를 차지하는 것이다.

네 번째는 '일관성 유지'다. 포지셔닝은 한 번 정하면 쉽게 흔들려서는 안 된다. 브랜드의 메시지와 경험이 일관될 때 소비자는 안정감을 느낀다. 만약 제품이 어느 날은 저가 이미지로, 어느 날은 프리미엄 이미지로 비춰진다면 소비자는 혼란을 느끼고 신뢰를 잃는다. 오랜 시간 꾸준히 반복된 메시지가 강력한 포지셔닝을 만든다.

다섯 번째는 '경쟁 환경에 따른 조정'이다. 시장은 계속 변한다. 새로운 경쟁자가 등장하거나 소비자 가치관이 바뀌면, 기존 포지셔닝 전략도 점검해야 한다. 다만 조정은 기존 정체성을 무너뜨리지 않는 선에서 이뤄져야 한다. 예를 들어 패션 브랜드가 환경 문제를 의식해 '지속 가능성'을 강조하는 것은 시대 흐름에 맞춘 포지셔닝의 진화라 할 수 있다.

마케터는 포지셔닝을 통해 제품이 소비자 마음속에서 어떤 의미를 가질지 정리하고, 이를 흔들림 없이 전달해야 한다. 그렇게 할 때 브랜드는 경쟁의 소음 속에서도 또렷한 목소리를 낼 수 있다.

마케팅 믹스 4P

마케팅 전략을 이야기할 때 빠지지 않고 등장하는 개념이 바로 '마케팅 믹스 4P'다. 제품(Product), 가격(Price), 유통(Place), 촉진(Promotion) 네 가지 요소로 구성된 이 프레임워크는 1960년대 미국 마케팅 학자 제롬 맥카시가 정립한 이후 지금까지도 기본 도구로 쓰인다. 단순한 이론이 아니라 실무에서 전략을 세울 때 가장 먼저 검토하는 기준이 된다.

첫 번째 요소는 제품(Product)이다. 제품은 물리적인 상품일 수도 있고, 서비스나 경험일 수도 있다. 핵심은 소비자가 실제로 어떤 가치를 얻는가이다. 좋은 제품은 기능적 성능뿐 아니라 디자인, 사용 편의성, 애프터서비스까지 포함한다. 예를 들어 스마트폰은 단순한 통신 도구를 넘어 카메라, 결제 수단, 엔터테인먼트 허브로 소비자 생활 전반에 연결되어 있다.

두 번째 요소는 가격(Price)이다. 가격은 단순한 숫자가 아니라 브랜드의 위치를 보여주는 신호다. 지나치게 낮으면 품질에 대한 의심을 불러일으킬 수 있고, 지나치게 높으면 접근성을 떨어뜨린다. 따라서 마케터는 원가와 경쟁 환경, 소비자 인식까지 종합적으로 고려해 가격을 결정한다. 또한 할부, 구독, 프로모션 할인을 통해 가격을 유연하게 설계하는 것도 중요한 전략이다.

세 번째는 유통(Place)이다. 제품이 소비자에게 전달되는 경로를 뜻한다. 전통적으로는 대리점, 소매점, 백화점 같은 오프라인 채널이 중심이었지만, 오늘날에는 온라인 쇼핑몰, 모바일 앱, 소셜미디어까지 포함된다. 소비자가 원하는 방식으로 제품을 쉽게 접할 수 있도록 만드는 것이 관건이다. 특히 O2O(Online to Offline) 전략처럼 온·오프라인을 연계한 방식은 최근 기업들이 주목하는 분야다.

네 번째는 촉진(Promotion)이다. 아무리 좋은 제품이라도 알려지지 않으면 의미가 없다. 광고, PR, 이벤트, 온라인 캠페인 등 다양한 도구를 활용해 소비자와 소통해야 한다. 여기서 중요한 것은 단순한 정보 전달이 아니라 소비자가 브랜드를 어떻게 경험하고 인식할지 설계하는 것이다. 최근에는 데이터 기반 타깃 광고와 인플루언서 마케팅이 강력한 촉진 수단으로 자리 잡았다.

마케팅 믹스 4P는 각 요소가 독립적으로 작동하지 않는다. 제품이 고급이라면 가격, 유통, 촉진 전략도 이에 맞춰 조율돼야 한다. 반대로 저가 전략을 택한다면 비용 효율적인 유통망과 대중적인 광고가 필요하다. 네 가지가 서로 연결되며 하나의 완성된 마케팅 전략을 이룰 때 비로소 소비자는 브랜드를 명확히 이해하고 선택하게 된다.

코카콜라
Share a Coke

25

Get ideas!

2011년, 코카콜라(Coca-Cola)는 새로운 세대와의 연결이 약해지고 있었다. 광고의 시대는 끝나가고, 사람들은 브랜드보다 자기 자신에 더 집중하고 있었다. 그때 코카콜라는 단 한 가지 질문을 던졌다. "사람들이 스스로 참여하고 싶은 브랜드 경험을 만들 수 없을까?" 그 답이 바로 "Share a Coke(코카콜라를 나누자)" 캠페인이었다.

캠페인의 아이디어는 단순했다. 코카콜라 병에 'Coca-Cola' 로고 대신 사람들의 이름을 새기는 것이었다. "지민과 함께", "친구에게", "사랑해" 같은 문구가 적힌 병은 소비자에게 특별한 의미를 주었다. 사람들은 자신의 이름이 적힌 콜라를 찾아 SNS에 올리고, 친구와 가족에게 선물하며 자연스럽게 브랜드의 스토리를 퍼뜨렸다. 이 단순한 참여가 거대한 바이럴을 만들었다.

코카콜라는 이 캠페인을 통해 개인화 마케팅(Personalization)의 시대를 열었다. 대중에게 말하던 브랜드가, 이제 개인에게 속삭이기 시작한 것이다. 소비자는 자신이 브랜드의 일부가 되었다고 느꼈고, 코카콜라는 '세계적인 기업'에서 '친근한 친구'로 이미지가 전환됐다. 브랜드가 '소유의 대상'에서 '공감의 대상'이 된 순간이었다.

결과는 놀라웠다. 호주에서 시작된 이 캠페인은 단 3개월 만에 판매량이 7% 상승했고, 이후 80개국 이상으로 확산되며 SNS에서 수억 회의 언급을 기록했다. 소비자들은 코카콜라를 감정의 매개체로 인식하기 시작했다.

코카콜라는 '콜라를 마시는 경험'이 아니라, '누군가와 나누는 행복한 순간'을 팔았다. 브랜드는 제품을 중심에 두지 않고, 사람과 관계를 중심에 두었다. 이로써 코카콜라는 다시금 세대의 언어 속으로 돌아왔다.

이 프로젝트를 주도한 마케팅팀은 이렇게 말했다. "사람들은 자신을 특별하게 만들어주는 브랜드를 기억한다" 그 말처럼, 코카콜라는 소비자의 이름을 불러줌으로써 거대한 글로벌 브랜드가 한 사람 한 사람의 마음속 친구가 되었다.

코카콜라는 이 캠페인을 통해 전 세계에 하나의 메시지를 남겼다.
"브랜드의 힘은 말이 아니라, 함께 나누는 순간에서 생긴다."

충성 고객은 어떻게 만들어지는가?

모든 기업은 한 번의 구매로 끝나는 고객보다 꾸준히 제품과 서비스를 찾는 충성 고객을 원한다. 충성 고객은 브랜드의 성장을 견인하는 핵심 동력이다. 그렇다면 충성 고객은 어떻게 만들어지는가.

첫 번째 단계는 만족을 넘어선 경험 제공이다. 고객이 제품을 사용하며 기대한 수준을 충족하는 것만으로는 부족하다. 작은 부분에서 예상치 못한 긍정적인 경험을 제공해야 한다. 예를 들어 온라인 쇼핑몰에서 예상보다 빠른 배송, 정성스러운 포장, 사소한 사은품은 고객에게 특별한 감정을 남긴다. 이 경험이 반복되면 고객은 브랜드를 기억하고 다시 찾게 된다.

두 번째는 일관성 있는 가치 전달이다. 충성 고객은 브랜드를 신뢰할 수 있어야 한다. 제품 품질, 서비스 태도, 메시지가 상황에 따라 달라지면 신뢰는 쉽게 무너진다. 스타벅스가 세계 어디서나 비슷한 맛과 분위기를 유지하는 이유도 여기에 있다. 익숙함은 신뢰를 강화하고, 신뢰는 충성으로 이어진다.

세 번째는 소통과 관계 형성이다. 브랜드가 고객을 일방적으로 대하지 않고 진심으로 소통할 때 충성심이 높아진다. 고객의 피드백을 경청하고 개선 사항을 반영하는 과정은 고객에게 존중받는다는 감각을 준다. 최근 많은 기업이 SNS 채널을 통해 고객과 대화하는 이유도 같은 맥락이다.

네 번째는 공동체적 경험이다. 충성 고객은 브랜드를 개인적인 취향이 아니라 자신이 속한 커뮤니티의 일부로 느낀다. 애플 사용자가 서로를 '애플 유저'로 부르고, 나이키 팬이 러닝 동호회 활동을 통해 결속하는 것처럼 브랜드는 사회적 연결을 매개한다. 이런 경험은 단순한 구매 이상의 의미를 만들고 고객을 더욱 깊이 묶어둔다.

다섯 번째는 보상 구조의 설계다. 포인트 제도, 멤버십 혜택, 한정판 제공 등은 고객이 브랜드에 계속 머무를 이유를 만든다. 하지만 단순한 가격 할인보다 특별한 혜택이나 차별화된 경험이 더 효과적이다. 예컨대 항공사의 마일리지 제도는 단순한 비용 절감보다 '특별한 대우'를 느끼게 하며 충성도를 높인다.

충성 고객은 하루아침에 생기지 않는다. 반복되는 경험, 지속되는 신뢰, 진정성 있는 관계, 그리고 특별한 혜택이 축적될 때 비로소 형성된다. 마케터는 고객이 브랜드를 '선택하는 이유'를 넘어 '떠날 수 없는 이유'를 만들어야 한다. 이것이 충성 고객을 만드는 핵심 비밀이다.

보편적 니즈와 잠재 욕구

마케팅에서 가장 중요한 출발점은 인간의 보편적 니즈와 잠재 욕구를 이해하는 일이다. 보편적 니즈는 모든 사람들이 기본적으로 갖고 있는 생리적, 안전, 사회적 차원의 욕구를 뜻한다. 의식주와 같은 생존의 문제에서부터 소속감과 인정 욕구, 자기 실현에 이르기까지 이는 전 인류가 공유하는 기반이다. 반면 잠재 욕구는 표면적으로 드러나지 않았지만 특정한 자극이나 상황에서 활성화될 수 있는 숨겨진 기대감을 의미한다. 소비자가 제품이나 서비스를 접했을 때 느끼는 미묘한 감정, 혹은 아직 스스로도 자각하지 못한 필요가 여기에 포함된다.

마케터가 성공적인 전략을 세우기 위해서는 이 두 가지 층위를 구분하고 동시에 연결할 수 있어야 한다. 예를 들어 스마트폰은 단순한 통신 도구에서 출발했지만, 지금은 사회적 관계를 유지하고 자기 표현을 가능하게 하는 장치로 자리 잡았다. 기본적인 니즈는 '연결'이지만, 잠재 욕구는 '자신을 드러내고 인정받고 싶은 마음'이다. 이처럼 잠재 욕구를 정확히 읽어낸 브랜드는 시장에서 독보적인 위치를 차지하게 된다.

잠재 욕구를 발굴하기 위해서는 소비자의 행동 데이터, 사회적 변화, 문화적 코드에 대한 세심한 관찰이 필요하다. 예를 들어 건강식품 시장에서는 영양 보충이라는 보편적 니즈를 넘어, 자기 관리와 장기적 웰빙을 추구하는 잠재 욕구가 성장 동력으로 작용한다. 또, 친환경 제품의 경우 환경 보호라는 보편적 가치를 충족시키는 동시에, 소비자가 스스로를 책임감 있는 사람으로 인식하고 싶어 하는 잠재적 기대까지 충족시킨다.

마케터는 이 과정에서 질문을 던져야 한다. 소비자가 당연히 필요로 하는 것을 넘어서, 그들이 진짜로 원하는 것은 무엇일까? 어떤 상황에서 새로운 욕구가 떠오를까? 어떤 문화적 맥락에서 그것이 강화될까? 이 질문들에 대한 답을 찾아내는 과정에서 제품의 차별화 포인트가 나온다. 보편적 니즈는 시장의 기반을 제공하고, 잠재 욕구는 브랜드의 차별화를 가능하게 한다.

궁극적으로 보편적 니즈와 잠재 욕구를 함께 이해하는 것은 고객 경험 전체를 설계하는 핵심 열쇠다. 소비자는 기능적 만족만으로 브랜드를 기억하지 않는다. 보편적 니즈가 충족될 때 기본적 신뢰가 형성되고, 잠재 욕구가 충족될 때 감정적 유대가 만들어진다. 이 둘이 조화를 이루는 순간 브랜드는 소비자의 삶 속에서 특별한 의미를 갖게 되며, 이는 장기적인 충성도를 높이는 가장 강력한 기반이 된다.

"욕구는 충족될 수 있지만, 욕망은 충족될 수 없다. 욕망은 미쳐 날뛰는 욕구다."
- 오쇼 라즈니쉬 (인도 철학자)

세분화 전략의 힘

마케팅에서 모든 소비자를 하나의 집단으로 보는 접근은 효과가 떨어진다. 사람들은 서로 다른 욕구, 생활 방식, 가치관을 지니고 있으며, 이를 무시한 채 동일한 메시지를 던지면 공감대를 얻기 어렵다. 세분화 전략은 바로 이 지점에서 힘을 발휘한다. 시장을 인구통계학적 요인, 심리적 요인, 행동적 특성 등 다양한 기준으로 나누어 특정 집단을 대상으로 집중하는 방식이다.

대표적인 사례는 스포츠웨어 브랜드의 전략이다. 단순히 운동을 즐기는 사람 전체를 대상으로 하기보다, 러닝을 즐기는 소비자, 요가를 선호하는 소비자, 전문 선수 지망생처럼 특화된 집단으로 나누어 각각에 맞는 제품과 메시지를 제시한다. 러너에게는 기록 향상과 내구성을 강조하고, 요가 소비자에게는 편안함과 유연성을 강조하는 식이다. 이처럼 세분화를 통해 브랜드는 소비자의 실제 요구와 감정에 밀접하게 다가설 수 있다.

세분화의 힘은 고객 이해도를 높이는 데서 비롯된다. 특정 세그먼트에 집중하면 소비자의 행동 패턴, 선호하는 커뮤니케이션 방식, 구매 동기를 더 깊이 분석할 수 있다. 이러한 데이터는 마케팅 활동의 정밀도를 높이며, 예산 효율성에도 긍정적 영향을 준다. 예를 들어 광고 예산을 전반적으로 뿌리기보다, 특정 세그먼트에 맞춘 채널과 메시지를 활용하면 전환율은 훨씬 높아지고 비용 대비 효과도 극대화된다.

또 다른 장점은 브랜드 차별화다. 경쟁사와 동일한 대상을 노리면 시장에서 눈에 띄기 어렵다. 하지만 특정 세그먼트에 특화된 브랜드 이미지를 구축하면 소비자는 해당 분야의 전문성과 신뢰성을 인식하게 된다. 이 과정에서 소비자의 충성도 강화된다. 자신이 속한 집단을 이해하고 존중해주는 브랜드에 소비자는 더 강하게 결속된다.

다만 세분화 전략은 균형이 필요하다. 지나치게 세분화하면 시장 규모가 지나치게 작아져 수익성이 떨어질 수 있다. 따라서 마케터는 집단의 크기, 구매력, 성장 가능성을 고려해 타당한 세그먼트를 선택해야 한다. 또한 세분화된 시장이 시간이 지나면서 변할 수 있다는 점도 주의해야 한다. 라이프스타일의 변화나 새로운 기술의 등장으로 세그먼트의 의미가 달라질 수 있기 때문이다.

잘 설계된 세분화 전략은 브랜드를 성장시키는 기반이자, 마케팅 성과를 극대화하는 가장 중요한 열쇠라 할 수 있다.

마케팅 목표 설정

마케팅 활동이 효과를 발휘하기 위해서는 명확한 목표 설정이 우선이다. 목표가 불분명하면 전략도 방향을 잃고, 성과 측정 역시 어려워진다. 그렇다면 마케팅 목표는 어떤 방식으로 설정해야 할까?

가장 기본적인 접근은 기업의 비전과 경영 전략을 출발점으로 삼는 것이다. 기업이 장기적으로 추구하는 가치와 성장 방향이 무엇인지에 따라 마케팅의 초점도 달라진다. 예를 들어 신생 브랜드라면 인지도 확보가 첫 번째 목표가 될 수 있고, 이미 자리 잡은 브랜드라면 시장 점유율 확대나 고객 충성도 강화가 우선순위가 된다.

목표 설정의 중요한 원칙은 측정 가능성이다. 흔히 사용되는 SMART 기법은 마케팅 목표를 세울 때 유용한 가이드라인을 제공한다. 목표는 구체적(Specific)이고, 측정 가능(Measurable)하며, 달성 가능(Achievable)하고, 현실적(Realistic)이며, 기한(Time-bound)이 설정되어야 한다는 것이다. 예를 들어 "브랜드 인지도 높이기"라는 막연한 목표보다, "6개월 안에 20~30대 여성층에서 브랜드 검색량을 30% 증가시키기"라는 식의 목표가 훨씬 실행 가능하다.

목표는 또한 다양한 수준에서 설정될 수 있다. 단기적으로는 캠페인 참여율이나 웹사이트 방문자 수처럼 즉각적인 성과를, 중기적으로는 신규 고객 확보나 재구매율 같은 행동적 지표를, 장기적으로는 브랜드 충성도와 시장 점유율처럼 안정적 성장을 반영하는 지표를 활용한다. 각 목표는 서로 연결되어 있어야 하며, 한 단계의 성과가 다음 단계로 이어지는 구조가 되어야 한다.

마케팅 목표는 수치와 지표만으로 구성되는 것은 아니다. 정성적 목표도 중요하다. 고객 경험을 개선하거나, 브랜드 이미지를 긍정적으로 구축하는 것처럼 수치로 바로 환산되기 어려운 목표가 기업의 경쟁력을 결정짓기도 한다. 특히 소셜 미디어 시대에는 고객과의 관계 관리, 공감대를 형성하는 능력이 수익성과 직결되므로 이러한 목표 설정도 필수적이다.

마지막으로, 목표는 고정된 것이 아니라 환경 변화에 따라 재조정되어야 한다. 시장 상황, 경쟁사의 움직임, 소비자 트렌드는 늘 변한다. 따라서 주기적으로 성과를 점검하고 목표를 업데이트해야 한다. 이 과정에서 데이터 분석은 중요한 역할을 한다. 데이터 기반의 목표 설정은 직관에만 의존하는 접근보다 훨씬 높은 정확도를 제공한다.

제대로 설정된 목표는 마케터가 전략을 설계하고 실행하는 모든 과정에서 기준이 되며, 궁극적으로 기업이 원하는 성과를 이끌어내는 핵심 동력이 된다.

고객 경험 관리

오늘날 마케팅에서 가장 자주 언급되는 단어 중 하나가 바로 고객 경험이다. 제품의 품질이나 가격만으로는 차별화가 쉽지 않은 시대에, 소비자가 브랜드와 만나는 모든 접점에서 어떤 경험을 하는지가 곧 경쟁력으로 이어진다. 그렇다면 고객 경험을 관리한다는 것은 무엇을 의미할까?

고객 경험은 브랜드를 처음 접하는 인식 단계부터, 정보 탐색, 구매 과정, 사용 후 피드백, 그리고 재구매 여부에 이르기까지 전 과정에 걸쳐 형성된다. 따라서 관리의 핵심은 이 모든 접점을 일관성 있게 설계하는 것이다. 예를 들어, 온라인 광고에서 본 브랜드의 메시지가 매장 방문 시 직원의 응대와 이어지고, 구매 후 제공되는 고객 지원 서비스와 연결되어야 소비자는 긍정적인 경험을 한다.

고객 경험 관리에서 가장 중요한 요소는 '공감'이다. 기업은 고객의 기대와 감정을 이해해야 한다. 사용자가 어떤 상황에서 제품을 찾는지, 어떤 불편을 해결하려는지 파악할 때 비로소 의미 있는 경험을 설계할 수 있다. 이를 위해 많은 기업이 고객 여정 맵을 활용한다. 여정 맵은 소비자가 브랜드와 접촉하는 흐름을 시각화해 각 단계에서 발생하는 감정과 필요를 파악하게 해준다.

또 하나의 핵심은 '일관성'이다. 경험이 어느 한 부분에서만 뛰어나고 나머지는 부족하다면 전체 만족도는 크게 떨어진다. 예를 들어 친절한 상담원과 깔끔한 매장 경험을 제공했더라도, 제품 배송이 지연되거나 애프터서비스가 불편하다면 고객은 부정적 인상을 갖게 된다. 따라서 모든 접점에서 균형있게 관리하는 것이 필요하다.

디지털 환경에서는 데이터 분석이 고객 경험 관리의 토대가 된다. 온라인 상에서 남기는 클릭, 검색, 후기, 구매 패턴은 고객의 행동을 보여주는 중요한 단서다. 이를 활용해 고객이 원하는 정보를 제때 제공하고, 맞춤형 제안을 하면 경험의 질이 높아진다. 또한 소셜 미디어는 고객의 목소리를 실시간으로 확인할 수 있는 창구다. 불만을 빠르게 해결하고 긍정적 후기를 확대 재생산하는 과정은 브랜드에 대한 신뢰를 높인다.

궁극적으로 고객 경험 관리의 목적은 충성도를 구축하는 데 있다. 소비자가 만족스러운 경험을 반복적으로 느낄 때 브랜드에 대한 신뢰가 쌓이고, 이는 재구매와 긍정적 입소문으로 이어진다. 경험을 잘 관리한 브랜드는 마케팅 비용을 줄이면서도 안정적인 성과를 낼 수 있다.

도브
Real Beauty

31

2004년, 도브(Dove)는 화장품 브랜드로서 중요한 질문을 던졌다. "여성은 자신을 어떻게 바라보고 있을까?" 당시 미디어 속 여성상은 완벽한 몸매와 흠잡을 데 없는 얼굴로만 표현되었다. 그러나 도브는 현실의 여성 대부분이 그 기준에 자신을 맞추며 자신감과 자존감을 잃고 있다는 사실에 주목했다. 이 문제의식에서 출발한 캠페인이 바로 "Real Beauty(진정한 아름다움)"이었다.

도브는 기존 광고 모델 대신, 실제 여성들을 등장시켰다. 나이, 체형, 인종, 피부색이 다른 여성들이 화면에 섰다. 그들은 전문가가 아닌, 우리의 이웃이자 가족 같은 존재였다. 도브는 광고를 통해 "아름다움은 다양하다. 진짜 아름다움은 자신을 있는 그대로 사랑하는 것이다."라는 메시지를 전했다. 이 단순하지만 강력한 문장은 세계 여성들의 마음을 울렸다.

캠페인의 가장 상징적인 영상은 2013년의 "Dove Real Beauty Sketches"였다. 한 형사가 여성들의 얼굴을 듣고 그린 초상화 두 장이 비교된다. 하나는 여성 스스로 묘사한 얼굴, 다른 하나는 타인이 묘사한 얼굴이었다. 결과는 놀라웠다. 대부분의 여성들은 자신을 실제보다 못생기게 인식하고 있었고, 타인의 시선 속 자신이 훨씬 더 아름답게 그려졌다. 이 실험은 유튜브에서 공개 10일 만에 1억 회 이상 조회되며 브랜드 캠페인 사상 가장 빠르게 확산된 영상 중 하나로 기록되었다.

"Real Beauty" 캠페인은 제품을 팔기보다 사회적 메시지를 전한 마케팅이었다. 도브는 '미의 기준'을 재정의하며, 여성의 불안 대신 자신감(Self-esteem)을 팔았다. 그 결과, 도브는 단순한 바디케어 브랜드를 넘어 여성의 자존감을 지지하는 상징적 브랜드로 자리 잡았다.

매출 또한 급상승했다. 캠페인 시작 후 10년 동안 도브의 글로벌 매출은 25억 달러에서 40억 달러 이상으로 증가했다. 이 수치는 '진심이 담긴 메시지'가 '제품 홍보'보다 더 강력하다는 사실을 증명했다. 도브는 광고의 목적을 '판매'가 아닌 '변화(Change)'로 바꾼 브랜드였다.

이 캠페인의 진정한 가치는 소비자와의 정서적 연결(Emotional Connection)이다. 도브는 화장품을 통해 '아름다워지고 싶은 욕망'을 자극한 것이 아니라, '이미 충분히 아름답다'는 위로를 전했다. 이 철학은 브랜드 충성도와 사회적 신뢰를 동시에 높였다.

도브는 말한다. "우리는 여성을 더 예쁘게 만들지 않는다. 대신, 그들이 이미 아름답다는 사실을 기억하게 한다." 도브는 우리에게 가르쳐주었다. 진정한 마케팅은 '무엇을 보여주느냐'가 아니라, '누구를 존중하느냐'의 문제라는 것을...

고객 여정맵 이해하기

고객 여정맵은 소비자가 브랜드와 관계를 맺는 전 과정을 시각화한 도구다. 이를 통해 기업은 고객이 어떤 접점에서 만족을 느끼고, 또 어떤 부분에서 불편을 겪는지 파악할 수 있다.

여정맵의 출발점은 고객 관점이다. 기업이 제공하고 싶은 경험을 그리는 것이 아니라, 고객이 실제로 겪는 과정을 추적하는 것이 핵심이다. 예를 들어, 소비자가 특정 브랜드의 운동화를 산다고 가정해 보자. 그는 먼저 온라인에서 리뷰를 검색하고, 가격 비교 사이트를 확인한다. 이후 매장에서 신어본 뒤 구매를 결정하고, 사용 후 소셜 미디어에 후기를 남길 수도 있다. 이 모든 단계가 여정맵 안에 포함된다.

여정맵은 크게 다섯 단계로 구성되는 경우가 많다. 첫째, 인식 단계에서는 브랜드를 처음 접한다. 광고나 입소문, 검색 결과가 주요 경로다. 둘째, 고려 단계에서는 정보를 비교하고 제품을 평가한다. 셋째, 구매 단계에서는 실제 결제가 이뤄진다. 넷째, 사용 단계에서는 제품이 기대를 충족하는지 경험한다. 다섯째, 사후 단계에서는 재구매, 충성도, 추천 여부가 결정된다.

이 과정에서 중요한 것은 각 단계마다 고객의 감정을 기록하는 것이다. 단순히 '검색 → 비교 → 구매' 같은 행동 흐름만 나열하면 맵의 의미가 약해진다. 고객이 흥미를 느꼈는지, 혼란을 겪었는지, 만족했는지 등의 감정을 함께 시각화해야 기업이 진짜 문제를 발견할 수 있다. 예컨대 배송 지연으로 불만이 생겼다면, 이는 사후 단계에서 충성도를 떨어뜨리는 요인으로 작용한다.

여정맵은 팀 간 협업을 촉진하는 장점도 있다. 마케팅 부서뿐 아니라 고객 서비스, 영업, 제품 개발팀 모두가 동일한 그림을 공유하면서 개선점을 논의할 수 있기 때문이다. 특히 디지털 채널이 늘어난 지금, 온라인과 오프라인 접점이 어떻게 연결되는지를 파악하는 데 유용하다.

기업은 여정맵을 정적 자료로만 두어서는 안 된다. 고객 행동은 빠르게 변하고, 새로운 접점이 계속 생겨난다. 따라서 여정맵은 주기적으로 업데이트되어야 한다. 이를 통해 기업은 변화하는 고객 기대에 대응하고, 경험을 끊임없이 개선할 수 있다.

"미소 짓지 않으려면 가게 문을 열지 말라."
- 유대 속담

옴니 채널 전략이 필요한 이유

오늘날 소비자는 하나의 채널만을 통해 브랜드를 경험하지 않는다. 온라인 쇼핑몰에서 상품을 보고, 매장에서 직접 체험한 뒤, 다시 모바일 앱을 통해 결제하는 식으로 다양한 경로를 넘나든다. 이때 각 채널이 단절되어 있다면 소비자는 불편을 느끼고 브랜드에 대한 신뢰도 낮아진다. 따라서 모든 접점이 유기적으로 연결된 옴니채널 전략은 이제 선택이 아니라 필수가 되었다.

옴니채널의 핵심은 '일관된 경험'이다. 온라인에서 본 정보와 오프라인 매장의 안내가 다르다면 혼란이 생긴다. 예를 들어, 온라인에서 할인 쿠폰을 발급받았는데 매장에서 사용하지 못한다면 고객은 실망한다. 반대로, 어느 채널을 이용하든 동일한 정보와 혜택을 경험하게 한다면 브랜드 충성도가 높아진다. 이는 단순히 판매 경로를 늘리는 차원이 아니라, 고객의 전체 여정을 매끄럽게 연결하는 전략적 접근이다.

옴니채널은 또 데이터 측면에서 큰 가치를 지닌다. 여러 채널에서 고객 행동 데이터를 통합하면, 소비자의 진짜 욕구를 더 정확하게 파악할 수 있다. 온라인에서 자주 검색하는 제품이 실제 구매로 이어지지 않는 이유, 매장 방문 고객이 어떤 상황에서 이탈하는지 등을 분석할 수 있다. 이런 통합 데이터는 마케팅 메시지의 정밀도를 높이고, 재고 관리나 상품 기획에도 중요한 역할을 한다.

실제 사례를 보면, 글로벌 리테일 기업들은 옴니채널 전략을 통해 성장의 발판을 마련했다. 매장에서 제품을 체험하고 모바일로 주문해 집으로 배송받는 '쇼루밍' 경험이나, 온라인에서 확인한 상품을 가까운 매장에서 바로 픽업하는 '클릭 앤 컬렉트' 서비스가 대표적이다. 이런 서비스는 고객의 편의성을 극대화하면서 동시에 기업에는 새로운 매출 기회를 제공한다.

옴니채널의 성공은 기술 인프라와 조직 문화에 달려 있다. 내부 부서가 각자 운영하는 채널을 따로 관리하면 일관성을 유지하기 어렵다. 모든 팀이 고객 경험을 중심에 두고 데이터를 공유하며 협력해야 한다. 또한 디지털 플랫폼, CRM 시스템, 물류 네트워크 등이 유기적으로 작동해야 한다.

소비자는 점점 더 다양한 접점을 활용하며 브랜드와 관계를 맺는다. 이제 기업은 고객이 어느 채널에서 시작하든 자연스럽게 연결된 경험을 제공해야 한다. 온라인이든 오프라인이든, 결국 중요한 것은 고객이 느끼는 브랜드의 감동이다. 옴니 채널은 그 감동을 모든 접점에서 연결하는 기술이다. 이것이 옴니채널 전략이 필요한 가장 큰 이유다.

마케팅과 문화 코드

마케팅은 사회와 시대의 흐름 속에서 소비자와 소통하는 언어다. 그 언어의 핵심에는 문화 코드가 있다. 문화 코드는 특정 사회나 집단이 공유하는 가치관, 상징, 행동양식으로, 소비자가 어떤 브랜드를 이해하고 받아들이는 방식을 결정한다.

예를 들어, 한국에서 '정(情)'은 중요한 문화 코드다. 기업이 고객과 따뜻한 관계를 강조하거나 작은 사은품으로 마음을 전할 때, 소비자는 이를 단순한 마케팅 활동이 아닌 친밀감으로 해석한다. 반면 서구 문화에서는 '개인의 자유와 독립성'이 더 큰 의미를 갖는다. 따라서 같은 메시지라도 문화적 배경에 따라 전혀 다른 반응이 나타날 수 있다.

글로벌 브랜드들은 문화 코드를 활용해 현지 시장에 맞춘 전략을 전개한다. 맥도날드는 나라별 메뉴를 차별화해 각국의 음식 문화를 존중한다. 인도에서는 소고기 대신 채식 메뉴를, 한국에서는 불고기 버거를 제공한다. 이는 단순한 현지화가 아니라, 현지 문화 코드를 존중하고 공감하려는 의도다. 이런 접근은 소비자에게 브랜드가 자신들의 삶과 맞닿아 있다는 신뢰감을 준다.

또한 문화 코드는 트렌드와도 깊게 연결된다. 사회적 변화, 세대의 가치관, 대중문화의 흐름이 마케팅 메시지에 반영된다. MZ세대가 공정성, 다양성, 지속 가능성을 중시하는 것은 이미 마케팅 전략에서 중요한 요소가 되었다. 브랜드가 이러한 문화적 흐름을 놓치면 시대착오적인 이미지를 줄 수 있다. 반대로 트렌드와 맞닿은 메시지를 던지면 강한 공감과 참여를 이끌어낼 수 있다.

문화 코드를 읽어내는 과정은 단순한 시장조사보다 더 깊다. 언어, 관습, 사회적 상징, 역사적 맥락까지 종합적으로 이해해야 한다. 예컨대 색상 하나에도 문화적 의미가 다르다. 서양에서 흰색은 순수의 상징이지만, 동아시아 일부 문화에서는 상복의 색으로 쓰인다. 이런 차이를 간과하면 의도치 않게 부정적 이미지를 전달할 수 있다.

브랜드가 어떤 문화 코드를 어떻게 활용하느냐에 따라 감정적 유대와 사회적 의미를 만들어낼 수 있다. 따라서 마케터는 시장의 흐름뿐 아니라 그 이면에 숨어 있는 문화적 맥락을 읽어내는 눈을 길러야 한다.

사회적 책임과 브랜드 이미지

오늘날 소비자는 제품의 기능과 가격만으로 브랜드를 선택하지 않는다. 그 브랜드가 사회에 어떤 기여를 하는지, 책임 있는 태도를 보여주는지 여부가 중요한 판단 기준이 된다. 사회적 책임(CSR: Corporate Social Responsibility)은 더 이상 기업의 선택적 활동이 아니라 브랜드 이미지를 형성하는 핵심 요소로 자리 잡았다.

대표적인 사례로 파타고니아를 들 수 있다. 이 브랜드는 환경 보호를 경영 철학의 중심에 두고 있다. 제품 판매 수익의 일정 비율을 환경 단체에 기부하고, 오래된 옷을 수선해주는 프로그램을 운영한다. 단순한 친환경 홍보가 아니라 구체적인 실천을 보여줌으로써 소비자는 브랜드가 신뢰할 만한 동반자라고 느낀다. 이는 충성 고객을 형성하고, 파타고니아의 이미지를 '지속 가능한 브랜드'로 확고히 만든다.

또한 사회적 책임은 위기 상황에서 브랜드 이미지를 지키는 방패 역할을 하기도 한다. 예를 들어 팬데믹 시기에 여러 글로벌 기업들은 의료 물품을 기부하거나 취약 계층을 돕는 활동을 펼쳤다. 이런 행보는 단기적인 매출과 직결되지 않지만, 소비자에게 '이 브랜드는 우리와 함께한다'는 인식을 심어주었다. 시간이 지나 위기가 잦아들어도 그 기억은 브랜드 이미지를 긍정적으로 유지시킨다.

마케터 입장에서 사회적 책임을 전략적으로 접근할 때 중요한 것은 '진정성'이다. 보여주기식 캠페인이나 단기적 이벤트는 오히려 역효과를 낳는다. 소비자는 브랜드가 말하는 메시지와 실제 행동 사이에 차이가 있는지 예리하게 관찰한다. 따라서 CSR 활동은 기업의 정체성과 연결되어야 하고, 지속적으로 이어져야 한다.

사회적 책임은 지역 사회와의 관계에서도 큰 영향을 미친다. 지역 경제에 기여하거나 청년 일자리를 창출하는 활동은 소비자에게 긍정적인 브랜드 이미지를 심어준다. 동시에 이는 기업 내부 직원들의 자긍심으로 이어져, 내부적으로도 브랜드 충성도를 높이는 효과를 낸다.

이제 사회적 책임은 브랜드 전략의 본질적인 부분이 되었다. 소비자가 브랜드를 평가할 때 품질, 가격, 디자인 못지않게 중요한 기준으로 작용한다. 마케터는 사회적 책임을 단발적인 이벤트가 아니라 브랜드 스토리와 연결된 장기적 자산으로 바라봐야 한다. 그렇게 할 때 브랜드 이미지는 더욱 깊이 있고 신뢰할 만한 가치를 얻게 된다.

고객 가치란 무엇인가?

마케팅의 출발점은 고객이 느끼는 가치다. 고객 가치는 제품이나 서비스를 이용하면서 얻는 효익과 그 과정에서 지불한 대가를 비교한 전체 경험을 뜻한다. 여기서 말하는 대가는 가격에 국한되지 않는다. 소비자가 상품을 찾고 구매하는 데 쓰는 시간, 이동 비용, 불편함, 그리고 심리적 부담까지 모두 포함된다. 반대로 효익에는 기능적 성능뿐 아니라 사용의 즐거움, 브랜드가 주는 상징성, 사회적 평가와 같은 무형적 요소도 담겨 있다.

예를 들어 프리미엄 자동차를 구매하는 고객은 단순한 이동 수단을 산 것이 아니다. 세련된 디자인, 안전 기능이 주는 안도감, 브랜드가 상징하는 지위, 운전할 때 느껴지는 자부심까지 모두 가치로 연결된다. 이처럼 고객 가치는 눈에 보이는 기능적 혜택과 보이지 않는 정서적 만족이 결합해 형성된다.

기업이 성장하기 위해서는 이 가치를 얼마나 충실히 제공하느냐가 핵심이다. 기능적으로 우수한 제품이라도 고객이 원하는 만족을 충족시키지 못하면 시장에서 외면받는다. 반대로 고객 가치에 부합하는 제품과 서비스는 가격이 다소 높더라도 선택된다. 대표적인 사례가 커피 전문점 브랜드다. 커피 한 잔의 원가는 낮지만, 고객은 매장에서 머무는 경험, 공간이 주는 분위기, 브랜드가 지닌 이미지에 기꺼이 비용을 지불한다.

고객 가치는 또한 차별화 전략의 토대가 된다. 경쟁자가 쉽게 따라 할 수 없는 차이는 주로 정서적 요인에서 비롯된다. 예컨대 스마트폰 브랜드는 성능 경쟁을 넘어 디자인, 사용 경험, 커뮤니티적 소속감을 통해 독자적인 가치를 만들어낸다. 고객은 그 안에서 자신만의 의미를 찾는다.

또한 고객 가치는 고정되어 있지 않다. 경기 침체기에는 가격 대비 실질적 효익이 중요해지지만, 여유가 있는 시기에는 개성이나 경험이 더 큰 가치를 가진다. 세대별 차이도 크다. 젊은 세대는 윤리적 소비, 친환경 경영, 사회적 기여와 같은 브랜드의 태도에서 가치를 찾는다. 반면 중장년층은 안정성이나 신뢰를 중시하는 경향이 강하다. 따라서 마케터는 가치의 기준이 시대와 집단에 따라 달라진다는 점을 항상 유념해야 한다.

마케터는 고객의 입장에서 어떤 경험이 의미 있는지 끊임없이 탐구해야 한다. 그것이 브랜드의 지속적인 성장을 이끄는 원동력이 된다.

고객 불만은 어떻게 기회가 되는가?

고객 불만은 표면적으로는 위기처럼 보이지만, 실상은 브랜드가 성장할 수 있는 중요한 기회다. 많은 기업들이 불만을 단순히 해결해야 하는 골칫거리로만 인식하지만, 불만 속에는 고객이 무엇을 기대하는지, 어떤 경험이 부족했는지 분명히 담겨 있다. 불만을 통해 얻을 수 있는 통찰은 새로운 제품 개선, 서비스 혁신, 나아가 브랜드 신뢰 강화로 이어질 수 있다.

고객이 불만을 표출하는 순간은 브랜드와 직접적으로 소통할 수 있는 귀중한 접점이다. 침묵하는 고객은 다시 돌아오지 않을 가능성이 크지만, 불만을 표현하는 고객은 여전히 관심과 기대를 가지고 있다. 이때 기업이 보여주는 태도는 단순한 문제 해결을 넘어 관계의 전환점을 만든다. 신속하고 진정성 있는 대응은 불만을 만족으로 바꾸고, 때로는 오히려 강력한 충성 고객을 만들어낸다.

불만을 관리하는 과정에서는 경청이 핵심이다. 고객의 목소리를 세밀하게 듣고, 문제의 원인을 함께 찾아가는 태도는 신뢰를 쌓는다. 단순히 보상이나 환불로 마무리하는 것이 아니라, 고객의 불편을 진지하게 받아들이고 개선 약속을 실행해야 한다. 이런 경험은 고객에게 '이 브랜드는 나를 존중한다'는 긍정적 인식을 심어준다.

또한 고객 불만은 내부 프로세스를 점검하고 조직의 약점을 발견할 수 있는 기회다. 반복적으로 제기되는 불만은 구조적 문제를 드러내며, 이는 제품 설계, 품질 관리, 서비스 교육 등 다양한 영역에서 개선의 방향을 제시한다. 한 번의 불만이 아니라 여러 사례를 데이터화하면, 고객의 요구를 더 명확하게 이해하고 장기적인 경쟁 우위를 마련할 수 있다.

불만을 기회로 바꾸는 과정에서 중요한 것은 투명한 소통이다. 문제 발생 사실을 숨기거나 책임을 회피하면 브랜드 신뢰는 빠르게 무너진다. 반대로 솔직하게 상황을 인정하고 개선 노력을 공개하면 오히려 고객은 브랜드의 진정성을 높게 평가한다. 이처럼 불만을 정직하게 다루는 태도는 위기를 오히려 신뢰 강화의 순간으로 만든다.

마케팅 관점에서도 불만 대응은 긍정적인 효과를 낳는다. 불만이 잘 처리된 경험은 입소문을 통해 퍼지며, 다른 고객에게도 브랜드의 책임감 있는 이미지를 전달한다. 고객은 완벽한 브랜드보다 문제를 잘 해결하는 브랜드에 더 깊은 호감을 느낀다. 이는 장기적인 충성도를 높이고 경쟁사 대비 차별화 요소로 작용한다.

고객의 불편을 어떻게 다루느냐가 브랜드의 성숙도를 결정한다.

리서치 도구의 활용법

마케터가 시장을 이해하고 소비자의 마음을 읽어내기 위해서는 체계적인 리서치가 필요하다. 리서치 도구를 어떻게 활용하느냐에 따라 데이터는 죽은 숫자가 될 수도 있고, 비즈니스 전략을 움직이는 나침반이 될 수도 있다.

먼저, 온라인 설문조사 도구는 가장 많이 쓰이는 방법 중 하나다. 구글 폼, 서베이몽키와 같은 플랫폼은 손쉽게 표본을 모집하고 의견을 수집할 수 있게 해준다. 이때 질문 설계가 핵심이다. 응답자가 쉽게 이해할 수 있는 언어로 묻고, 중립적인 선택지를 배치해야 왜곡 없는 데이터를 확보할 수 있다. 또 짧고 명확한 설문은 응답률을 높이는 데 도움이 된다.

소셜 리스닝 도구는 브랜드에 대한 소비자의 목소리를 실시간으로 확인할 수 있는 강력한 수단이다. 트위터, 인스타그램, 온라인 커뮤니티에서 언급되는 키워드를 추적하면 특정 제품이나 서비스에 대한 긍정적·부정적 반응을 빠르게 파악할 수 있다. 이러한 분석은 위기 관리뿐 아니라 소비자와의 공감 포인트를 찾는 데도 유용하다. 최근에는 AI 기반 분석 도구들이 등장해 감성 분석과 트렌드 예측을 보다 정밀하게 지원한다.

웹 분석 도구도 빼놓을 수 없다. 구글 애널리틱스나 어도비 애널리틱스는 방문자의 행동을 구체적으로 보여준다. 어떤 페이지에서 오래 머무는지, 어떤 지점에서 이탈하는지를 알면 콘텐츠나 구매 과정에서의 문제를 진단할 수 있다. 단순한 방문자 수를 넘어서 행동 경로와 전환율을 함께 살펴야 실질적인 개선 방향이 보인다.

경쟁사 분석 도구 또한 중요한 무기다. 시밀러웹, SEMrush 같은 플랫폼은 경쟁사의 유입 채널, 키워드 전략, 광고 집행 현황을 보여준다. 이를 통해 시장에서의 위치를 가늠하고 차별화된 전략을 설계할 수 있다. 단순히 모방이 아니라, 경쟁사가 놓친 틈새를 찾아내는 것이 목적이다.

이 모든 도구는 단독으로 쓰일 때보다 조합할 때 강력한 힘을 발휘한다. 설문조사로 얻은 정량적 데이터와 소셜 리스닝으로 얻은 정성적 반응을 결합하면 더 풍부한 이야기를 그릴 수 있다. 또한 데이터를 수집하는 것에서 끝나지 않고, 분석 결과를 팀원들과 공유하고 실제 실행 계획에 반영하는 과정이 중요하다.

스타벅스
Third Place

39

하워드 슐츠(Howard Schultz)는 스타벅스를 만들며 "우리는 커피를 파는 회사가 아니라, 사람 사이의 관계를 파는 회사"라고 말했다. 이 철학이 바로 '제3의 공간(Third Place)' 전략이다. 그는 사람들이 '집(Home)'과 '직장(Work)' 사이에서 편히 쉴 수 있는 세 번째 장소를 만들고자 했다.

1980년대 초, 미국의 커피는 카페인 음료일 뿐이었다. 스타벅스는 이 일상적 경험을 감성적 경험으로 바꿨다. 고급스러운 향기, 재즈 음악, 푹신한 의자, 이름을 불러주는 바리스타. 이 모든 요소는 커피를 '제품'이 아니라 '감정적 휴식'으로 만들어줬다. 사람들은 커피를 사러 간 것이 아니라, 자신을 위한 작은 시간을 사러 간 것이었다.

스타벅스는 광고보다 공간에 투자했다. 매장은 브랜드 경험의 무대였다. 각 매장은 지역의 분위기에 맞게 디자인되어, 소비자가 '나만의 스타벅스'를 느낄 수 있도록 했다. 이 경험은 곧 브랜드 충성도로 이어졌다. 커피의 맛보다 공간의 감성이 브랜드를 선택하게 만든 것이다.

'제3의 공간' 전략은 소비자의 감정적 니즈(Emotional Need)를 정확히 읽어낸 결과였다. 현대인은 빠르게 돌아가는 일상 속에서 잠시 멈출 공간을 원했다. 스타벅스는 그 욕구를 정확히 채워줬다. 매장 곳곳의 조명, 음악, 인테리어는 심리적 안정감을 주도록 설계되었다. 결국 고객은 커피를 마시며 스스로를 '휴식 중인 사람'으로 인식했다.

하워드 슐츠는 직원에게도 같은 철학을 전했다. 그는 "직원은 고객보다 먼저 돌봐야 할 스타벅스의 첫 번째 고객"이라 말하며, 파트너십 문화와 배려의 조직문화를 만들었다. 이 따뜻한 내부 문화는 자연스럽게 고객 경험으로 이어졌고, 매장 분위기 하나하나에 '진심이 있는 서비스'가 스며들었다.

스타벅스는 커피 산업을 넘어 공간 비즈니스의 모델을 제시했다. 그곳은 일하는 사람, 공부하는 사람, 대화하는 사람 모두가 어울리는 열린 커뮤니티가 되었다. 이 경험은 전 세계 도시 문화의 일부로 자리 잡았고, '커피 한 잔의 가격'은 이제 음료 값이 아닌 '머무는 가치'를 의미하게 되었다.

스타벅스의 성공은 한 가지 사실을 증명했다. 브랜드는 제품으로 기억되지 않는다. 경험으로 기억된다. '제3의 공간'은 물건을 파는 전략이 아니라, 인간의 마음속 욕구를 이해한 철학이었다.

하워드 슐츠는 이렇게 말했다.
"우리는 커피를 파는 것이 아니라, 하루의 위로를 판다."

소비자 인사이트 발굴

마케팅의 성패는 소비자의 마음을 얼마나 정확히 읽어내는가에 달려 있다. 소비자가 무엇을 원하는지, 어떤 가치에 반응하는지, 또 어떤 상황에서 구매로 이어지는지 이해하지 못한다면 아무리 정교한 전략도 힘을 잃는다. 그래서 마케터에게 가장 중요한 과제 중 하나가 바로 소비자 인사이트를 발굴하는 일이다.

소비자 인사이트는 숫자와 행동 패턴 뒤에 숨어 있는 의미를 찾아내는 과정이다. 예를 들어 매출 데이터만 보면 특정 제품이 잘 팔린다는 사실은 알 수 있지만, 왜 사람들이 그 제품을 선택했는지에 대한 이유는 드러나지 않는다. 가격 때문인지, 브랜드 이미지 때문인지, 혹은 최근 사회적 분위기와 연결된 것인지 해석이 필요하다. 이 지점에서 인사이트의 가치가 생겨난다.

인사이트를 발굴하기 위한 첫 단계는 관찰이다. 소셜 미디어, 온라인 리뷰, 커뮤니티 대화를 통해 소비자가 직접 남긴 흔적을 살펴보면 겉으로 드러나지 않는 욕구와 불편을 발견할 수 있다. 예를 들어 "포장은 예쁘지만 열기가 불편하다"는 리뷰 한 줄은 제품 디자인 개선의 중요한 실마리가 된다.

둘째는 심층 인터뷰와 포커스 그룹이다. 짧은 설문조사로는 얻기 어려운 깊이 있는 이야기를 들을 수 있는 방법이다. 소비자의 생활 맥락, 태도, 무의식적인 행동을 탐색하다 보면 예상치 못한 통찰이 드러난다. 가령 "친환경이 좋다고 생각하지만 가격이 부담된다"는 말은, 친환경 제품이 성공하기 위해서는 단순한 메시지보다 실질적 경제적 이점이 필요하다는 사실을 알려준다.

셋째는 행동 데이터의 분석이다. 온라인 쇼핑몰에서 클릭 경로, 장바구니에 담긴 상품, 결제 직전의 이탈 패턴을 살펴보면 소비자가 어떤 순간에 망설이는지 알 수 있다. 이러한 분석은 구매 장벽을 줄이고 전환율을 높이는 전략으로 이어진다.

하지만 더 중요한 것은 단편적인 사실을 나열하는 것이 아니라 맥락을 읽어내는 능력이다. 같은 데이터라도 어떤 시각으로 접근하느냐에 따라 의미가 달라진다. "젊은 세대가 특정 브랜드를 선호한다"는 결과만으로는 충분하지 않다. 그 브랜드가 어떤 문화적 상징을 담고 있으며, 소비자가 그 안에서 어떤 정체성을 찾는지가 핵심이다.

진정성 있는 인사이트는 곧 공감으로 이어지고, 공감은 강력한 브랜드 충성도를 만든다.

경쟁자 분석 제대로 하기

마케팅에서 경쟁자 분석은 시장의 흐름을 파악하고 자사 전략을 구체화하기 위해 반드시 필요한 과정이다. 소비자의 선택을 놓고 다투는 모든 존재가 경쟁자가 될 수 있다. 예를 들어 커피 전문점은 다른 카페뿐 아니라 편의점 커피, 가정용 캡슐 머신까지 경쟁 상대로 고려해야 한다. 이처럼 경쟁의 범위를 넓게 보는 시각이 중요하다.

경쟁자 분석은 먼저 직접적 경쟁자와 간접적 경쟁자를 구분하는 것에서 시작한다. 직접적 경쟁자는 같은 제품이나 서비스를 제공하며 동일한 고객군을 겨냥한다. 반면 간접적 경쟁자는 고객의 시간, 예산, 욕구 충족 수단을 놓고 경쟁하는 존재다. 기업은 이 둘을 구체적으로 나누어 파악해야 한다. 그렇지 않으면 시장에서 놓치기 쉬운 위협 요인을 간과할 수 있다.

다음 단계는 경쟁자의 강점과 약점을 객관적으로 파악하는 것이다. 경쟁사가 잘하고 있는 부분은 위협이자 동시에 학습의 기회다. 예를 들어 온라인 쇼핑몰에서 배송 속도와 고객 서비스가 강점이라면, 자사는 이를 뛰어넘을 방법을 고민해야 한다. 반대로 경쟁사가 취약한 영역은 차별화 전략을 세울 수 있는 기회가 된다. 단순히 가격으로 맞붙는 방식은 지속 가능하지 않기 때문에, 서비스 품질, 고객 경험, 브랜드 이미지 등 다양한 측면에서 차별화 포인트를 찾는 것이 중요하다.

경쟁자 분석의 핵심 도구 중 하나는 벤치마킹이다. 벤치마킹은 경쟁사의 성공 사례를 연구하여 자사 상황에 맞게 적용하는 방법이다. 하지만 그대로 모방하는 수준에 그치면 장기적으로 한계가 뚜렷하다. 중요한 것은 경쟁자의 방식 뒤에 숨은 원리를 이해하고 이를 창의적으로 변형해 자사만의 방식으로 재구성하는 것이다.

또한 시장 환경은 빠르게 변하기 때문에 경쟁자 분석은 일회성 활동으로 끝나서는 안 된다. 정기적으로 시장 데이터를 수집하고, 온라인 리뷰, 소셜미디어 언급, 검색 트렌드 등 다양한 지표를 점검해야 한다. 경쟁사의 마케팅 캠페인과 신제품 출시도 모니터링 대상이다. 이를 통해 시장의 변화를 미리 감지하고 빠르게 대응할 수 있다.

마지막으로 경쟁자 분석은 전략 실행으로 연결되어야 의미가 있다. 수집한 자료를 기반으로 자사의 위치를 진단하고, 차별화 전략을 설계하며, 향후 시나리오를 준비하는 것이 궁극적 목적이다.

"사업에서 계속 달리고 있으면 경쟁자가 당신을 물 것이고, 가만히 서 있으면 당신을 삼켜버릴 것이다." – 빅터 키암 (미국 기업가)

차별화 전략의 성공 포인트

오늘날 시장은 비슷한 제품과 서비스가 넘쳐난다. 소비자는 수많은 선택지 속에서 자신에게 가장 큰 가치를 주는 브랜드를 고른다. 이때 차별화 전략은 기업이 경쟁 속에서 두각을 나타내는 핵심 수단이 된다. 차별화는 소비자가 체감할 수 있는 독자적인 가치를 제공하는 것을 의미한다.

첫 번째 성공 포인트는 고객 인사이트 기반의 차별다. 기업이 제공하는 특징이 아무리 새로워 보여도 소비자가 체감하지 못한다면 의미가 없다. 따라서 고객의 생활 패턴, 문제점, 욕구를 면밀히 분석해 그 지점을 해결하는 방식으로 차별화를 설계해야 한다. 예를 들어 배달 플랫폼은 단순한 속도 경쟁을 넘어서 '안전한 포장'이나 '친환경 용기'와 같은 가치를 더하며 고객의 선택 기준을 확장시켰다.

두 번째는 브랜드 스토리와 정체성의 일관성이다. 차별화 전략이 효과를 가지려면 브랜드가 무엇을 추구하는지 명확히 드러나야 한다. 소비자는 기능적 이점뿐 아니라 정서적 공감에도 반응한다. 스타벅스가 단순히 커피 맛이 아닌 '제3의 공간'이라는 경험을 강조하며 차별화에 성공한 사례는 이를 잘 보여준다.

세 번째는 지속 가능한 경쟁력이다. 모방하기 쉬운 차별화 요소는 금세 경쟁자에게 따라잡힌다. 따라서 독자적인 기술, 특허, 독창적 디자인, 혹은 강력한 커뮤니티와 같은 진입 장벽을 구축하는 것이 중요하다. 이를 통해 경쟁자가 쉽게 따라올 수 없는 장기적 우위를 확보할 수 있다.

네 번째는 고객 경험 전체를 고려한 차별다. 제품 그 자체만이 아니라 구매 전 정보 탐색, 구매 과정, 구매 후 서비스까지 전체 여정에서 차별화 포인트를 마련해야 한다. 애플이 하드웨어와 소프트웨어, 매장 경험을 유기적으로 연결해 차별화를 강화한 것이 대표적이다.

마지막으로, 차별화 전략은 실행력과 연결되어야 한다. 아무리 독창적인 아이디어라도 시장에 적시에 제공되지 않으면 경쟁력이 약화된다. 또한 차별화 포인트는 마케팅 메시지와 결합해 소비자에게 명확히 전달되어야 한다. 소비자가 인지하지 못하는 차별화는 존재하지 않는 것과 다름없기 때문이다.

차별화 전략의 본질은 소비자 마음속에 독특한 자리를 차지하는 것이다.

블루오션 전략

기업이 치열한 경쟁 시장에서 살아남기 위해 가장 많이 고려하는 개념 중 하나가 블루오션 전략이다. 이는 기존의 경쟁이 포화된 시장, 즉 '레드오션'을 벗어나 경쟁이 거의 없는 새로운 시장 공간을 창출하는 접근법이다. 블루오션은 단순히 새로운 아이디어를 떠올리는 것이 아니라, 고객이 아직 충족되지 못한 니즈를 발굴하고 이를 만족시킬 수 있는 새로운 가치를 제시하는 데 핵심이 있다.

블루오션 전략의 실제 사례 중 가장 자주 언급되는 기업은 서커스를 재해석한 '태양의 서커스(Cirque du Soleil)'다. 전통적 서커스가 동물 공연과 화려한 볼거리 위주로 경쟁하던 반면, 태양의 서커스는 음악, 연극, 무용을 결합해 완전히 새로운 공연 예술을 만들어냈다. 이들은 기존 고객층뿐 아니라 전혀 다른 문화 소비층까지 흡수하며 새로운 시장을 열었다.

또 다른 사례는 애플의 아이튠즈다. 당시 음악 산업은 음반 판매가 주력이었고 불법 다운로드가 급격히 늘어나는 문제를 겪고 있었다. 애플은 합법적이고 편리한 음원 다운로드 서비스를 제공하면서 음악 소비 방식을 완전히 바꿨다. 이는 단순한 제품이 아니라 산업 구조 자체를 재편한 블루오션 전략의 대표적 성과라 할 수 있다.

블루오션 전략을 실행하는 핵심은 가치 혁신이다. 비용 절감과 차별적 가치 제공을 동시에 추구함으로써 기존 경쟁 규칙을 무의미하게 만든다. 이를 위해 기업은 고객에게 불필요한 요소를 제거하고, 새로운 요소를 추가하며, 기존 요소를 줄이거나 강화하는 네 가지 행동을 통해 새로운 가치 곡선을 그려야 한다.

그러나 블루오션 전략이 항상 성공하는 것은 아니다. 새로운 시장은 예측 불가능성이 크고, 고객 수요가 실제로 존재하지 않을 위험도 있다. 따라서 성공하려면 충분한 시장 조사와 실행 가능성을 검증하는 과정이 필요하다. 또한 초기에는 경쟁이 없더라도, 시간이 지나면 모방 기업이 진입하기 마련이다. 이에 대비해 지속 가능한 경쟁우위를 확보할 전략적 장치가 필요하다.

오늘날 디지털 기술은 블루오션을 만들어내는 중요한 촉매가 된다. 예컨대 공유경제 서비스인 에어비앤비나 차량 공유 플랫폼 우버는 기존 산업의 공백을 디지털 플랫폼으로 메우며 새로운 시장을 형성했다. 이들은 기존 숙박업이나 택시업계와 정면으로 경쟁하지 않고, 고객이 불편함을 느꼈던 지점을 해결하며 새로운 가치를 창출했다.

시장의 규칙을 재작성하고 고객의 인식을 바꾸는 힘이 바로 이 전략의 본질이다.

틈새시장 공략

모든 기업이 거대한 대중시장을 겨냥할 필요는 없다. 오히려 특정한 고객 집단이나 한정된 수요를 집중적으로 공략하는 것이 더 효과적일 수 있다. 이를 '틈새시장 전략'이라 부르며, 자원이 한정된 기업이 대기업과 경쟁하지 않고 차별적 성과를 만들어낼 수 있는 방법으로 주목받는다.

틈새시장은 보통 대기업이 관심을 두지 않거나 충분히 대응하지 못하는 영역에서 발견된다. 예를 들어 고급 애완동물 식품, 친환경 생활용품, 특수 취향을 겨냥한 패션 브랜드 등이 있다. 이들은 대중적인 시장에서 큰 주목을 받지는 못하지만, 특정 고객에게는 절대적인 선택지가 된다. 기업이 이런 시장을 정확히 포착해 전문성과 신뢰를 쌓으면 충성도 높은 고객층을 형성할 수 있다.

틈새시장 공략의 핵심은 '정확한 타깃팅'이다. 고객이 무엇을 필요로 하고, 어떤 불편을 겪고 있는지를 세밀하게 파악해야 한다. 예를 들어 글루텐 불내증을 가진 소비자를 위한 식품 브랜드는 소수의 고객만을 대상으로 하지만, 그들의 삶을 바꿀 만큼 큰 가치를 제공한다. 이러한 전략은 시장 규모가 작더라도 고객 만족도를 극대화해 장기적 성장을 가능하게 한다.

이 전략은 자원 효율성 측면에서도 유리하다. 대중시장은 막대한 광고비와 유통망이 필요하지만, 틈새시장은 특정 채널을 집중적으로 활용할 수 있다. 예를 들어 온라인 커뮤니티나 전문 잡지 같은 좁은 경로를 통해도 효과적으로 고객에게 도달할 수 있다. 이는 비용 대비 높은 효율을 가능하게 한다.

다만 위험 요소도 존재한다. 시장 자체가 작아 성장이 제한적일 수 있고, 대기업이 진입하면 금세 경쟁이 치열해질 수도 있다. 따라서 틈새시장을 선택할 때는 시장의 안정성과 성장 잠재력을 반드시 분석해야 한다. 또한 고객의 니즈가 변하면 시장이 빠르게 축소될 위험도 있으므로 지속적인 관찰과 대응이 필요하다.

디지털 시대의 틈새시장 전략은 더욱 세밀해졌다. 검색 데이터, 소셜 미디어 대화, 온라인 구매 패턴을 분석하면 미세한 고객 욕구까지 파악할 수 있다. 실제로 수많은 스타트업이 이런 데이터를 기반으로 대기업이 놓친 영역을 발굴해 성공 사례를 만들고 있다. 예를 들어 특정 라이프스타일을 지향하는 소규모 브랜드가 인스타그램을 중심으로 성장하는 경우가 대표적이다.

대중시장에서 눈에 띄지 않는 작은 파도도 틈새시장에서 큰 기회가 될 수 있다.

데이터 기반 마케팅

오늘날 마케팅은 직관과 경험만으로는 충분하지 않다. 소비자의 행동은 복잡하게 얽혀 있으며, 시장은 빠른 속도로 변한다. 이런 상황에서 데이터는 마케터가 의사결정을 내리는 핵심 근거가 된다. 데이터 기반 마케팅은 고객의 행동을 수치와 기록으로 분석하고, 그 결과를 토대로 전략을 세우는 방식이다. 이는 추측에 의존하던 접근에서 벗어나 과학적이고 체계적인 방향으로 마케팅을 전환하게 만든다.

데이터 기반 마케팅의 장점은 명확하다. 첫째, 고객 이해도가 높아진다. 예를 들어 온라인 쇼핑몰에서 어떤 상품이 특정 시간대에 잘 팔리는지를 분석하면, 적절한 시점에 광고를 집중할 수 있다. 둘째, 캠페인의 효율성을 높일 수 있다. 어떤 광고 채널이 실제 구매로 이어졌는지 추적하면, 불필요한 비용을 줄이고 성과가 좋은 채널에 예산을 집중할 수 있다.

또한 데이터는 개인화 마케팅을 가능하게 한다. 고객의 관심사, 검색 기록, 구매 이력을 바탕으로 맞춤형 추천을 제공하면, 소비자는 자신이 특별히 대우받는다고 느낀다. 음악 스트리밍 서비스나 전자상거래 플랫폼은 이런 개인화 전략을 적극적으로 활용해 높은 충성도를 확보하고 있다.

실무에서는 다양한 데이터가 활용된다. 웹사이트 트래픽, 소셜미디어 반응, 이메일 열람률, 구매 전환율 등 모든 요소가 고객 경험을 분석하는 재료가 된다. 여기에 인공지능과 머신러닝이 결합되면, 단순한 과거 분석을 넘어 미래 예측까지 가능해진다. 예를 들어, 특정 고객이 다음에 어떤 상품을 구매할 가능성이 높은지를 예측해 선제적으로 제안을 보낼 수 있다.

그러나 데이터 기반 마케팅이 무조건 긍정적인 것은 아니다. 고객의 사생활과 개인정보 보호 문제가 중요한 과제로 떠오른다. 데이터를 수집하고 활용하는 과정에서 투명성이 보장되지 않으면 오히려 브랜드 신뢰가 무너질 수 있다. 따라서 기업은 데이터 활용 과정에서 법적 규제를 준수하고, 고객에게 명확한 동의를 받아야 한다.

데이터 기반 마케팅의 성공은 단순한 기술 도입에 달려 있지 않다. 핵심은 데이터를 해석하고 실행으로 옮기는 능력이다. 아무리 많은 데이터를 확보해도 의미 있는 인사이트를 도출하지 못하면 무용지물이 된다. 이를 위해 마케터는 분석 결과를 이해할 수 있는 역량과, 그 결과를 실제 전략으로 연결하는 실행력을 갖추어야 한다.

구슬이 서말이라도 꿰어야 보배다.

디지털 전환과 마케팅 혁신

디지털 기술은 마케팅 환경을 근본적으로 변화시켰다. 과거에는 텔레비전, 라디오, 신문이 주요 채널이었다면, 이제는 검색 엔진, 소셜미디어, 모바일 앱이 소비자와 브랜드를 잇는 중심 무대가 되었다. 이러한 변화는 소비자 경험 전반을 새롭게 구성하는 전환으로 이어지고 있다.

첫 번째 특징은 고객 접점의 확장이다. 디지털 플랫폼은 시공간의 제약을 뛰어넘어 언제 어디서나 브랜드와 만날 수 있게 한다. 예를 들어 온라인 쇼핑몰은 24시간 운영되며, 고객은 이동 중에도 스마트폰으로 상품을 구매할 수 있다. 이는 전통적 오프라인 매장과 비교할 수 없는 편의성을 제공한다.

두 번째 특징은 고객 데이터의 즉각적 수집과 분석이다. 온라인에서 고객은 클릭, 검색, 구매와 같은 수많은 흔적을 남긴다. 이를 실시간으로 분석하면 고객의 관심사와 행동 패턴을 빠르게 파악할 수 있다. 그 결과 맞춤형 추천, 개인화 광고, 세밀한 타깃팅이 가능해진다. 이는 기업이 마케팅 효율성을 극대화하는 핵심 동력이 된다.

세 번째 특징은 상호작용성이다. 과거의 광고가 일방향적이었다면, 디지털 환경에서는 소비자가 직접 참여하고 반응한다. SNS에서 고객은 브랜드와 대화하고, 후기를 공유하며, 새로운 콘텐츠를 창조한다. 이러한 쌍방향 소통은 브랜드에 대한 친밀감과 신뢰를 강화한다.

하지만 디지털 전환이 가져온 기회만큼 도전도 크다. 디지털 채널이 다양해지면서 관리해야 할 접점이 많아졌고, 경쟁자 또한 쉽게 시장에 진입할 수 있다. 게다가 데이터 활용과 개인정보 보호 사이에서 균형을 잡는 문제도 점점 중요해지고 있다. 신뢰를 잃은 브랜드는 빠르게 시장에서 외면받을 수 있기 때문이다.

디지털 전환은 마케팅 혁신을 요구한다. 기업은 브랜드의 가치와 메시지를 디지털 환경에 맞게 재구성해야 한다. 또한 오프라인과 온라인을 유기적으로 연결하는 옴니채널 전략, 고객 경험 전체를 설계하는 서비스 디자인적 접근이 필요하다.

기술을 이해하고 활용하는 능력은 더 이상 IT 부서만의 영역이 아니다. 변화하는 환경에 맞춰 전략을 재구성할 수 있는 유연성과 창의성을 갖춘 마케터만이 디지털 시대에 살아남을 수 있다.

고객 경험의 디지털화

디지털 환경에서는 고객 경험이 새로운 방식으로 설계되고 확장된다. 소비자는 오프라인 매장에서뿐만 아니라 웹사이트, 모바일 앱, 소셜미디어, 챗봇 등 다양한 채널에서 브랜드를 만난다. 따라서 고객 경험을 디지털화한다는 것은 각 접점을 연결해 일관되고 매끄러운 흐름을 제공하는 것을 의미한다.

첫째, 고객 경험의 디지털화는 개인화와 밀접하게 연관된다. 고객의 데이터가 수집·분석되면서 각 개인의 관심사와 행동 패턴에 맞춘 맞춤형 콘텐츠와 서비스를 제공할 수 있다. 예를 들어 온라인 쇼핑몰은 사용자의 검색 이력과 구매 내역을 기반으로 적합한 제품을 추천한다. 이러한 개인화 경험은 고객 만족도를 높이고 브랜드 충성도를 강화하는 데 크게 기여한다.

둘째, 디지털화는 고객 여정을 더 세밀하게 추적하고 관리할 수 있게 한다. 과거에는 고객이 매장에 들어와 구매하는 과정을 정확히 파악하기 어려웠지만, 이제는 클릭, 페이지 체류 시간, 장바구니 추가 같은 모든 행동이 데이터로 남는다. 이 데이터는 고객이 어떤 단계에서 이탈하는지, 어떤 순간에 구매로 이어지는지를 명확히 보여준다. 마케터는 이를 기반으로 전략을 조정해 고객 경험을 최적화할 수 있다.

셋째, 고객 경험의 디지털화는 상호작용성을 강화한다. 소셜미디어에서 고객은 브랜드와 직접 대화하고 피드백을 공유하며 다른 소비자와 의견을 나눈다. 이는 브랜드가 고객의 목소리를 실시간으로 들을 수 있는 기회를 제공한다. 기업이 이를 적극 반영하면 고객은 자신이 존중받고 있다고 느끼며, 브랜드와의 관계는 더욱 공고해진다.

넷째, 디지털화된 고객 경험은 오프라인과도 긴밀히 연결된다. 예를 들어 고객이 온라인에서 상품 정보를 확인한 뒤 오프라인 매장에서 직접 체험하거나, 반대로 매장에서 경험한 상품을 모바일 앱을 통해 재구매하는 방식이 가능하다. 이러한 흐름을 자연스럽게 이어주는 전략이 바로 옴니채널 경험이다.

그러나 지나친 데이터 활용은 개인정보 침해 우려를 낳을 수 있고, 기술 중심의 접근은 인간적 감성을 소홀히 할 위험이 있다. 따라서 브랜드는 보안과 정서적 신뢰 확보에 많은 투자를 해야 한다.

"물리적 세상에서 고객을 불행하게 만들면 그 고객은 6명의 친구에게 이야기할 것입니다.
 하지만 인터넷에서 고객을 불행하게 만들면 6,000명에게 이야기할 수 있습니다."
- 제프 베이조스 (아마존 창업자)

> 💡 Get ideas!

레고
LEGO Movie & User Creation

48

2000년대 초, 디지털 게임과 모바일 콘텐츠가 아이들의 관심을 빼앗으면서, 블록 장난감은 '시대에 뒤떨어진 제품'으로 여겨졌다. 하지만 레고(LEGO)는 위기를 전환점으로 삼았다. 그들은 단순한 장난감 제조업체가 아니라 상상력의 플랫폼으로 자신을 재정의했다. 이 변화의 중심에는 바로 사용자 참여(User Creation)와 레고 무비(LEGO Movie)가 있었다.

레고는 "모든 사람은 창조자다"라는 철학을 내세워, 고객을 소비자가 아닌 공동 창작자(Co-creator)로 초대했다. 대표적인 예가 '레고 아이디어스(LEGO Ideas)' 플랫폼이다. 전 세계 팬들이 직접 자신이 만든 레고 모델을 업로드하고, 1만 명의 지지를 얻으면 실제 제품으로 출시될 수 있는 시스템이다. 이 전략은 공동 창작 문화(Co-creation Culture)를 바탕으로 고객의 창의성을 인정하고, 그들의 상상력을 브랜드의 성장 동력으로 삼았다. 그 결과, 레고는 사용자에게서 새로운 제품 아이디어를 얻고, 그 아이디어가 다시 전 세계 팬덤을 형성하는 순환 구조를 구축했다.

이런 참여 문화는 2014년 개봉한 'The LEGO Movie(레고 무비)'로 절정을 맞았다. 이 영화는 장난감 광고가 아니라, 레고 철학을 시각화한 스토리 마케팅이었다. '모든 사람은 특별하다(Everything is Awesome)'라는 주제는 레고가 오랫동안 전해온 메시지 "상상력의 힘, 자유로운 창조, 협업의 즐거움"을 완벽히 담았다. 놀랍게도 이 영화는 전 세계 4억 달러 이상의 흥행 수익을 거두며, 브랜드 영화가 '광고'가 아닌 '예술 콘텐츠'로 인정받는 계기를 만들었다.

'레고 무비'는 전형적인 브랜드 캠페인과 달리, 제품을 직접적으로 홍보하지 않았다. 오히려 레고의 세계관과 창의적 가치를 보여줌으로써 소비자 스스로 "레고를 다시 가지고 놀고 싶다"는 감정을 불러일으켰다. 이것이 바로 스토리텔링 마케팅의 본질이었다. 브랜드는 말을 줄이고, 고객의 상상력을 자극하는 이야기로 존재를 증명했다.

레고의 성공은 명확한 교훈을 준다. 브랜드는 더 이상 이야기의 주인공이 아니다. 고객이 그 주인공이다. 레고는 고객에게 '참여'라는 무대를 주었고, 그들이 만든 스토리가 전 세계를 움직였다.

레고가 말하듯, "놀이란, 세상을 바꾸는 상상력의 언어다." 그 문장이야말로 레고가 장난감 회사를 넘어 세대를 연결하는 문화 브랜드가 된 이유다.

ESG가 브랜드 이미지를 바꿀까?

ESG는 이제 경영 전략의 부수적인 선택이 아니라 브랜드 이미지 형성의 핵심 요인으로 자리 잡았다. 소비자는 환경(Environment), 사회(Social), 지배구조(Governance)에 대한 기업의 태도를 브랜드 가치와 직결해 인식하고 있으며, 이는 구매와 투자에까지 영향을 미치고 있다. 과거에는 브랜드 이미지가 주로 제품의 품질이나 광고 메시지에 의해 형성되었지만, 현재는 기업의 지속가능성과 사회적 책임이 신뢰와 선호도를 좌우하는 중요한 기준이 되었다.

환경 측면에서 친환경 경영은 브랜드를 긍정적으로 차별화하는 요소가 된다. 플라스틱 사용을 줄이거나 탄소 배출 저감을 실천하는 기업은 소비자에게 미래 지향적인 브랜드로 각인된다. 이는 제품의 기능적 가치에 더해 정서적 가치를 부여하며, 소비자가 브랜드를 선택할 이유를 강화한다. 특히 친환경 패키지나 재생 에너지 활용은 소비자가 눈으로 확인할 수 있는 실질적 변화이기에 브랜드 이미지에 직접적으로 기여한다.

사회적 책임 또한 강력한 신뢰의 기반이 된다. 노동 환경 개선, 다양성 존중, 지역 사회 기여와 같은 활동은 소비자에게 브랜드가 단순한 이윤 추구 집단이 아니라 사회 구성원으로서 역할을 다하고 있다는 메시지를 전달한다. 특히 MZ세대 소비자는 윤리적 소비를 중시하며, 자신이 선택한 브랜드가 사회적 가치를 실천한다는 사실에 자부심을 느낀다. 이는 브랜드 충성도를 높이는 강력한 동력이 된다.

지배구조 측면에서는 투명성과 책임 경영이 이미지에 큰 영향을 미친다. 부정 회계나 권력 남용과 같은 이슈는 브랜드에 심각한 타격을 주지만, 투명한 경영과 공정한 의사 결정은 장기적 신뢰를 쌓는 토대가 된다. 투자자뿐 아니라 일반 소비자 역시 기업의 운영 방식을 브랜드 이미지와 연결해 바라보고 있기 때문에, 건전한 지배구조는 곧 브랜드 신뢰도의 지표로 작용한다.

ESG는 단발적 캠페인으로는 효과를 거두기 어렵다. 소비자는 기업이 진정성 있게 장기적으로 ESG를 실천하는지를 면밀히 관찰한다. 보여주기식 활동은 오히려 역효과를 낼 수 있으며, 이는 브랜드 이미지에 부정적 영향을 끼친다. 따라서 ESG는 마케팅의 도구가 아니라 기업 철학과 운영 방식에 깊이 뿌리내려야 한다. 그 과정에서 형성된 신뢰와 긍정적 인식은 브랜드를 더욱 탄탄하게 만들고, 위기 상황에서도 지탱할 수 있는 힘이 된다.

ESG를 충실히 실천하는 기업은 소비자의 선택을 넘어 사회 전반에서 존중받는 브랜드로 성장할 가능성이 크다.

Z세대 마케팅

Z세대는 디지털 네이티브로 불리며, 태어나면서부터 인터넷과 모바일 환경에 익숙한 세대다. 이들은 정보를 빠르게 습득하고 동시에 여러 채널을 활용하는 능력이 뛰어나며, 브랜드와 소통하는 방식도 이전 세대와 크게 다르다.

Z세대는 개인의 정체성과 개성을 중시한다. 획일화된 메시지보다는 자신이 속한 소셜 미디어 커뮤니티나 관심사에 맞춘 맞춤형 콘텐츠에 더 큰 반응을 보인다. 특히 짧고 직관적인 영상 콘텐츠는 이들의 주목을 끄는 핵심 도구로 자리 잡았다. 유튜브, 틱톡, 인스타그램 릴스와 같은 플랫폼에서 짧은 시간 안에 브랜드의 메시지를 강렬하게 전달하는 것이 중요하다. 이는 단순한 광고가 아니라 공감할 수 있는 스토리와 감각적인 연출이 뒷받침될 때 효과가 배가된다.

또한 Z세대는 진정성을 중시한다. 브랜드가 말하는 가치와 실제 행동이 일치하는지를 꼼꼼히 살피며, 위선적인 마케팅을 빠르게 간파한다. 환경 보호, 다양성 존중, 사회적 책임과 같은 가치를 브랜드가 실제로 실천하는지가 이들의 구매 결정에 큰 영향을 미친다. 따라서 단기적인 이벤트성 메시지보다 장기적이고 일관된 ESG 실천이 브랜드 신뢰를 쌓는 핵심 요소가 된다.

소비 행동 패턴 역시 독특하다. 오프라인 매장에서 직접 경험한 뒤 온라인에서 구매하거나, 반대로 온라인에서 정보를 탐색한 후 오프라인에서 체험하고 결제하는 등 경계 없는 소비 방식을 보인다. 이들에게는 옴니채널 전략이 필수적이며, 브랜드는 온·오프라인 전환이 자연스럽게 이어지는 경험을 설계해야 한다. 결제의 편리함과 빠른 배송, 쉬운 반품 서비스는 이들이 브랜드를 평가하는 중요한 기준으로 작용한다.

Z세대의 브랜드 충성도는 낮은 편이지만, 그만큼 새로운 경험을 시도하는 데 열려 있다. 신제품이나 혁신적인 서비스에 적극적으로 반응하며, 이를 주변에 공유하는 것을 즐긴다. 특히 소셜 미디어에서의 입소문은 강력한 파급력을 지니며, 한 명의 인플루언서나 친구의 추천이 대중 광고보다 더 큰 설득력을 가진다.

Z세대는 가격에 민감하면서도 자신이 지불한 돈이 의미 있는 가치로 돌아오는지를 중요하게 생각한다. 합리적인 가격에 자신이 추구하는 정체성과 가치를 담은 브랜드라면 기꺼이 지갑을 연다. 중요한 것은 이들이 납득할 수 있는 설득력 있는 이유를 제시하는 것이다.

밀레니얼 세대 마케팅

밀레니얼 세대는 1980년대 초반부터 2000년대 초반에 태어난 집단으로, 디지털 전환의 중심에서 성장한 첫 세대라 할 수 있다. 인터넷과 모바일의 확산, 글로벌화, 경제적 불확실성 속에서 형성된 이들의 소비 성향은 이전 세대와 크게 다르며, 기업에게 새로운 도전과 기회를 동시에 제공한다.

밀레니얼은 경험 중심 소비를 중시한다. 제품을 소유하는 것보다 어떤 경험을 제공받을 수 있는지가 구매 결정에 더 큰 영향을 미친다. 여행, 음악 페스티벌, 특별한 외식 경험처럼 오감을 자극하는 활동에 지출을 아끼지 않는다. 브랜드는 이러한 성향을 반영해 단순한 제품 판매가 아니라 체험형 캠페인과 콘텐츠를 제공해야 하며, 온라인과 오프라인을 연결하는 옴니채널 경험이 중요하다.

또한 이 세대는 사회적 가치와 윤리적 책임을 중요하게 여긴다. 브랜드가 환경 보호, 다양성 존중, 사회 공헌과 같은 메시지를 일관되게 실천할 때 신뢰를 얻는다. 이는 단순한 이미지 제고 차원을 넘어 실제 행동으로 이어질 때 더 큰 효과를 낸다. 예를 들어 친환경 원료 사용, 공정 무역 인증, 사회적 캠페인 참여는 밀레니얼의 긍정적 반응을 이끌어낸다. 이들은 SNS를 통해 브랜드의 진정성을 검증하기 때문에, 메시지와 행동 사이의 불일치는 빠르게 드러난다.

디지털 환경에 익숙한 밀레니얼은 온라인 구매와 정보 탐색에서 높은 수준의 자율성을 보여준다. 검색과 리뷰, 비교 사이트를 적극적으로 활용해 합리적인 소비를 추구한다. 따라서 브랜드는 이들의 여정을 세심하게 지원해야 한다. 상세한 제품 정보 제공, 신뢰할 수 있는 후기 관리, 투명한 가격 정책은 이 세대와의 신뢰 구축에 중요한 요소가 된다.

이 세대는 또래 집단의 영향을 크게 받는다. 인플루언서, 온라인 커뮤니티, SNS 네트워크에서 형성된 평판은 구매 의사 결정에 직접적인 역할을 한다. 브랜드가 인플루언서 마케팅이나 사용자 생성 콘텐츠(UGC)를 전략적으로 활용하면 자연스러운 신뢰를 구축할 수 있다. 특히 밀레니얼은 일방적인 광고보다 자신이 속한 커뮤니티의 추천과 경험담을 더 신뢰하는 경향이 강하다.

가격 민감성 또한 눈여겨볼 부분이다. 밀레니얼은 경제적 불확실성 속에서 성장했기에 가성비와 실용성을 중시한다. 그러나 단순히 저렴한 제품을 원한다기보다 가격 대비 가치가 뛰어난 제품을 찾는다. 프리미엄 서비스나 한정판 경험에도 기꺼이 비용을 지불하는 이유는 자신이 투자한 소비가 특별한 의미를 가진다고 느끼기 때문이다.

Get ideas!

레드불
콘텐츠 중심 브랜드 전략

52

레드불은 전 세계에서 가장 강력한 콘텐츠 기업 중 하나로 평가된다. 이들의 전략 핵심은 "제품이 아니라 라이프스타일을 판다"는 데 있다. 대부분의 음료 회사가 맛이나 기능을 강조하는 반면, 레드불은 에너지, 도전, 젊음, 한계 돌파라는 정서를 콘텐츠를 통해 전파했다. 브랜드의 중심축을 '음료'가 아닌 '경험'으로 설정한 것이다.

레드불은 초기부터 스폰서십과 이벤트 마케팅을 통해 브랜드 정체성을 확립했다. 모터스포츠, 익스트림 스포츠, 음악 페스티벌 등 젊고 모험적인 활동에 일관되게 투자함으로써 "레드불을 마시면 날개를 단다(Red Bull gives you wings)"는 슬로건을 자연스럽게 각인시켰다. 이 메시지는 하나의 문화적 코드가 되었고, 소비자는 자신이 레드불을 마실 때 그 '정신'을 함께 소비한다고 느끼게 되었다.

콘텐츠 제작 면에서 레드불은 독보적인 존재다. 그들은 전통적인 광고 대신 레드불 미디어 하우스(Red Bull Media House)를 설립하여 자체적인 미디어 기업으로 발전했다. 이곳에서는 다큐멘터리, 단편영화, 웹 콘텐츠, 팟캐스트 등 다양한 형식의 콘텐츠가 만들어진다. 그중 가장 상징적인 사례는 2012년의 'Red Bull Stratos 프로젝트'로, 우주 상공 약 39km에서 인류 최초의 자유낙하 점프를 시도한 펠릭스 바움가르트너의 도전이다. 이 영상은 생중계로 전 세계 800만 명 이상이 동시에 시청했으며, 단순한 브랜드 캠페인을 넘어 인간의 한계를 실험한 역사적 순간으로 기록되었다.

레드불의 전략은 콘텐츠를 통해 브랜드를 '매체'로 전환시킨 데 있다. 소비자는 단순히 제품을 소비하는 것이 아니라, 레드불이 제시하는 이야기를 '구독'한다. 이는 브랜드가 미디어 플랫폼처럼 작동하게 만들었다. 유튜브나 SNS에서 레드불은 이미 거대한 엔터테인먼트 채널로 자리 잡았으며, 스포츠 스타, 크리에이터, 음악가들이 자연스럽게 브랜드의 일원이 된다. 즉, 콘텐츠는 광고가 아니라 '브랜드의 생태계'를 구축하는 도구다.

또한 레드불은 브랜드 톤앤매너를 철저히 통제한다. 그들의 콘텐츠는 모두 '에너지'와 '극한의 도전'이라는 감정선을 중심으로 유지된다. 어떤 콘텐츠를 보더라도 '레드불답다'는 인상을 주며, 이는 시각적 정체성보다 강력한 감성적 일관성을 만들어낸다. 콘텐츠의 스타일, 음악, 촬영 기법, 편집 리듬 모두가 브랜드의 정신을 반영한다.

레드불의 성공은 오늘날 수많은 브랜드가 벤치마킹하는 콘텐츠 마케팅의 교과서가 되었다.

베이비 부머 세대 마케팅

베이비 부머 세대는 1950년대 중반에서 1960년대 후반 사이에 태어난 인구 집단으로, 전후 경제 성장과 함께 사회적 변화를 주도해 왔다. 이들은 산업화와 도시화를 직접 경험했으며, 현재는 고령화 사회의 주요 축으로 자리 잡고 있다. 이들의 소비력은 여전히 크고, 자산 규모 또한 다른 세대에 비해 높은 편이어서 마케터들에게 매력적인 대상이다. 그러나 소비 성향은 젊은 세대와 다른 지점이 많기에 세심한 접근이 필요하다.

이 세대는 안정성과 신뢰를 중시한다. 브랜드가 오랜 시간 동안 쌓아온 명성이나 전통을 존중하며, 신뢰할 수 있는 기업과 거래하려는 성향이 강하다. 따라서 마케팅 메시지에서는 혁신보다 신뢰와 안정성, 검증된 품질을 강조하는 것이 효과적이다. 예를 들어, 제품의 역사, 장기간의 고객 만족도, 인증과 수상 경력은 베이비 부머에게 긍정적인 반응을 이끌어낸다.

또한 베이비 부머는 건강과 웰빙에 대한 관심이 높다. 은퇴 이후에도 활발한 생활을 유지하려는 욕구가 크며, 의료, 건강 보조제, 운동 기구, 여행 등 라이프스타일 전반에서 활력을 유지할 수 있는 상품과 서비스를 선호한다. 따라서 마케터는 단순한 제품 홍보가 아니라, 건강하고 의미 있는 삶을 돕는 동반자로서의 브랜드 이미지를 구축하는 것이 중요하다.

디지털 환경 적응력도 점점 높아지고 있다. 과거에는 아날로그 환경에 익숙했지만, 스마트폰과 온라인 쇼핑을 활발히 이용하는 비율이 빠르게 증가하고 있다. 다만 디지털 사용에 불편함을 느끼는 경우도 많기 때문에, 직관적이고 사용하기 쉬운 인터페이스를 제공하는 것이 필요하다. 예를 들어 글씨 크기를 크게 조정할 수 있는 기능, 전화 상담을 병행하는 하이브리드 서비스, 친절한 고객 지원은 신뢰를 형성하는 데 도움이 된다.

베이비 부머는 가족 중심적 가치관을 지니고 있다. 자녀나 손주 세대를 위한 소비에 적극적이며, 선물용이나 가족 단위 활동에 가치를 둔다. 따라서 가족 경험을 중심에 둔 캠페인이나, 세대 간 유대감을 강화하는 제품 제안은 효과적인 마케팅 수단이 된다. 예를 들어, 가족 여행 패키지, 손주와 함께 즐길 수 있는 체험형 서비스, 자녀를 위한 금융 상품은 베이비 부머의 관심을 끌 수 있다.

가격에 대한 태도도 독특하다. 젊은 세대가 가성비를 우선시한다면, 베이비 부머는 합리적 소비를 중시하면서도 가치 있다고 판단하면 고가의 제품에도 지출을 아끼지 않는다. 특히 품질, 서비스, 사후 관리가 뒷받침되는 경우에는 프리미엄 소비를 선호한다. 이들에게는 단기적인 할인보다 장기적 혜택이나 충실한 보증 제도가 더 매력적이다.

시니어 마케팅

시니어 마케팅은 고령층을 주요 대상으로 삼는 전략으로, 고령화 사회가 가속화되는 오늘날 그 중요성이 크게 부각되고 있다. 전 세계적으로 인구 구조가 빠르게 변하면서 노년층은 더 이상 소극적인 소비자가 아니라, 주도적인 경제 주체로 자리 잡고 있다. 특히 평균 수명이 늘어나고 은퇴 이후에도 20년 이상을 소비자로 살아가는 경우가 많아지면서, 이들을 위한 맞춤형 마케팅 전략은 필수적이다.

시니어 세대는 안정적인 경제 기반을 가진 경우가 많다. 오랜 기간 축적된 자산과 연금, 주택 소유 비율이 높아 상대적으로 구매력이 크다. 그러나 소비의 목적은 물질적 과시보다는 생활의 질 향상과 건강 유지, 사회적 연결감에 맞춰져 있다. 따라서 마케터는 이들의 욕구를 충족시킬 수 있는 가치 제안을 중심에 두어야 한다. 예를 들어 건강 관리 서비스, 웰니스 프로그램, 여행과 문화 활동, 평생 학습 기회 등은 시니어 세대가 적극적으로 찾는 분야다.

디지털 활용 능력은 시니어 마케팅에서 핵심적인 고려 요소다. 이전 세대와 달리 현재의 시니어들은 스마트폰, 온라인 쇼핑, 소셜미디어를 사용하는 경우가 늘고 있다. 다만 사용자 경험에 불편을 느낄 수 있기 때문에 직관적이고 이해하기 쉬운 인터페이스와 친절한 안내가 필요하다. 글자 크기 확대, 음성 안내, 오프라인 고객 지원과 연계된 하이브리드 서비스는 브랜드 신뢰를 높이는 중요한 요소가 된다.

또한 사회적 교류와 소속감은 시니어 세대의 중요한 욕구 중 하나다. 자녀와 손주 세대와의 유대감을 강화하거나 또래 집단과의 관계를 유지하는 데 많은 관심을 보인다. 이러한 특성은 공동체 경험을 기반으로 한 상품과 서비스에서 강하게 드러난다. 예를 들어 동호회 활동과 연계된 여행 패키지, 세대 간 경험을 나눌 수 있는 문화 프로그램, 시니어 전용 소셜 플랫폼은 큰 호응을 얻는다.

가격 태도에서도 특징이 있다. 시니어는 저렴한 가격을 선호하는 동시에 가치 있다고 판단되면 고가의 제품에도 지출을 아끼지 않는다. 다만 구매 과정에서 신뢰가 뒷받침되어야 하며, 사후 관리와 고객 지원의 충실함을 중요한 기준으로 삼는다. 따라서 단기적인 프로모션보다 장기적 혜택, 철저한 품질 보증, 꾸준한 관리 서비스가 효과적이다.

여행형 시니어, 학습형 시니어, 활동적인 시니어 등 다양한 페르소나를 설정하면 더 정교한 전략을 설계할 수 있다.

구글
Year in Search

55

🔆 Get ideas!

매년 연말, 구글(Google)은 전 세계 사람들에게 특별한 영상을 공개한다. 그 이름은 "Year in Search(올해의 검색어)". 이 영상은 그해 인류가 무엇을 두려워했고, 무엇을 희망했는지를 보여주는 감정의 기록이다.

예를 들어, 2020년 영상에서는 '왜(Why)'라는 질문이 압도적으로 많았다. "왜 숨 쉬기 힘든가?", "왜 세상이 멈췄는가?", "왜 우리는 함께하지 못하는가?" 팬데믹, 인종차별, 사회적 거리두기 속에서도 사람들은 끊임없이 배우고, 공감하고, 연대하려 했다. 구글은 그 수많은 검색 데이터를 한 편의 영화처럼 엮어 "올해, 우리는 이유를 찾았다(We searched for why)"라는 문장으로 마무리했다. 그 순간, 데이터는 숫자가 아니라 사람의 마음이 되었다.

이 캠페인의 핵심은 기술이 아니라 공감(Empathy)이다. 구글은 자신들의 데이터를 자랑하지 않았다. 대신, 사람들이 '검색'을 통해 세상과 연결되는 모습을 비추었다. 검색창은 정보의 도구를 넘어, 두려움과 희망을 표현하는 인류의 집단 일기장이 되었다.

"Year in Search"는 데이터 스토리텔링(Data Storytelling)의 교과서로 불린다. 숫자에 감정을 입히고, 통계에 인간의 숨결을 더한 캠페인이기 때문이다. 이는 '마케팅의 디지털화'가 아니라, '디지털의 인간화(Humanization of Data)'를 실현한 사례였다. "데이터는 차갑지만, 그 속의 인간은 따뜻하다" 이 역설을 구글은 가장 아름답게 시각화했다.

캠페인은 매년 전 세계적인 감동을 불러일으켰다. 2016년에는 "Love is out there(사랑은 여전히 있다)", 2019년에는 "Heroes of 2019(2019년의 영웅들)", 2022년에는 "Search on(다시 나아가자)" 등 그해의 감정과 시대정신을 담은 주제로 구성됐다. 사람들은 이 영상을 보며 자신이 살아온 한 해를 돌아보고, 자연스럽게 구글을 인류의 기억을 지키는 브랜드로 인식하게 되었다.

결국 이 캠페인은 이렇게 말한다. "우리가 무엇을 검색했는가가, 우리가 누구였는지를 말해준다." 구글은 검색 데이터를 통해 세상을 바라보는 창을 만들었고, 그 창 너머에는 기술이 아닌 인간의 얼굴이 있었다.

"Year in Search"는 숫자와 코드로 세상을 분석하던 기술 기업이 어떻게 감정을 전하는 브랜드로 거듭날 수 있는지를 보여준 상징적인 캠페인이다. 검색은 데이터로 시작했지만, 구글은 그것을 인간의 이야기로 완성했다.

여성 소비자 분석

여성 소비자는 전 세계 소비 시장에서 가장 영향력 있는 집단 중 하나로 꼽힌다. 특히 가정의 생활용품, 패션, 뷰티, 교육, 건강 등 다양한 분야에서 구매 결정을 주도하는 경우가 많다. 기업이 여성 소비자를 제대로 이해하지 못하면 시장의 큰 기회를 놓칠 수 있다. 따라서 단순히 성별을 기준으로 한 마케팅 접근을 넘어서, 여성 소비자의 생활 맥락과 가치관, 경험을 면밀하게 분석하는 것이 중요하다.

여성 소비자는 연령, 직업, 라이프스타일에 따라 매우 다양한 세분 집단으로 나뉜다. 20대 대학생과 30대 직장인, 40대 워킹맘은 각각 다른 소비 욕구와 관심사를 가진다. 같은 연령대라도 독신인지, 결혼을 했는지, 자녀가 있는지에 따라 소비 패턴은 달라진다. 예를 들어, 30대 미혼 여성은 자기계발과 취미에 투자를 아끼지 않는 반면, 같은 연령대의 기혼 여성은 육아와 가사에 필요한 제품이나 서비스에 더 관심을 보인다. 이처럼 여성 소비자는 하나의 집단으로 묶기에는 지나치게 다층적이기 때문에, 정밀한 세분화 전략이 필수적이다.

또한 여성 소비자는 브랜드와의 정서적 연결을 중요시한다. 기능적 가치만으로는 선택을 이끌기 어렵고, 브랜드가 보여주는 스토리와 철학이 큰 영향을 미친다. 지속가능성, 사회적 가치, 다양성 존중과 같은 요소가 여성 소비자의 브랜드 선호도에 직접적으로 작용한다. 특히 MZ세대 여성들은 그 제품을 구매하는 행위가 자신이 지향하는 가치와 일치하는지를 중시한다. 기업이 ESG 경영이나 여성 인권, 사회적 책임에 적극적으로 참여하는 경우, 여성 소비자들은 해당 브랜드를 더 호의적으로 평가한다.

디지털 환경의 변화도 여성 소비자의 행동에 큰 영향을 미쳤다. 온라인 쇼핑몰, SNS, 유튜브, 커뮤니티는 여성 소비자들이 정보를 탐색하고 의견을 교환하는 주요 채널로 자리 잡았다. 화장품이나 패션 제품을 선택할 때, 실제 사용 후기와 인플루언서의 추천이 큰 힘을 발휘한다. 또한 모바일 결제와 구독 서비스의 확산은 소비 패턴을 간편하고 유연하게 변화시켰다. 기업은 이러한 디지털 접점을 통해 여성 소비자의 경험을 세심하게 설계해야 한다.

여성 소비자 분석은 데이터 수집을 넘어, 그들의 생활 속 맥락과 감정을 읽어내는 것이 중요하다. 기업이 여성의 다양한 삶의 모습과 가치관을 존중하는 태도를 보일 때, 소비자는 신뢰와 충성도를 보낸다. 결국 여성 소비자를 제대로 이해하는 것은 곧 브랜드의 장기적 성장을 가능하게 하는 열쇠라 할 수 있다.

남성 소비자 분석

남성 소비자는 전통적으로 가정 내에서 주요 구매자가 아니라는 인식이 강했지만, 현대 시장에서는 독립적인 경제 주체로서 영향력이 점점 확대되고 있다. 특히 1인 가구 증가, 라이프스타일 다양화, 자기 표현에 대한 욕구가 높아지면서 남성 소비자를 겨냥한 시장은 빠르게 성장하고 있다. 패션, 뷰티, 건강관리, 자동차, IT 기기, 스포츠 용품 등 남성 소비자가 중심이 되는 카테고리는 점점 더 세분화되고 있다.

남성 소비자의 대표적 특징 중 하나는 기능성과 효율성을 중시한다는 점이다. 제품을 선택할 때 가격 대비 성능, 실용성, 내구성을 꼼꼼히 따지는 경향이 강하다. 예를 들어 전자제품이나 자동차에서는 디자인보다 성능, 유지 비용, 기술적 혁신을 우선시한다. 그러나 최근에는 이 패턴에도 변화가 생기고 있다. 젊은 남성 소비자는 패션이나 뷰티 영역에서도 자기 표현과 개성을 드러내고자 하며, 브랜드가 제시하는 스토리와 감성적 가치를 중요하게 생각한다. 이는 남성 소비자가 더 이상 기능 중심의 구매자만이 아니라는 것을 보여준다.

또한 남성 소비자는 정보 탐색 과정에서 비교와 분석을 철저히 한다. 온라인 리뷰, 커뮤니티, 유튜브 제품 리뷰 영상은 이들의 구매 결정 과정에 큰 영향을 미친다. 특히 전문적인 언어와 객관적 데이터에 신뢰를 보내는 경우가 많아, 브랜드는 신뢰할 수 있는 정보를 제공하는 것이 중요하다. 과장된 홍보보다 실제 사용 경험을 기반으로 한 콘텐츠가 더 설득력을 가진다.

연령과 생애 주기별로도 소비 행태는 다르게 나타난다. 20대 남성은 최신 기술과 트렌드에 민감하며, 합리적인 가격과 개성을 모두 추구한다. 30~40대는 직장과 가정의 책임 속에서 실용성과 안정성을 중시하며, 동시에 자기계발과 취미에 대한 지출도 늘린다. 50대 이상은 건강 관리, 여가 활동, 안정적 서비스에 관심이 높으며, 브랜드 신뢰와 사후 관리까지 꼼꼼히 확인한다. 따라서 남성 소비자를 하나의 집단으로 보는 접근은 효과적이지 않고, 세부적인 세분화 전략이 필요하다.

사회적 요인 또한 무시할 수 없다. 남성 소비자는 여전히 또래 집단이나 사회적 지위와 연결된 소비를 중시하는 경향이 있다. 자동차, 시계, IT 기기와 같은 카테고리는 단순한 도구가 아니라 개인의 성취와 정체성을 표현하는 수단으로 인식된다. 이와 동시에 MZ세대 남성은 윤리적 소비나 환경 문제에도 관심을 보이며, 사회적 가치와 연결된 브랜드를 긍정적으로 평가한다.

남성 소비자 분석의 핵심은 기능성과 효율성을 기반으로 하되, 변화하는 가치관과 정체성을 반영해 입체적으로 접근하는 것이다.

가족 단위 마케팅

가족 단위 마케팅은 소비를 개인이 아닌 가족이라는 집단의 맥락에서 바라보는 전략이다. 가정은 여전히 생활 전반에 걸쳐 가장 큰 소비 주체이며, 구성원의 연령과 역할에 따라 의사 결정 과정이 달라진다. 부모가 예산을 관리하면서도 자녀의 의견이 구매 선택에 큰 영향을 미치기도 하고, 반대로 자녀를 위한 소비가 가족 전체의 경험으로 이어지기도 한다. 이러한 특성을 고려하면 가족 단위를 중심으로 한 마케팅은 다양한 접점을 활용해 강력한 효과를 낼 수 있다.

가족 마케팅의 핵심은 세대 간 상호작용을 이해하는 것이다. 어린 자녀를 둔 가정에서는 아이의 즐거움과 안전이 가장 중요한 요인이 되고, 청소년 자녀가 있는 가정은 교육, 디지털 기기, 패션 등 자율성을 존중하는 제품에 관심이 커진다. 중장년층 부모는 건강, 금융, 레저 활동에 지출을 늘리며, 고령 부모를 부양하는 가정은 의료 서비스와 웰니스 분야에 집중한다. 이처럼 같은 가족 단위라도 구성원에 따라 우선순위가 달라지므로, 마케터는 라이프사이클 전체를 고려한 전략을 설계해야 한다.

가족 단위 소비의 또 다른 특징은 경험 공유다. 가족은 제품이나 서비스를 함께 사용하고 평가하기 때문에, 개인 중심 마케팅보다 체험과 관계성을 강조해야 한다. 예를 들어 가족 여행 패키지, 패밀리 레스토랑, 놀이공원, 홈엔터테인먼트 제품은 가족이 함께 즐길 수 있는 경험을 제공하면서 브랜드에 대한 긍정적 인식을 강화한다. 또한 가정 내에서 반복적으로 사용하는 식품, 생활용품, 전자제품은 품질과 신뢰성을 강조할 필요가 있다. 한 번 만족을 준 브랜드는 오랫동안 가족 전체의 선택으로 이어질 가능성이 크다.

디지털 환경에서도 가족 단위 마케팅은 새로운 기회를 갖는다. 부모는 온라인 커뮤니티에서 육아와 교육 정보를 얻고, 자녀는 유튜브나 SNS에서 브랜드를 접하며, 가족 구성원 모두가 디지털 플랫폼에서 각자 다른 방식으로 브랜드와 상호작용한다. 따라서 온라인 광고, 콘텐츠 마케팅, 멤버십 프로그램을 가족 단위로 설계하면 채널 간 시너지를 만들 수 있다. 예를 들어 가족 계정 기반의 OTT 서비스, 부모와 자녀가 함께 참여할 수 있는 온라인 이벤트는 효과적인 사례로 꼽힌다.

가족 단위 마케팅은 결국 개인별 욕구를 존중하면서도 '함께하는 가치'를 강조하는 전략이다. 제품을 통해 가족 간 유대감을 강화하거나, 서비스가 삶의 질을 향상시킨다는 메시지를 줄 때 소비자는 긍정적 반응을 보인다. 브랜드가 가족의 다양한 순간을 이해하고 세심하게 반영한다면, 단기 매출을 넘어 장기적인 충성 고객을 확보하는 기반이 될 수 있다.

헬스케어 마케팅

헬스케어 마케팅은 건강을 상품과 서비스의 핵심 가치로 내세우는 전략으로, 고령화와 웰빙 열풍, 디지털 기술의 발전과 맞물리며 빠르게 성장하고 있다. 과거 의료 서비스가 질병 치료 중심이었다면 오늘날 헬스케어 산업은 예방, 관리, 삶의 질 향상까지 포괄한다. 이에 따라 마케팅 전략 역시 단순한 제품 홍보를 넘어 고객의 전 생애를 아우르는 경험 설계로 확장되고 있다.

첫 번째 특징은 신뢰 구축이 무엇보다 중요하다는 점이다. 건강과 관련된 분야는 소비자가 민감하게 반응하기 때문에 잘못된 정보나 과장된 표현은 오히려 브랜드에 치명적 손상을 줄 수 있다. 따라서 헬스케어 마케팅은 전문성을 강조하고, 의학적 근거와 데이터 기반의 정보를 제공해야 한다. 의료 전문가와 협업하거나 임상 시험 결과를 공개하는 것은 소비자 신뢰를 확보하는 효과적인 방법이다.

둘째, 디지털 기술의 활용이 핵심이다. 웨어러블 기기, 건강 관리 앱, 원격 진료 플랫폼 등은 소비자가 일상 속에서 건강을 관리하도록 돕는다. 마케터는 이 데이터를 기반으로 개인 맞춤형 솔루션을 제안할 수 있으며, 이는 단순한 제품 판매를 넘어 고객과 지속적인 관계를 유지하게 한다. 예를 들어 사용자의 걸음 수, 수면 패턴을 분석해 맞춤형 운동법이나 영양제를 추천하는 방식은 소비자가 브랜드를 생활 파트너로 인식하게 만든다.

셋째, 감성적 접근도 필요하다. 헬스케어 제품은 기능적 효능이 중요하지만, 소비자는 그것이 자신의 삶을 어떻게 변화시키는지에 더 큰 관심을 둔다. '건강을 통해 가족과 더 많은 시간을 보낼 수 있다', '활력 있는 생활을 이어갈 수 있다'와 같은 메시지는 기능적 장점을 생활 속 가치로 연결시킨다. 이러한 정서적 공감대는 브랜드 충성도를 높이는 데 크게 기여한다.

또한 헬스케어 마케팅은 규제 환경을 반드시 고려해야 한다. 의료와 건강 관련 분야는 광고 표현에 제한이 많고, 과도한 홍보는 법적 문제로 이어질 수 있다. 따라서 소비자의 기대를 충족시키면서도 정확하고 윤리적인 메시지를 전달하는 것이 중요하다. 이 과정에서 투명성은 브랜드 신뢰도를 강화하는 필수 요소다.

헬스케어 마케팅의 본질은 단기적인 매출 확대가 아니라 장기적 관계 구축에 있다. 소비자는 건강이라는 민감한 가치를 브랜드에 맡기기 때문에, 신뢰와 전문성, 감성적 공감이 모두 충족되어야만 선택한다. 기술과 데이터를 적극적으로 활용하면서도 사람 중심의 따뜻한 메시지를 유지하는 브랜드가 헬스케어 시장에서 경쟁 우위를 확보할 수 있다

뷰티 마케팅

뷰티 산업 마케팅은 미적 가치와 감성적 경험을 결합해 소비자의 욕구를 자극하는 전략이다. 화장품과 스킨케어, 헤어, 향수 등 다양한 카테고리로 구성된 뷰티 시장은 끊임없이 새로운 제품과 브랜드가 등장하면서 경쟁이 치열하다. 소비자들은 기능적 효능뿐 아니라 자신을 표현할 수 있는 수단으로 뷰티 제품을 선택한다. 따라서 뷰티 산업의 마케팅은 정체성과 라이프스타일을 제안하는 과정으로 발전했다.

첫 번째 특징은 트렌드 변화 속도가 매우 빠르다는 점이다. 시즌별 색상, 유행하는 메이크업 스타일, 신기술이 적용된 스킨케어 제품은 소비자의 주목을 빠르게 끌어당긴다. 브랜드는 이러한 흐름을 민첩하게 포착해 한정판 출시, 협업 컬렉션, 빠른 신제품 출시를 통해 시장 반응을 선점해야 한다. 특히 MZ세대는 새로운 경험을 적극적으로 추구하기 때문에 빠른 트렌드 대응력이 곧 브랜드 경쟁력으로 이어진다.

둘째, 스토리텔링의 힘이 크다. 화장품 성분이나 기능적 효과를 설명하는 것을 넘어, 브랜드가 전달하고자 하는 가치와 이미지를 설득력 있게 보여줄 때 소비자의 공감을 얻는다. 예를 들어 '자연 친화적 원료 사용', '비건 화장품', '지속가능한 생산 과정'은 단순한 기능을 넘어 윤리적 소비를 중시하는 고객의 마음을 움직인다. 소비자가 화장품을 구매할 때는 외적 아름다움뿐 아니라 사회적 가치와 연결된 자부심까지 고려한다.

셋째, 뷰티 산업은 체험 마케팅이 핵심이다. 직접 발라보고 향을 맡으며 질감을 확인하는 경험이 구매로 이어지기 때문이다. 최근에는 오프라인 매장뿐 아니라 AR 필터, 가상 메이크업 시뮬레이션, AI 피부 진단 서비스 등 디지털 체험이 보편화되고 있다. 이러한 기술은 소비자에게 편리함과 재미를 동시에 제공하며, 브랜드에 대한 몰입도를 높인다.

넷째, 인플루언서와의 협업은 뷰티 마케팅의 중요한 축이다. 뷰티 유튜버, 인스타그램 크리에이터, 틱톡 셀럽이 소개하는 제품은 소비자에게 높은 신뢰를 얻는다. 이들은 전문 리뷰뿐 아니라 실제 사용 경험을 보여줌으로써 브랜드가 줄 수 없는 생생함을 전달한다. 특히 여성 소비자뿐 아니라 남성 뷰티 시장의 확장에도 인플루언서가 큰 영향을 미친다.

"나는 화장품을 파는 것이 아니라 희망을 판다." — 엘리자베스 아덴 (미국 뷰티 브랜드 창립자)

패션 마케팅

패션 마케팅은 의류와 액세서리를 단순한 상품이 아닌 문화와 정체성을 표현하는 수단으로 포지셔닝하는 전략이다. 패션은 소비자가 가장 직접적으로 자신의 개성과 라이프스타일을 드러내는 영역이기 때문에, 제품 자체보다 브랜드가 전달하는 메시지와 경험이 더 큰 영향을 미친다. 마케터는 유행 주기의 빠른 변화, 세대별 취향 차이, 글로벌 트렌드의 확산 속에서 소비자와 브랜드를 연결하는 다리 역할을 한다.

패션 산업의 특성상 트렌드의 속도가 매우 빠르다. SNS와 온라인 미디어를 통해 새로운 스타일이 실시간으로 확산되며, 소비자는 이를 즉각적으로 받아들인다. 따라서 패션 마케팅은 신제품 출시 주기를 단축하고, 한정판이나 협업 컬렉션을 활용해 희소성과 긴급성을 부각하는 전략이 효과적이다. 특히 Z세대와 알파세대는 남들과 다른 개성을 표현하는 데 적극적이기 때문에, 차별화된 콘셉트와 스토리텔링이 중요한 역할을 한다.

또한 패션 마케팅은 브랜드 아이덴티티와 밀접하게 연결된다. 같은 셔츠라도 '지속가능한 원단으로 제작된 친환경 제품', '럭셔리 브랜드의 상징적 디자인', '스트리트 컬처를 반영한 한정판'이라는 이야기가 붙으면 전혀 다른 가치로 소비된다. 소비자는 옷을 입는 행위를 통해 자신의 사회적 태도와 정체성을 표현하며, 이는 브랜드 충성도로 이어진다.

체험 요소도 큰 비중을 차지한다. 플래그십 스토어나 팝업스토어는 단순한 판매 공간이 아니라 브랜드 경험을 체감하는 장이 된다. 매장 내 음악, 향기, 조명, 디스플레이는 소비자의 감각을 자극하며 브랜드 세계관을 전달한다. 최근에는 가상 피팅룸, AR 필터, 메타버스 쇼룸 같은 디지털 체험이 등장해 소비자 참여도를 높이고 있다. 오프라인과 온라인의 경계를 허무는 경험 설계가 패션 마케팅의 성패를 좌우한다.

인플루언서와 셀럽 협업은 여전히 가장 강력한 도구다. 유명인의 스타일은 곧 트렌드로 이어지고, SNS를 통해 빠르게 확산된다. 동시에 마이크로 인플루언서의 일상적인 패션 콘텐츠는 현실적 설득력을 가지며, 특정 타깃 집단의 구매 결정을 자극한다. 이를 통해 브랜드는 대중성과 니치 마켓을 동시에 공략할 수 있다.

글로벌 시장에서 패션 마케팅은 문화적 맥락을 이해하는 것이 필수다. 국가마다 선호하는 색, 실루엣, 소비 습관이 다르기 때문에 현지화 전략은 반드시 필요하다.

💡 Get ideas!

이케아
체험형 매장과 DIY

62

이케아(IKEA)는 '가구를 사는 경험' 자체를 재창조했다. 창립자 잉바르 캄프라드는 "모든 사람에게 더 나은 일상을 제공한다(To create a better everyday life for the many people)"라는 철학을 내세웠다. 이 한 문장이 이케아의 모든 전략, 디자인, 마케팅의 뼈대가 되었다.

이케아의 혁신은 제품이 아니라 경험에서 시작됐다. 그들은 매장을 체험형 공간으로 설계했다. 매장에 들어서면 완성된 침실, 주방, 거실이 실제 생활처럼 꾸며져 있다. 고객은 제품을 '구경'하는 것이 아니라, 직접 앉고, 눕고, 만지며 '살아보는 경험'을 한다. 이케아는 가구를 보여주는 대신, "이 가구로 당신의 삶이 어떻게 바뀔 수 있을지"를 상상하게 만든다.

이 체험 중심 매장은 마케팅의 본질을 바꾸었다. 광고 대신 '직접 느끼는 경험'이 곧 브랜드의 홍보가 된 것이다. 소비자는 매장에서 제품을 선택하는 순간 이미 브랜드 스토리의 주인공이 된다. 이케아는 판매원이 아닌, 공간을 통해 고객과 대화했다.

또한 이케아의 또 다른 핵심은 DIY(Do It Yourself) 철학이다. 제품은 대부분 조립형으로 판매되며, 고객 스스로 가구를 완성해야 한다. 이는 비용 절감을 넘어, "고객이 창조의 과정에 참여하게 하는 경험 설계"였다. 사람들은 직접 가구를 만들면서 자신이 집을 '꾸민다'는 성취감을 느낀다. 이 과정에서 브랜드와 고객 사이에 정서적 연결(Emotional Bonding)이 형성된다.

이 DIY 철학은 환경적 측면에서도 의미가 깊다. 이케아는 평면 포장과 조립 방식을 통해 운송비와 탄소 배출을 줄였다. '저렴한 가격 + 지속가능한 가치'를 동시에 실현한 것이다. 이런 방식은 지속 가능한 디자인(Sustainable Design)의 실천이었다.

이케아의 매장은 세계 어디서나 동일한 브랜드 경험을 제공하지만, 각 나라의 문화와 생활 방식을 반영해 세심하게 현지화되어 있다. 한국 매장에서는 작은 아파트 구조에 맞춘 인테리어가, 스웨덴 매장에서는 넓은 공간과 자연광이 강조된다. 이케아는 이렇게 지역성과 글로벌 아이덴티티를 절묘하게 결합했다.

이케아의 성공은 "소비자를 창작자로 대한다"는 철학에서 비롯됐다. 이케아는 우리에게 묻는다.
"당신의 공간은 얼마나 당신답습니까?"

스포츠 마케팅

스포츠 마케팅은 스포츠 자체를 상품으로 삼거나 스포츠와 관련된 활동을 통해 브랜드 가치를 높이는 전략이다. 스포츠는 경기라는 볼거리뿐 아니라 선수, 팀, 팬덤, 지역 사회, 문화와 연결되어 있어 감정적 몰입을 이끌어내는 힘이 크다. 이 감정적 에너지를 브랜드 경험과 결합시키면 소비자는 '참여자'로서 브랜드와 유대감을 형성하게 된다.

스포츠 마케팅의 가장 대표적인 형태는 스폰서십이다. 기업이 프로 팀이나 대형 스포츠 이벤트를 후원하면, 브랜드는 경기장 광고판, 선수 유니폼, 방송 중계 등 다양한 채널에서 노출된다. 이는 브랜드 인지도를 높이는 것에 그치지 않고, 스포츠가 가진 열정과 도전 정신을 브랜드 이미지와 연결시키는 효과를 낸다. 예를 들어 올림픽이나 월드컵과 같은 국제 스포츠 이벤트 후원은 세계적인 브랜드 이미지를 구축하는 강력한 수단이 된다.

선수와의 협업 역시 중요한 전략이다. 특정 선수가 지닌 매력과 스토리는 브랜드의 메시지를 강화하고, 팬들은 선수를 통해 브랜드에 친근감을 느낀다. 스타 선수와 계약해 광고 모델로 기용하거나 한정판 협업 제품을 출시하면 팬덤의 열정이 곧 구매력으로 전환된다. 이때 중요한 점은 선수의 이미지와 브랜드의 철학이 조화를 이루어야 한다는 것이다. 불일치가 발생하면 오히려 역효과를 낼 수 있다.

스포츠 마케팅은 또한 지역 사회와 긴밀하게 연결된다. 지역 스포츠 팀을 후원하거나 커뮤니티 이벤트를 개최하면, 브랜드는 지역 주민들에게 긍정적 인식을 얻게 된다. 이는 단기적인 판매 촉진을 넘어 지역 사회와의 신뢰 관계를 강화하며 장기적인 브랜드 자산으로 작용한다. 스포츠가 가진 공동체적 성격은 기업이 사회적 책임을 실천하는 수단으로도 활용될 수 있다.

디지털 환경 속에서 스포츠 마케팅은 더욱 다채로운 가능성을 갖는다. SNS를 통한 실시간 중계, 팬 참여형 이벤트, e스포츠 후원 등은 새로운 형태의 접점을 만든다. 특히 e스포츠는 젊은 세대를 중심으로 빠르게 성장하면서 전통 스포츠 못지않은 마케팅 효과를 발휘하고 있다. 또한 팬들이 직접 생성하는 콘텐츠는 자연스러운 입소문을 형성하며, 브랜드 노출을 극대화한다.

스포츠 마케팅의 본질은 브랜드와 소비자를 '경험'으로 연결하는 것이다. 팬들이 경기를 응원하며 느끼는 열정과 기쁨을 브랜드와 함께 공유하게 만드는 것이 성공의 열쇠다. 기업이 스포츠의 가치를 존중하고 이를 소비자 경험과 자연스럽게 결합시킬 때, 브랜드는 단순한 후원자를 넘어 스포츠 문화의 일원으로 자리매김할 수 있다.

엔터테인먼트 마케팅

엔터테인먼트 마케팅은 영화, 음악, 공연, 게임, 방송과 같은 오락 콘텐츠를 기반으로 브랜드 가치를 높이고 소비자와 감정적 유대를 형성하는 전략이다. 현대 소비자는 자신이 즐기는 콘텐츠와 연결된 경험을 선호한다. 따라서 엔터테인먼트 산업은 브랜드가 소비자에게 자연스럽게 스며들 수 있는 강력한 접점으로 기능한다.

가장 대표적인 방식은 협업과 PPL이다. 영화 속에서 주인공이 사용하는 자동차나 드라마 속에서 노출되는 패션 브랜드는 소비자에게 자연스럽게 각인된다. 이러한 노출은 직접적인 광고보다 덜 거부감을 주면서도 실제 생활에서 브랜드를 사용하는 듯한 효과를 만들어낸다. 또한 인기 아티스트와의 협업은 제품을 단기간에 큰 화제성으로 끌어올릴 수 있다. 한정판 굿즈나 콜라보레이션 제품은 팬덤의 강력한 구매력으로 이어진다.

콘텐츠 자체를 브랜드 경험으로 확장하는 사례도 많다. 음악 축제와 같은 대형 공연은 브랜드가 소비자와 직접 만나는 장이 되고, 게임 속 아이템이나 스킨으로 등장하는 협업은 디지털 세대에게 친근감을 높여준다. 메타버스 공연, 버추얼 아이돌, 스트리밍 플랫폼 광고 등은 새로운 세대를 겨냥한 엔터테인먼트 마케팅의 진화된 형태다. 소비자는 이러한 경험을 통해 브랜드를 오락의 일부로 받아들이며, 즐거움과 브랜드 인식이 동시에 강화된다.

엔터테인먼트 마케팅은 스토리텔링과 감정적 공감을 중시한다. 영화나 드라마의 줄거리, 음악의 메시지, 게임 속 세계관은 모두 소비자의 감정을 자극한다. 브랜드가 이 맥락 속에 자연스럽게 녹아들면, 소비자는 단순한 기능적 가치가 아니라 자신이 공감한 서사의 일부로 브랜드를 기억하게 된다. 이때 중요한 것은 브랜드와 콘텐츠의 결이 어울려야 한다는 점이다. 억지스럽거나 과도한 개입은 오히려 반감을 불러일으킨다.

디지털 플랫폼의 발달은 엔터테인먼트 마케팅을 더욱 확장시켰다. 유튜브, 틱톡, 인스타그램을 통한 팬 참여형 캠페인, 스트리밍 서비스와 연계한 맞춤형 광고는 소비자가 자발적으로 콘텐츠를 공유하게 만든다. 특히 팬덤은 강력한 확산력을 가지고 있어, 브랜드 메시지가 빠르게 대중화된다. 이 과정에서 소비자는 단순한 소비자가 아니라 콘텐츠와 브랜드의 공동 창작자처럼 느끼게 된다.

소비자가 콘텐츠에 몰입하며 느끼는 감정은 브랜드에 대한 긍정적 인식으로 이어진다.

여행 산업 마케팅

여행 산업 마케팅은 휴식, 탐험, 문화 경험을 상품화해 소비자에게 제안하는 전략이다. 여행은 삶을 풍요롭게 만드는 경험으로 인식되기 때문에, 마케팅의 초점도 서비스 판매보다 감정적 가치와 스토리 전달에 맞춰진다. 소비자는 여행을 통해 얻을 수 있는 기억, 가족이나 친구와의 관계, 자기 성장을 중요한 선택 기준으로 삼는다. 따라서 여행 산업의 마케팅은 가격 경쟁력과 동시에 감성적 공감을 제공해야 한다.

첫 번째 특징은 라이프스타일 기반 세분화다. 과거에는 연령이나 소득에 따라 타깃을 구분했다면, 지금은 취향과 목적에 따른 맞춤형 상품 제안이 중심이 된다. 예를 들어 힐링을 원하는 소비자에게는 웰니스 여행을, 모험을 추구하는 젊은 층에게는 액티비티 중심의 상품을 제공한다. 반면 가족 단위 여행객에게는 안전과 편리함을 강조한 패키지를 설계한다. 이렇게 라이프스타일에 맞춘 세분화 전략은 소비자가 자신에게 꼭 맞는 경험을 발견하도록 돕는다.

둘째, 디지털 기술은 여행 마케팅을 혁신적으로 변화시켰다. 온라인 예약 플랫폼, 모바일 앱, 가상현실 투어는 여행의 탐색부터 구매까지 과정을 간소화한다. 특히 SNS는 여행지의 이미지를 확산시키는 가장 강력한 도구다. 인스타그램에 공유된 사진 한 장이 새로운 관광지를 '핫플레이스'로 만들기도 한다. 여행 기업은 이러한 디지털 흐름을 활용해 소비자 참여형 콘텐츠를 제작하고, 후기와 추천을 자연스러운 홍보 자원으로 삼는다.

셋째, 브랜드 스토리텔링이 중요한 역할을 한다. 여행은 장소의 매력뿐 아니라 그곳에서 경험할 수 있는 이야기로 소비된다. 예를 들어 "단순한 휴양지가 아니라 몸과 마음을 치유하는 공간"이라는 메시지는 소비자에게 차별화된 가치를 제공한다. 현지 문화와 전통을 연결하거나 지속가능한 관광을 강조하는 것도 브랜드 신뢰도를 높이는 효과적인 방법이다.

넷째, 맞춤형 서비스와 개인화된 경험이 점점 더 중요해지고 있다. 고객의 과거 여행 기록이나 선호도를 분석해 개별화된 상품을 추천하면, 소비자는 자신이 특별한 대우를 받고 있다고 느낀다. 또한 세심한 고객 지원과 예기치 못한 혜택은 긍정적 입소문으로 이어져 장기적인 충성 고객을 형성한다.

여행 산업 마케팅의 핵심은 소비자에게 '잊지 못할 경험'을 설계하는 것이다. 가격이나 일정표만으로는 차별화를 만들 수 없으며, 감각적 즐거움과 정서적 만족을 결합한 전략이 필요하다. 브랜드가 여행을 통해 삶의 의미와 특별한 순간을 제공할 때, 소비자는 여행사를 단순한 서비스 제공자가 아니라 인생의 동반자로 인식하게 된다.

식음료 마케팅

식음료 마케팅은 소비자의 일상과 가장 밀접하게 연결된 분야로, 생활 속 경험을 통해 브랜드와 감정을 이어주는 전략이다. 사람들은 매일 음식을 먹고 음료를 마시기 때문에 이 시장은 안정적인 수요를 가진다. 그러나 동시에 선택지가 지나치게 많아 브랜드가 돋보이기 위해서는 차별화된 전략이 필요하다. 소비자는 맛과 가격뿐 아니라 건강, 편리함, 윤리적 가치, 즐거운 경험까지 고려해 구매를 결정한다. 따라서 식음료 마케팅은 제품을 넘어서 문화와 라이프스타일을 제안하는 과정이라고 할 수 있다.

첫 번째 특징은 건강과 웰빙 중심의 트렌드다. 소비자들은 영양 성분, 원재료의 출처, 첨가물 여부에 민감하게 반응한다. 로컬 식재료를 활용한 메뉴, 저당·저칼로리 제품, 비건이나 글루텐프리와 같은 대체식품은 긍정적인 반응을 이끌어낸다. 브랜드는 건강과 책임감을 강조해야 한다. 건강을 챙기면서도 맛과 즐거움을 함께 제공하는 브랜드는 신뢰와 충성도를 동시에 얻을 수 있다.

둘째, 경험과 감각을 중시하는 소비 패턴이다. 어떤 공간에서 누구와 함께 먹느냐가 중요한 요소로 자리 잡았다. 카페의 분위기, 포장 디자인, 매장 인테리어는 음식의 맛만큼 중요한 경험으로 받아들여진다. SNS에 공유하기 좋은 비주얼과 감각적인 패키지는 브랜드 이미지를 빠르게 확산시킨다. 이 과정에서 음식은 미각을 넘어서 시각적 콘텐츠로 기능하며, 소비자와의 감정적 연결을 강화한다.

셋째, 편의성도 주요 요인이다. 바쁜 생활 속에서 간편식, 밀키트, 배달 서비스는 폭발적인 성장을 보였다. 특히 온라인 플랫폼을 통한 주문과 빠른 배송은 소비자가 브랜드를 선택하는 중요한 기준이 되었다. 마케터는 시간과 노력을 절약해 주는 솔루션을 제공해야 한다.

넷째, 스토리텔링과 브랜드 철학은 식음료 마케팅에서 차별화를 만드는 요소다. 특정 지역 농가와의 협업, 지속가능한 생산 과정, 사회적 가치와 연계된 캠페인은 소비자에게 특별한 경험을 제공한다. 브랜드의 철학이 음식과 함께 전달될 때 소비자는 자신이 더 의미 있는 소비를 하고 있다고 느낀다.

식음료 마케팅의 본질은 소비자가 매일 경험하는 작은 선택을 특별한 가치로 전환하는 데 있다. 브랜드가 맛과 건강, 편리함, 즐거움, 사회적 책임을 조화롭게 담아낼 때, 소비자는 제품을 넘어 라이프스타일의 일부로 브랜드를 받아들이게 된다. 이 과정에서 형성된 신뢰와 만족은 장기적인 충성 고객으로 이어지고, 브랜드는 일상의 동반자로 자리매김할 수 있다.

교육 산업 마케팅

교육 산업 마케팅은 지식과 학습을 상품화하는 과정을 통해 학생, 학부모, 직장인, 평생 학습자 등 다양한 소비자에게 맞춤형 가치를 제공하는 전략이다. 교육은 개인의 성장과 사회 발전에 직결되는 영역이기 때문에 신뢰와 전문성을 기반으로 설계해야 한다. 최근에는 온라인 플랫폼과 디지털 기술의 발달로 교육 서비스가 국경을 넘어 확산되면서 경쟁이 치열해졌고, 이에 따라 마케팅의 역할도 더욱 중요해졌다.

첫 번째 특징은 타깃 세분화의 필요성이다. 교육 산업의 소비자는 연령과 상황에 따라 학습 목표가 매우 다르다. 초등학생은 기초 학습과 흥미 유발이 중요하고, 청소년은 입시와 진학 준비가 핵심이며, 대학생은 취업 경쟁력 강화, 직장인은 자기계발과 경력 개발을 중시한다. 따라서 교육 기관이나 브랜드는 학습자의 니즈를 정밀하게 파악하고 맞춤형 콘텐츠와 프로그램을 제안해야 한다.

둘째, 브랜드 신뢰도가 성공의 관건이다. 교육은 소비자가 직접 경험하기 전까지 효과를 예측하기 어렵기 때문에, 브랜드의 평판과 성과가 큰 영향을 미친다. 유명 강사, 합격 사례, 객관적 성과 데이터는 신뢰를 높이는 중요한 마케팅 자원이다. 동시에 지나친 과장이나 허위 광고는 큰 반감을 불러일으킬 수 있어, 투명성과 진정성을 유지하는 것이 필수다.

셋째, 디지털 전환은 교육 마케팅의 판도를 바꾸었다. 온라인 강의, 모바일 앱, AI 기반 학습 도구는 교육의 접근성을 높였으며, 마케팅 채널 또한 SNS, 유튜브, 검색광고 등으로 확장되었다. 체험 강의 제공, 무료 콘텐츠 공개, 학습 성향 진단 테스트는 디지털 시대에 소비자를 끌어들이는 효과적인 방법이다. 이 과정에서 수집된 데이터를 활용해 개인화된 학습 경로를 제시하면 소비자는 더 깊이 몰입하게 된다.

넷째, 교육은 본질적으로 장기적 가치를 지닌다. 단기 성과에 집중하기보다는 학습자가 성장 과정에서 지속적인 도움을 받을 수 있도록 관계를 설계하는 것이 중요하다. 예를 들어 초등 과정부터 성인 교육까지 이어지는 통합 브랜드 경험은 장기적 충성도를 구축한다. 또한 커뮤니티를 통한 학습자 네트워크 형성은 학습 지속률을 높이고 브랜드와의 감정적 유대를 강화한다.

교육 산업 마케팅의 핵심은 지식 전달이 아니라 학습자가 더 나은 미래를 설계하도록 돕는 과정에 있다. 브랜드가 신뢰와 전문성을 기반으로 맞춤형 경험을 제공하고, 디지털 도구를 활용해 학습 여정을 지원한다면 소비자는 자신의 성장 파트너로 받아들인다. 이는 브랜드가 장기적 경쟁력을 확보하는 가장 확실한 길이 된다.

금융 서비스 마케팅

금융 서비스 마케팅은 예금, 대출, 보험, 투자, 자산 관리와 같은 무형의 가치를 소비자에게 설득력 있게 전달하는 전략이다. 눈에 보이는 제품이 아니라 신뢰와 안전, 전문성을 판매하는 영역이기 때문에 다른 산업보다 고객과의 관계 형성이 더욱 중요하다. 금융 소비자는 자신의 자산을 맡길 상대가 얼마나 투명하고 안정적인지 꼼꼼히 살피며, 그 결과 브랜드의 이미지와 평판이 곧 경쟁력이 된다.

첫 번째 특징은 신뢰 구축이다. 금융은 소비자가 쉽게 비교할 수 없는 특성을 지니고 있어 브랜드에 대한 신뢰가 구매 결정에 절대적인 영향을 미친다. 따라서 광고와 홍보에서는 단기적 이익보다 장기적 안정성과 투명성을 강조해야 한다. 금융 기업이 사회적 책임을 다하고, 고객의 이익을 우선시한다는 인식은 강력한 설득력이 된다.

둘째, 개인화된 서비스가 핵심이다. 소비자는 각기 다른 재무 목표와 상황을 가지고 있다. 청년층은 소액 투자와 대출 관리에 관심이 많고, 중장년층은 안정적 자산 운용과 은퇴 대비를 중시한다. 이를 반영해 데이터 분석 기반의 맞춤형 상품 추천, 개인별 포트폴리오 설계, 세밀한 상담 지원이 필요하다. 고객이 자신만을 위한 특별한 배려를 받고 있다고 느낄 때 충성도가 높아진다.

셋째, 디지털 전환이 금융 서비스 마케팅을 혁신적으로 변화시키고 있다. 모바일 뱅킹, 간편 결제, 로보어드바이저, AI 챗봇 상담 등은 이미 일상화되었다. 이러한 서비스는 편리함을 제공할 뿐 아니라 고객 데이터를 축적해 정교한 마케팅을 가능하게 한다. 예를 들어 소비 패턴을 기반으로 한 절약 습관 제안이나 맞춤형 투자 알림은 고객 경험을 크게 향상시킨다.

넷째, 브랜드 경험의 감성적 요소도 간과할 수 없다. 금융은 본질적으로 숫자와 계약의 영역이지만, 소비자가 느끼는 안정감과 배려는 브랜드를 차별화하는 요인이다. 따뜻한 디자인의 앱 인터페이스, 간결하고 친절한 설명, 빠른 고객 응대는 무형의 서비스를 구체적인 신뢰 경험으로 바꾼다. 이는 소비자가 브랜드를 장기적으로 선택하는 근거가 된다.

금융 서비스 마케팅은 규제 환경 속에서 진행되기 때문에 과도한 약속이나 허위 광고는 치명적이다. 따라서 정직하고 투명한 커뮤니케이션을 유지하는 것이 필수다. 금융은 고객 인생과 직결된 민감한 영역이므로, 브랜드가 진정성 있는 메시지를 일관되게 전할 때 소비자는 안심하고 거래를 지속한다.

부동산 마케팅

부동산 마케팅은 토지, 주택, 상가, 오피스와 같은 공간 자산을 소비자에게 효과적으로 전달하고 설득하는 전략이다. 부동산은 고가의 재화이자 장기적인 의사 결정이 필요한 영역이기 때문에, 정보의 투명성이 마케팅의 성패를 좌우한다. 소비자는 가격뿐 아니라 입지, 교통, 교육, 생활 편의, 투자 가치 등 다양한 요소를 종합적으로 고려하기 때문에, 부동산 마케팅은 복잡한 정보를 명확하고 이해하기 쉽게 풀어내는 과정이기도 하다.

첫 번째 특징은 입지의 중요성을 강조하는 것이다. 소비자가 부동산을 선택할 때 가장 먼저 고려하는 것은 위치다. 교통망, 학교, 상권, 자연환경과 같은 요소는 구매 결정에 직접적인 영향을 미친다. 따라서 마케터는 입지의 장점을 시각적 자료, 데이터, 실제 사례를 통해 설득력 있게 전달해야 한다. 예를 들어 인근 개발 계획이나 교통 인프라 확충 정보를 제공하면 장기적 가치까지 보여줄 수 있다.

둘째, 신뢰 구축이 핵심이다. 부동산 거래는 규모가 크고 리스크가 높은 만큼, 소비자는 정보의 진실성을 꼼꼼히 검증한다. 따라서 투명한 가격 공개, 계약 조건 명확화, 법적 안정성 확보가 마케팅의 기본이 된다. 고객 후기, 전문가 분석, 공인된 자료를 활용하는 것도 신뢰를 높이는 효과적인 방법이다.

셋째, 디지털 기술이 부동산 마케팅의 방식을 혁신하고 있다. 드론 촬영, 가상현실 투어, 3D 모델링은 소비자가 직접 현장을 방문하지 않고도 공간을 체험하게 만든다. 온라인 플랫폼과 모바일 앱을 통한 매물 검색, 맞춤형 추천 서비스는 소비자가 편리하게 정보를 탐색하도록 돕는다. 데이터 기반의 고객 분석은 개인의 필요에 맞춘 제안을 가능하게 하며, 이는 높은 전환율로 이어진다.

넷째, 감성적 접근도 중요하다. 집은 단순한 자산이 아니라 삶의 터전이자 가족의 안식처로 인식된다. 따라서 부동산 마케팅에서는 '투자 가치'와 함께 '삶의 질 향상'을 동시에 강조해야 한다. 예를 들어 채광과 조망, 커뮤니티 시설, 친환경 설계는 소비자의 정서적 만족을 이끌어내는 요소다.

마지막으로, 부동산 마케팅은 장기적 관점에서 고객 관계를 관리하는 과정이다. 매매나 임대가 끝나더라도 고객의 신뢰를 유지하면 재거래와 추천으로 이어질 수 있다. 사후 관리와 꾸준한 정보 제공, 지역 사회와의 소통은 브랜드 이미지를 강화한다.

부동산 마케팅의 본질은 소비자에게 '안전하고 가치 있는 선택'을 돕는 것이다. 입지와 가격을 넘어 삶의 질, 미래 가치, 신뢰를 종합적으로 제시할 때 소비자는 부동산을 단순한 자산이 아니라 자신의 미래를 설계하는 파트너로 받아들인다.

올드 스파이스
The Man Your Man Could Smell Like

70

2010년, 올드 스파이스(Old Spice)는 시대에 뒤처진 브랜드였다. 중년 남성용 향수 이미지로 인식되며, 젊은 세대와는 완전히 단절된 상태였다. 그때 광고대행사 와이든+케네디(Wieden+Kennedy)가 내놓은 캠페인이 바로 "The Man Your Man Could Smell Like(당신의 남자가 이렇게 향기날 수도 있다)"였다.

광고의 주인공은 배우 이사이아 머스타파(Isaiah Mustafa). 그는 완벽한 몸매와 매력적인 목소리로 카메라를 향해 말한다. "안녕하세요, 여성 여러분. 당신의 남자는 저처럼 생기지 않았을지도 몰라요. 하지만, 당신의 남자가 이렇게 향기날 수는 있습니다." 그는 말을 이어가며 순식간에 바다 위 요트, 말 위, 욕조 속 등 비현실적인 장면을 넘나든다. 진지함과 유머가 절묘하게 섞인 이 광고는 "남성용 제품을 여성에게 파는" 파격적인 접근으로 폭발적인 반응을 일으켰다.

이 캠페인의 핵심은 패러디와 자기 비틀기(Self-parody)였다. 올드 스파이스는 더 이상 '남성적 강인함'을 진지하게 강조하지 않았다. 대신 '그 진지함'을 웃음으로 뒤집었다. 이는 전통적인 남성 마케팅의 틀을 깨뜨린 아이러니(역설) 전략이었다. 소비자들은 광고 속 과장된 캐릭터에 열광했고, '올드하다'던 브랜드가 오히려 '쿨하고 재치 있는 브랜드'로 재탄생했다.

광고는 TV를 넘어 디지털 공간에서도 폭발했다. 유튜브에 공개된 지 3일 만에 조회수 2천만 회를 돌파했고, 트위터, 페이스북, 블로그 등에서 패러디 영상과 밈(Meme)이 쏟아졌다. 심지어 광고 속 대사를 인용한 댓글과 GIF가 온라인 문화를 장악했다. 이후 올드 스파이스 팀은 팬들의 댓글에 직접 영상으로 답하는 '실시간 영상 리플 캠페인(Real-Time Video Response)'을 선보였다. 그들은 3일 동안 180개 이상의 맞춤형 영상을 제작하며 소비자와 직접 소통하는 새로운 마케팅 방식을 열었다.

결과는 눈부셨다. 캠페인 이후 올드 스파이스의 매출은 125% 이상 증가했고, 유튜브 구독자는 수백만 명으로 늘어났다. 무엇보다 '아버지 세대의 브랜드'였던 올드 스파이스가 단숨에 '젊고 유머러스한 브랜드'로 리포지셔닝되었다. 브랜드는 스스로를 진지하게 포장할 필요가 없었다. 대신, 사람들의 웃음과 공감을 얻으면 그 자체로 가장 강력한 감정적 연결을 만들 수 있다는 것을 증명했다. 광고의 마지막 장면에서 머스타파는 이렇게 말한다. "Look at your man, now back to me." 이 한마디는 마케팅 역사에 남았다. 그것은 제품을 팔기보다, 시대를 비튼 유머로 브랜드를 구한 한 문장이었다.

스타트업 마케팅

스타트업 마케팅은 제한된 자원으로 최대 효과를 내야 하는 도전적 전략이다. 신생 기업은 대기업처럼 막대한 광고비를 투입할 수 없기 때문에, 창의성과 민첩성이 곧 경쟁력이 된다. 스타트업 마케터는 시장의 빈틈을 찾아내고, 차별화된 메시지로 빠르게 소비자와 접점을 만들어야 한다. 이 과정에서 중요한 것은 단기적인 성과뿐 아니라 장기적으로 브랜드 정체성을 구축하는 일이다.

첫 번째 특징은 자원 제약을 기회로 전환하는 것이다. 한정된 예산 안에서 스타트업은 디지털 마케팅을 적극적으로 활용한다. 검색 광고, SNS, 콘텐츠 마케팅은 적은 비용으로도 높은 확산 효과를 기대할 수 있는 채널이다. 특히 바이럴 마케팅은 스타트업의 무기가 된다. 흥미로운 스토리와 차별화된 콘셉트가 소비자 사이에서 공유되면, 자연스럽게 브랜드 인지도를 높일 수 있다.

둘째, 고객과의 직접적인 소통이 핵심이다. 스타트업은 작은 규모의 장점을 살려 고객과 가깝게 소통할 수 있다. 제품 개선 과정에서 피드백을 신속하게 반영하고, 커뮤니티를 형성해 고객을 브랜드의 동반자로 참여시키는 방식은 충성도를 높인다. 고객이 브랜드 성장 과정의 일부라고 느낄 때, 단순한 구매자를 넘어 지지자로 변모한다.

셋째, 스타트업 마케팅은 실험과 검증의 연속이다. 초기 단계에서는 완벽한 전략보다 빠른 테스트가 중요하다. 여러 채널과 메시지를 시도해 보고 반응이 좋은 방식에 집중하는 것이 효율적이다. 이를 '린 마케팅'이라 부르며, 실패를 빠르게 인정하고 수정하는 민첩함이 경쟁력으로 이어진다.

넷째, 스토리텔링은 스타트업의 차별화를 만들어낸다. 창업자의 비전, 문제를 해결하려는 의지, 사회적 가치와 같은 이야기는 소비자의 공감을 이끌어낸다. 대기업이 전달하기 어려운 인간적인 면모와 진정성이 스타트업만의 무기가 된다. 특히 MZ세대는 브랜드의 철학과 진정성을 꼼꼼히 살피기 때문에, 스타트업의 진솔한 스토리는 큰 설득력을 가진다.

마지막으로 투자자와의 관계도 스타트업 마케팅의 일부다. 스타트업은 고객뿐 아니라 투자자에게도 매력적인 브랜드로 보여야 한다. 시장 성장 가능성, 명확한 비전, 초기 성과를 효과적으로 전달하는 것은 투자 유치와 직결된다. 따라서 스타트업 마케팅은 소비자 설득과 동시에 기업의 미래 가치를 설명하는 역할을 수행한다.

스타트업 마케팅의 본질은 부족한 자원을 극복하고 창의적 방식으로 시장에 자리 잡는 것이다.

프랜차이즈 마케팅

프랜차이즈 마케팅은 본사와 가맹점이 함께 브랜드를 성장시키는 구조 속에서 이루어진다. 본사는 전체적인 브랜드 전략과 표준화를 담당하고, 가맹점은 현장에서 소비자와 직접 접촉한다. 이 과정에서 발생하는 시너지와 일관성이 성공의 핵심이 된다. 소비자는 가맹점이 어디에 있든 동일한 품질과 서비스를 기대하기 때문에, 프랜차이즈 마케팅은 통일성과 차별화를 동시에 충족해야 하는 도전을 안고 있다.

첫 번째 특징은 브랜드 정체성의 일관성이다. 메뉴, 인테리어, 서비스 태도, 광고 메시지까지 모든 접점에서 동일한 경험을 제공해야 한다. 이는 소비자에게 안정감을 주고, 브랜드 신뢰를 강화한다. 예를 들어 글로벌 패스트푸드 체인은 세계 어느 나라에서든 비슷한 맛과 서비스를 제공하며, 이 일관성이 충성 고객을 유지하게 만든다.

둘째, 지역 맞춤 전략이 필요하다. 본사가 통일된 브랜드 가이드를 제시하더라도, 각 가맹점은 지역 소비자의 특성과 문화를 반영해야 한다. 특정 지역에서는 현지 입맛에 맞춘 메뉴를 추가하거나, 지역 축제와 연계한 프로모션을 진행하기도 한다. 이러한 현지화 전략은 소비자에게 더 가까운 브랜드로 다가가게 만든다.

셋째, 디지털 채널은 프랜차이즈 마케팅에서 필수적이다. 온라인 배달 플랫폼, 멤버십 앱, SNS는 고객과의 접점을 넓히고 충성도를 높이는 도구로 활용된다. 본사는 통합적인 캠페인을 진행하면서도, 각 가맹점은 지역 단위 이벤트와 할인 혜택을 알릴 수 있다. 이처럼 중앙 집중형과 분산형 전략이 균형을 이룰 때 효과가 극대화된다.

넷째, 가맹점과 본사 간 협력 관계 관리가 마케팅 성패를 좌우한다. 가맹점이 마케팅 활동을 실행하는 주체이므로, 본사는 실질적인 지원과 교육을 제공해야 한다. 광고비 분담, 공동 프로모션, 현장 피드백 반영은 가맹점의 참여도를 높이고 전체 브랜드 가치를 강화한다.

마지막으로, 스토리텔링과 사회적 책임은 프랜차이즈 브랜드를 차별화한다. 단순히 많은 매장을 운영하는 것이 아니라, 브랜드 철학과 가치를 소비자에게 전달해야 한다. 친환경 포장재 사용, 사회공헌 활동, 지역 고용 창출과 같은 메시지는 브랜드 이미지를 긍정적으로 만든다.

B2B 마케팅

B2B 마케팅은 기업과 기업 간의 거래를 대상으로 하는 전략으로, 소비자 시장과는 전혀 다른 특성을 지닌다. 일반 소비자를 대상으로 하는 B2C 마케팅이 감성적 요소와 충동적 구매에 영향을 받는다면, B2B 시장은 합리적 의사 결정과 장기적 관계 형성에 기반한다. 거래 규모가 크고 계약 기간이 길며, 구매 과정에 여러 이해관계자가 관여한다는 점에서 마케팅 접근 방식이 훨씬 정교해야 한다.

B2B 마케팅의 핵심은 신뢰와 전문성이다. 기업 고객은 단기적인 이익보다 안정적이고 지속 가능한 파트너십을 중시한다. 따라서 마케터는 브랜드의 기술력, 업계 경험, 성공 사례를 통해 신뢰를 구축해야 한다. 백서, 케이스 스터디, 전문가 인터뷰와 같은 콘텐츠는 기업 고객이 의사 결정을 내릴 때 강력한 참고 자료가 된다.

또한 B2B 마케팅은 고객 맞춤형 제안이 중요하다. 기업 고객은 산업 분야, 규모, 비즈니스 목표에 따라 요구가 다르다. 따라서 고객 데이터를 기반으로 한 세밀한 분석이 필요하며, 그 결과에 맞는 솔루션을 제시해야 한다. 예를 들어 동일한 소프트웨어를 판매하더라도 제조업에는 생산 효율성을, 금융업에는 보안성을 강조하는 방식이 효과적이다.

관계 마케팅 역시 중요한 요소다. B2B 거래는 일회성으로 끝나지 않고 장기적으로 이어지는 경우가 많다. 따라서 신뢰 기반의 관계 형성이 곧 경쟁력이 된다. 정기적인 커뮤니케이션, 고객사의 피드백 반영, 사후 지원은 충성도를 강화한다. 특히 파트너십을 통해 공동 프로젝트를 수행하거나 새로운 시장을 함께 개척하는 경험은 단순한 거래를 넘어 전략적 동반자로서의 이미지를 구축한다.

디지털 전환은 B2B 마케팅에서도 큰 변화를 가져왔다. 과거에는 전시회, 세일즈 방문이 주요 채널이었다면, 현재는 온라인 세미나, 링크드인, 검색광고, 이메일 캠페인 등이 중요한 역할을 한다. 잠재 고객 발굴을 위한 리드 제너레이션과 자동화된 CRM 시스템은 효율을 높이고, 콘텐츠 마케팅은 전문성을 강조하며 고객과의 신뢰를 쌓는 데 효과적이다.

B2B 마케팅의 본질은 거래 조건을 제시하는 것이 아니라 파트너십의 가치를 설득하는 것이다. 전문성과 신뢰, 맞춤형 솔루션, 장기적 관계 관리가 조화를 이룰 때 기업 고객은 단순한 공급자가 아닌 협력자로 브랜드를 인식한다. 이는 안정적인 매출과 더불어 시장 내 지속 가능한 성장으로 이어진다.

"B2B라 하더라도, 결국 그 수신자는 여전히 사람입니다.
  그러므로 우리는 브랜드에 인간적인 면을 불어넣어야 합니다." ― 라이언 퀸 (B2B 마케팅 전문가)

B2C 마케팅

B2C 마케팅은 기업이 개인 소비자에게 직접 제품이나 서비스를 판매하기 위해 활용하는 전략이다. 이 시장의 특징은 구매 과정이 빠르고, 감성적 요인이 큰 영향을 미친다는 점이다. 소비자는 실용성과 가격을 고려하면서도 브랜드가 주는 감정적 경험이나 사회적 의미를 중시한다. 따라서 B2C 마케팅은 합리적 설득과 감성적 공감을 동시에 충족해야 한다.

첫 번째 특징은 소비자 경험의 중요성이다. 개인 고객은 제품의 품질이나 가격뿐 아니라 구매 과정 전체를 평가한다. 온라인 쇼핑몰의 편리한 결제 시스템, 빠른 배송, 직관적인 앱 인터페이스는 제품 자체 못지않게 긍정적 경험을 제공한다. 오프라인 매장에서도 인테리어, 직원의 태도, 브랜드 분위기가 소비자의 기억에 강하게 남는다. 이러한 경험은 반복 구매와 충성도로 이어진다.

둘째, 스토리텔링은 B2C 마케팅의 핵심 무기다. 소비자는 그 물건을 통해 자신을 표현한다. 브랜드가 제공하는 이야기가 개인의 가치관과 맞닿을 때 강력한 설득력이 생긴다. 예를 들어 친환경 제품을 강조하는 브랜드는 환경을 중시하는 소비자에게 선택받으며, 프리미엄 브랜드는 자부심과 상징성을 추구하는 소비자에게 어필한다.

셋째, 디지털 채널은 B2C 마케팅의 중심이다. SNS, 유튜브, 틱톡, 블로그는 소비자와의 소통을 강화하는 공간이다. 짧고 직관적인 영상, 바이럴 콘텐츠, 인플루언서 협업은 소비자의 주목을 끄는 효과적인 방식이다. 특히 소비자가 스스로 콘텐츠를 제작하고 공유하는 과정은 브랜드 확산에 큰 힘을 발휘한다.

넷째, 세분화와 개인화 전략이 요구된다. 모든 소비자를 동일하게 대하는 접근은 효과가 낮다. 연령, 성별, 라이프스타일, 취향에 따라 맞춤형 제안을 제공할 때 소비자는 브랜드가 자신을 이해한다고 느낀다. 데이터 분석을 통해 맞춤형 추천을 제시하거나, 고객 참여형 이벤트를 기획하는 방식은 높은 몰입을 이끌어낸다.

마지막으로, 가격과 혜택은 여전히 중요한 요소다. 소비자는 합리적 소비를 원하기 때문에 할인, 멤버십, 구독 모델은 큰 매력으로 작용한다. 그러나 단기적인 가격 경쟁만으로는 충성도를 확보하기 어렵다. 소비자가 느끼는 가치를 높이는 혜택, 예를 들어 맞춤형 서비스나 차별화된 애프터케어가 더 큰 장기 효과를 낸다.

파타고니아
Don't Buy This Jacket

75

2011년, 미국의 아웃도어 브랜드 파타고니아(Patagonia)는 블랙 프라이데이(Black Friday)에 충격적인 전면 광고를 실었다. 제목은 "Don't Buy This Jacket(이 재킷을 사지 마세요)." 그것은 소비를 자극하는 날에, 소비를 멈추라는 정반대의 메시지였다.

광고 속에는 자사 제품 'R2 재킷'의 이미지와 함께 이렇게 적혀 있었다. "이 재킷을 만드는 데 135리터의 물이 사용되고, 이산화탄소 20파운드가 배출됩니다. 환경은 대가를 치릅니다. 정말 필요한 것이 아니라면, 사지 마세요." 이 문장은 당시의 마케팅 상식을 완전히 뒤집었다. 제품을 팔기보다, 소비자의 양심과 책임에 호소한 것이다.

파타고니아의 창립자 이본 쉬나드는 단호했다. 그는 "우리는 지구를 구하기 위해 존재한다(We're in business to save our home planet)"는 기업 미션을 내걸고, 브랜드의 핵심가치를 '지속 가능성(Sustainability)'으로 정의했다. 그에게 마케팅은 판매를 늘리는 수단이 아니라, 가치를 전하는 언어였다.

이 캠페인은 단순한 도발이 아니었다. 파타고니아는 이후 'Worn Wear(오래 입자)' 프로그램을 통해 헌 옷을 수선해 다시 입을 수 있도록 돕고, 중고 제품을 되파는 순환 소비(Circular Consumption) 모델을 실행했다. 소비를 줄이자는 말이 공허한 구호로 끝나지 않도록 브랜드 스스로 실천의 구조를 만들었다.

놀랍게도 이 역설적인 메시지는 역효과가 아닌 대성공을 불러왔다. 캠페인 이후 매출은 30% 이상 증가했고, 소비자들은 오히려 파타고니아 제품을 "의미 있는 소비의 상징"으로 인식했다. 이 브랜드를 구매하는 행위는 '지구를 위한 선택'이라는 윤리적 행동(Conscious Consumption)으로 받아들여졌.

이 캠페인은 "진정성(Authenticity)"의 가치가 얼마나 강력한 마케팅 무기인지 보여줬다. 파타고니아는 소비자를 설득하지 않았다. 대신, 그들의 양심과 공감을 움직였다. 그 결과, 브랜드는 '환경운동가의 철학을 지닌 기업'으로 자리 잡았다.

오늘날 많은 기업이 ESG(환경·사회·지배구조)와 지속가능성을 외치지만, 파타고니아는 그것을 슬로건이 아닌 행동으로 증명했다. 2022년, 창립자 쉬나드는 자신의 지분 100%를 '지구를 위한 신탁 기금'에 기부하며 이렇게 말했다. "이제 지구가 우리의 유일한 주주다."

선거 캠페인 전략

선거 캠페인 전략은 유권자의 마음을 얻기 위해 정치적 메시지를 설계하고 효과적으로 전달하는 과정이다. 선거는 정치인이 하나의 브랜드가 되어 경쟁하는 장이며, 유권자의 선택은 제품 구매와 유사한 의사결정 과정으로 설명할 수 있다. 따라서 선거 전략은 데이터 분석, 스토리텔링, 이미지 구축, 소통 설계까지 복합적으로 구성된다.

첫 번째 요소는 후보자의 브랜드화다. 유권자는 정책의 세부 항목보다 인물의 인상과 신뢰감에서 많은 영향을 받는다. 후보자의 외모, 언행, 삶의 이야기, 상징적인 슬로건은 모두 브랜드 자산으로 기능한다. "누구를 선택하느냐"라는 질문은 곧 "어떤 브랜드를 신뢰하느냐"와 같은 의미로 해석된다. 따라서 후보자는 일관된 메시지를 유지하며, 자신이 대표하는 가치와 비전을 명확히 보여주어야 한다.

둘째, 데이터 기반 세분화 전략이 필요하다. 연령, 성별, 지역, 직업군에 따라 유권자의 관심사는 크게 다르다. 청년층은 일자리와 주거 문제에 민감하고, 중장년층은 경제 안정과 복지 정책을 중시하며, 고령층은 사회 안전망을 우선한다. 빅데이터와 여론조사를 활용해 타깃별 메시지를 설계하면, 각 집단의 공감대를 얻는 데 유리하다. 이는 마케팅의 세그먼트 전략과 같은 원리다.

셋째, 캠페인의 소통 채널을 다각화해야 한다. 전통적으로 거리 유세, 방송 광고, 인쇄물이 주요 수단이었지만, 디지털 시대에는 SNS, 유튜브, 온라인 커뮤니티가 중심 무대가 되었다. 짧은 영상, 실시간 방송, 인터랙티브 콘텐츠는 유권자와의 거리를 좁히며, 특히 젊은 세대의 참여를 이끌어내는 데 효과적이다. 반대로 오프라인 행사는 여전히 고령층과 직접 접촉하는 중요한 수단으로 남아 있다.

넷째, 스토리텔링의 힘은 선거에서 더욱 중요하다. 단순히 공약을 나열하는 것보다, 그것이 유권자의 삶을 어떻게 변화시킬 수 있는지를 이야기로 풀어내야 한다. 예를 들어 "아이를 안심하고 키울 수 있는 사회"라는 메시지는 교육 정책의 수치보다 더 설득력 있게 다가온다. 유권자는 정책보다 비전과 희망을 통해 감정적으로 움직인다.

마지막으로 윤리적 책임을 고려해야 한다. 허위 정보나 과도한 이미지 조작은 단기적 효과를 줄 수 있지만, 신뢰를 무너뜨리는 치명적 결과를 낳는다. 투명하고 정직한 메시지를 유지할 때 장기적으로 브랜드로서의 정치인이 살아남는다.

정치와 마케팅

정치와 마케팅은 서로 다른 영역처럼 보이지만, 실제로는 깊이 연결되어 있다. 정치에서 지지와 선택을 얻는 과정은 소비자가 제품이나 브랜드를 선택하는 과정과 유사하다. 후보자와 정당은 하나의 브랜드로 기능하며, 유권자에게 비전과 가치를 제안한다. 마케터가 소비자의 욕구를 파악하듯 정치 역시 유권자의 요구와 기대를 분석해 메시지와 전략을 설계한다. 이 때문에 정치 캠페인에는 마케팅 기법이 적극적으로 활용된다.

첫 번째 특징은 이미지와 스토리텔링이다. 정치인은 상징적 브랜드로 자리 잡아야 한다. 유권자는 정책의 세부 항목보다 후보자가 주는 신뢰감, 인상, 태도에 크게 영향을 받는다. 따라서 정치 마케팅은 개인의 삶의 이야기, 진정성을 드러내는 경험, 상징적인 메시지를 통해 감정적 공감을 형성한다. 이는 브랜드가 고객과 정서적 유대를 맺는 과정과 닮아 있다.

둘째, 세분화 전략의 중요성이다. 모든 유권자를 동일하게 대하는 접근은 효과적이지 않다. 연령, 지역, 직업, 사회적 관심사에 따라 세분화된 메시지를 설계할 때 더 큰 설득력을 발휘한다. 예를 들어 청년층에게는 일자리와 교육을, 중장년층에게는 경제 안정과 복지를 강조하는 식이다. 데이터 분석을 활용한 맞춤형 접근은 정치 마케팅의 성패를 좌우한다.

셋째, 디지털 채널의 영향력이 커졌다. SNS, 유튜브, 온라인 커뮤니티는 유권자와 직접 소통할 수 있는 창구다. 전통적 매스미디어가 일방적 전달에 머물렀다면, 디지털 플랫폼은 양방향 소통을 가능하게 한다. 짧고 직관적인 영상 콘텐츠, 실시간 댓글 소통, 온라인 캠페인은 정치인과 유권자 사이의 거리를 좁히는 중요한 수단이다. 특히 젊은 세대는 이러한 채널을 통해 정치적 메시지를 소비한다.

넷째, 정치와 마케팅의 결합에는 윤리적 고려가 반드시 필요하다. 과도한 이미지 조작이나 허위 정보 확산은 사회적 신뢰를 해치고 정치 혐오를 키울 수 있다. 따라서 투명성과 책임 있는 커뮤니케이션은 필수적이다. 브랜드가 진정성을 잃으면 고객을 잃듯, 정치도 진정성 없는 마케팅은 단기 효과에 그치고 장기적으로 신뢰를 잃게 된다.

정치와 마케팅의 만남은 유권자와 사회적 가치를 연결하는 과정이다. 메시지를 통해 공감을 얻고, 비전을 제시하며, 신뢰를 형성하는 점에서 두 영역은 같은 원리를 공유한다. 올바른 정치 마케팅은 사회적 대화를 풍부하게 하고, 유권자가 더 나은 선택을 할 수 있도록 돕는 역할을 할 수 있다.

"모든 국민은 자신들의 수준에 맞는 정부를 가진다." — 알렉시스 드 토크빌 (프랑스 정치학자)

불매운동과 브랜드

불매운동은 소비자가 특정 브랜드나 기업의 제품을 사지 않겠다고 선언하고 행동으로 옮기는 집단적 저항의 형태다. 과거에는 정치적 이슈나 사회적 사건에 반응해 발생하는 경우가 많았지만, 최근에는 환경 문제, 윤리적 소비, 노동 인권과 같은 가치 중심의 이유로도 확산되고 있다. 브랜드 입장에서 불매운동은 매출 감소라는 직접적 손실뿐 아니라, 장기적으로 브랜드 이미지와 신뢰도에 치명적인 영향을 미칠 수 있다. 특히 온라인과 소셜미디어의 힘이 커지면서 소비자들의 목소리는 더 빠르게 퍼지고, 작은 불만이 거대한 여론으로 증폭되는 현상이 빈번하게 일어난다.

불매운동의 특징은 단순한 불만 제기가 아니라 적극적인 행동으로 이어진다는 점이다. 소비자들은 해시태그 캠페인을 전개하거나 대체재를 추천하면서 자신들의 불매 참여를 공유한다. 이는 브랜드를 고립시키는 동시에 소비자의 집단적 정체성을 강화하는 효과를 낳는다. 예를 들어, 한 패션 브랜드가 인권 문제와 연루되었을 때, 소비자들은 해당 브랜드의 제품 구매를 중단할 뿐만 아니라 경쟁사의 윤리적 제품을 지지하는 방식으로 메시지를 확산시킨다. 이는 기업의 위기 대응 능력을 시험하는 순간이기도 하다.

그러나 불매운동이 항상 장기적 타격으로 이어지는 것은 아니다. 위기 속에서 브랜드가 보여주는 태도와 대응 전략이 오히려 이미지를 회복하고 강화하는 계기가 되기도 한다. 진정성 있는 사과, 투명한 정보 공개, 개선을 위한 구체적 행동이 뒤따른다면 소비자들은 변화를 인정하고 다시 브랜드를 받아들이는 경우가 많다. 반면 형식적이고 피상적인 대응은 불매운동을 더욱 확산시키며 회복 불가능한 손실을 초래한다. 따라서 기업은 위기관리 차원에서 불매운동을 단순한 매출 문제로 보지 말고, 소비자와의 신뢰 관계가 흔들린 징후로 인식해야 한다.

브랜드는 불매운동을 예방하기 위해 평소에도 소비자와의 소통을 강화하고 사회적 책임을 다해야 한다. 기업의 가치와 철학이 소비자의 기대와 맞아떨어질 때, 위기 상황에서도 방어력이 생긴다. 실제로 윤리적 소비를 중시하는 브랜드는 일시적인 불매 시도에도 비교적 충성도 높은 고객층을 유지할 수 있다. 소비자가 브랜드를 단순한 제품 제공자가 아닌, 함께 가치를 공유하는 파트너로 인식하기 때문이다.

불매운동은 브랜드에게 위협이자 기회다. 외부의 압박을 단순히 피하려 하기보다, 이를 통해 조직 문화를 점검하고 더 나은 방향으로 개선한다면 장기적으로 브랜드는 더욱 견고해질 수 있다.

가상 인플루언서

가상인플루언서는 현실의 사람이 아닌 디지털로 창조된 캐릭터가 소셜미디어에서 활동하며 영향력을 발휘하는 존재를 뜻한다. 3D 그래픽, 인공지능, 모션 캡처 기술이 결합해 만들어진 이들은 실제 사람처럼 사진을 찍고, 영상에 등장하며, 팬들과 소통하는 역할을 한다. 대표적으로 미국의 '릴 미켈라(Lil Miquela)'나 일본의 '임마(Imma)' 같은 사례가 알려져 있다. 가상인플루언서는 더 이상 실험적 시도가 아니라 글로벌 마케팅 현장에서 실제로 활약하는 새로운 주체로 자리 잡았다.

이들의 가장 큰 장점은 브랜드가 원하는 정체성과 메시지를 완벽하게 구현할 수 있다는 점이다. 실제 인플루언서의 경우 개인의 사생활, 스캔들, 가치관 차이로 인해 리스크가 발생할 수 있지만, 가상인플루언서는 창작자의 의도에 따라 철저하게 통제된다. 또한 시간과 장소의 제약이 없기 때문에 전 세계 어디서든 동시에 콘텐츠를 제작할 수 있고, 다양한 스타일과 상황을 무한히 연출할 수 있다. 이러한 특성 덕분에 패션, 뷰티, 게임, IT 브랜드들이 적극적으로 가상인플루언서를 활용하며 새로운 마케팅 효과를 창출하고 있다.

소비자 입장에서도 가상인플루언서는 독특한 매력을 지닌다. 현실과 가상의 경계를 넘나드는 캐릭터는 신비로움을 자아내고, 때로는 친근하면서도 비현실적인 완벽함을 제공한다. 특히 Z세대와 알파세대는 디지털 환경에서 성장했기 때문에 이질감보다는 호기심과 재미를 느낀다. 이들은 실제 사람과 같은 '실재감'을 추구하기보다, 자신이 속한 커뮤니티와 함께 즐길 수 있는 새로운 경험을 중시한다. 따라서 가상인플루언서는 단순한 광고 모델이 아니라 하나의 문화 아이콘으로 발전할 가능성이 크다.

하지만 여전히 논의해야 할 과제도 많다. 가상인플루언서가 발언하는 메시지의 진정성, 소비자와의 관계에서 발생할 수 있는 윤리적 문제, 저작권과 법적 책임 소재 등은 명확히 정리되지 않았다. 또한 인공지능이 자율적으로 발언하는 단계에 이르면 그 영향력은 더 커질 것이고, 그에 따른 규제와 사회적 합의가 요구될 수 있다. 브랜드가 이를 무조건 새로운 유행으로만 받아들이기보다는, 장기적 관점에서 신뢰 구축과 투명성을 고민해야 한다.

가상인플루언서는 기술과 문화가 결합해 만든 새로운 형태의 인플루언서다. 현실의 한계를 넘어 창의적 가능성을 확장시키면서도, 동시에 진정성과 책임이라는 전통적 가치와 충돌하기도 한다. 앞으로 마케팅 현장에서 이들이 어떤 방식으로 활용되고, 소비자와 어떤 관계를 맺어갈지는 브랜드 전략에 따라 달라질 것이다. 분명한 것은, 가상인플루언서는 이미 광고와 콘텐츠의 판도를 바꾸고 있으며 앞으로 더 많은 산업에서 영향력을 확대해 나갈 것이라는 점이다.

바이오 산업과 마케팅

바이오 산업은 생명과학을 기반으로 의약품, 진단기기, 의료 서비스, 헬스케어 제품 등을 아우르는 폭넓은 분야다. 고령화와 건강에 대한 관심이 높아지면서 이 산업은 빠르게 성장하고 있으며, 혁신 기술과 투자 자본이 집중되는 대표적인 미래 산업으로 자리 잡았다. 하지만 바이오 산업의 특성상 연구 개발 기간이 길고 불확실성이 높다.

바이오 산업의 마케팅은 과학적 근거와 데이터에 기반을 두어야 한다. 의약품이나 치료제는 환자의 생명과 직결되기 때문에 과장되거나 모호한 메시지는 오히려 불신을 불러일으킨다. 따라서 임상 시험 결과, 인증, 규제 기관의 승인 같은 사실적 정보를 명확히 제시하는 것이 중요하다. 동시에 일반 소비자나 환자에게는 어려운 의학 용어를 쉽게 풀어 설명해야 하며, 의료 전문가와 투자자에게는 전문성을 강조하는 이중적 커뮤니케이션이 필요하다.

또한 바이오 마케팅은 '스토리텔링' 요소가 강하다. 단순히 기능적 효능을 강조하기보다, 연구자의 헌신, 환자의 회복 사례, 기업이 추구하는 사회적 가치 등을 함께 전하는 방식이다. 예를 들어, 희귀질환 치료제 개발 기업은 단일 제품 이상의 의미를 전달하며, 환자와 가족에게 새로운 희망을 주는 브랜드로 자리 잡는다. 이러한 서사는 과학적 전문성과 함께 감정적 공감을 형성해 브랜드 충성도를 높인다.

디지털 플랫폼도 바이오 마케팅에서 큰 역할을 한다. 온라인 학술 세미나, 환자 커뮤니티, SNS 기반의 건강 정보 콘텐츠는 신뢰를 기반으로 브랜드를 확산시키는 통로가 된다. 특히 MZ세대는 건강 관리와 웰니스에 대한 관심이 높아, 바이오 기반의 화장품, 건강기능식품, 개인 맞춤형 헬스케어 서비스 등에서 디지털 마케팅이 활발하게 활용된다. 이 과정에서 인플루언서 협업이나 영상 콘텐츠는 친근한 접근을 가능하게 한다.

바이오 산업은 윤리와 규제라는 장벽도 함께 가진다. 마케팅 과정에서 과도한 약효 강조나 소비자 오해를 불러일으킬 표현은 법적 제재를 받을 수 있다. 따라서 법규를 준수하면서도 창의적으로 메시지를 전달하는 균형 감각이 필요하다. 또한 ESG 경영이 강화되는 흐름 속에서 바이오 기업은 환경과 사회적 책임을 고려한 이미지를 동시에 구축해야 한다.

바이오 기업이 지속적으로 성장하기 위해서는 과학과 인간적 가치를 아우르는 마케팅 전략을 통해 브랜드를 차별화해야 한다.

테슬라
광고 없는 마케팅 전략

81

테슬라(Tesla)는 단 한 편의 전통 광고도 없이 세계에서 가장 영향력 있는 자동차 브랜드가 되었다. 그 비결은 단순했다. 광고 대신 스토리를 팔았기 때문이다. CEO 일론 머스크(Elon Musk)는 "우리는 마케팅에 돈을 쓰지 않는다. 대신, 그 돈으로 더 나은 제품을 만든다."고 말했다. 이 철학은 테슬라의 모든 커뮤니케이션 전략에 깊이 스며 있다.

테슬라는 자동차 브랜드이지만, 자신을 기술·혁신·에너지 기업으로 정의했다. 광고로 소비자를 설득하지 않고, 제품 자체가 메시지가 되는 구조를 만든 것이다. 도로 위의 테슬라 한 대가 곧 광고판이었고, OTA(Over-the-Air) 업데이트로 기능이 진화하는 경험 자체가 '브랜드의 이야기'가 되었다. 소비자는 광고보다 테슬라를 타는 경험을 통해 브랜드의 미래를 체감했다.

일론 머스크는 전통적인 광고 대신 소셜 미디어(SNS)를 무기로 삼았다. 그의 트윗 하나는 뉴스 헤드라인이 되었고, 그의 발언은 곧 테슬라의 '라이브 캠페인'으로 작용했다. 머스크는 개인의 캐릭터를 브랜드 자산으로 전환시킨 드문 사례다. 그의 도발적 언행은 논란을 낳기도 했지만, 결국 '대담한 리더가 만든 미래적 브랜드'라는 이미지를 굳혔다.

테슬라의 또 다른 강점은 팬덤 중심 커뮤니티다. 고객들은 스스로 홍보대사가 되어 콘텐츠를 생산했다. 유튜브, 트위터, 블로그에는 "테슬라 자율주행 체험기"와 "모델 Y 리뷰" 같은 팬 콘텐츠가 넘쳐난다. 소비자가 직접 브랜드 이야기를 만들어내는 구조, 바로 UGC(User Generated Content) 기반의 마케팅 생태계다. 테슬라는 소비자를 소비자가 아닌 전도사로 만든 셈이다.

이러한 자발적 참여는 '신뢰의 마케팅'으로 이어졌다. 광고가 사라진 시대, 사람들은 브랜드보다 사람의 말을 더 믿는다. 테슬라는 소비자들의 실제 경험이 곧 광고가 되는 '진정성의 마케팅'을 실현했다.

테슬라는 자동차를 팔지 않는다. 그들은 "지속 가능한 미래를 함께 만든다"는 신념을 판다. 이 메시지는 광고보다 강력했고, 소비자들은 그 철학에 공감하며 브랜드의 일부가 되었다.

결국 테슬라의 마케팅은 하나의 질문으로 요약된다.
"광고가 필요 없는 브랜드는 무엇으로 사람을 끌어당길 수 있을까?"

테슬라의 대답은 명확하다.
"진심과 혁신, 그리고 스토리."

직영점과 대리점 운영

기업이 제품이나 서비스를 시장에 공급할 때 선택하는 대표적인 방식은 직영점과 대리점 운영이다. 두 방식은 모두 유통 채널을 확보하고 고객 접점을 늘리기 위한 전략이지만, 구조와 장단점에서 큰 차이를 가진다. 직영점은 본사가 직접 점포를 운영하며 브랜드를 철저히 관리하는 방식이고, 대리점은 독립된 사업자가 계약을 통해 본사의 상품을 판매하는 형태다. 기업은 상황에 따라 이 두 가지 모델을 적절히 조합해 시장을 확장한다.

직영점의 가장 큰 장점은 브랜드 통제력이 높다는 점이다. 매장 인테리어, 서비스 품질, 가격 정책까지 본사의 지침대로 운영할 수 있어 고객 경험을 균일하게 유지할 수 있다. 특히 프리미엄 브랜드나 신제품을 강조하고 싶은 경우, 직영점은 브랜드 철학을 온전히 담아낼 수 있는 공간으로 기능한다. 그러나 초기 투자비용과 운영비용이 많이 들고, 매장 운영의 모든 리스크를 본사가 감당해야 한다는 점에서 부담이 크다.

반면 대리점은 비교적 적은 비용으로 빠르게 시장을 확대할 수 있는 장점이 있다. 지역 상황에 밝은 사업자가 직접 운영하기 때문에 현지 시장에 유연하게 대응할 수 있으며, 본사는 상품 공급과 지원에 집중할 수 있다. 하지만 서비스 품질이나 브랜드 이미지가 점주 역량에 따라 달라질 수 있다는 리스크가 존재한다. 실제로 일부 대리점이 과도한 가격 경쟁이나 불친절한 응대로 논란을 일으키면 본사 브랜드 전체가 타격을 받는다.

최근에는 직영점과 대리점의 장점을 결합하는 형태도 늘고 있다. 예를 들어, 주요 도심에는 직영 플래그십 스토어를 운영해 브랜드 이미지를 강화하고, 지방이나 해외 시장은 대리점을 통해 빠르게 확장하는 방식이다. 또 본사는 디지털 시스템을 도입해 대리점 운영을 지원하고, 표준화된 서비스 매뉴얼을 제공하며 관리 수준을 높인다. 이렇게 하면 대리점의 자율성과 본사의 브랜드 일관성을 동시에 확보할 수 있다.

기업 입장에서 중요한 것은 직영점과 대리점 중 어느 한쪽을 무조건적으로 선택하는 것이 아니라, 브랜드 성격과 시장 상황에 맞춰 최적의 균형을 찾는 것이다. 고급 이미지를 유지해야 하는 경우에는 직영점이 유리하고, 빠른 확장이 필요하거나 지역 특성이 중요한 경우에는 대리점 전략이 효과적이다. 또한 소비자 경험을 중심에 두고 두 모델을 병행하면, 브랜드는 안정성과 성장성을 동시에 확보할 수 있다.

리테일먼트 마케팅

리테일먼트(Retailtainment) 마케팅은 소매(Retail)와 엔터테인먼트(Entertainment)의 합성어로, 즐거움과 경험을 함께 제공하는 전략을 뜻한다. 소비자가 매장을 방문했을 때 단순히 물건을 구매하는 행위에 그치지 않고, 오감을 자극하는 체험을 하면서 브랜드와 감정적 연결을 맺도록 유도하는 것이다. 이 개념은 온라인 쇼핑이 급격히 성장하면서 오프라인 매장이 살아남기 위해 차별화된 경험을 제공해야 한다는 필요성에서 더욱 강조되고 있다.

리테일먼트 마케팅의 핵심은 소비자의 시간을 브랜드와 함께 보내게 하는 것이다. 예를 들어, 나이키 매장은 실제로 운동화를 신고 러닝머신에서 체험할 수 있는 공간을 제공한다. 스타벅스는 커피 한 잔 이상의 경험을 강조하며, 편안한 음악과 인테리어, 지역 특화 매장 디자인을 통해 '머무르고 싶은 공간'을 만든다. 이러한 전략은 소비자가 브랜드를 생활의 일부로 인식하게 만든다.

특히 MZ세대는 제품 구매 과정에서 재미와 몰입감을 중시하기 때문에 리테일먼트 전략에 긍정적으로 반응한다. 팝업스토어, 인터랙티브 전시, 게임화 요소를 결합한 마케팅은 이들에게 큰 호응을 얻는다. 예를 들어, 한 화장품 브랜드는 매장 내에 피부 진단 존을 마련해 고객이 직접 기기를 체험하고, 개인 맞춤형 제품을 추천받도록 한다. 이는 제품에 대한 신뢰를 높이고 구매 전환율을 끌어올리는 효과를 준다.

디지털 기술과 결합한 리테일먼트도 빠르게 확산되고 있다. 증강현실(AR)로 가구를 집 안에 배치해 보는 이케아 앱, 가상 메이크업 체험을 제공하는 뷰티 브랜드 앱은 오프라인과 온라인의 경계를 허물고 새로운 쇼핑 경험을 제시한다. 또한 SNS와 연계해 고객이 매장에서 찍은 사진이나 영상을 공유하도록 유도하면, 자연스럽게 바이럴 효과가 발생하며 브랜드 인지도를 확대할 수 있다.

리테일먼트 마케팅은 단순히 재미를 더하는 것이 목적이 아니다. 소비자가 브랜드를 기억하게 만들고, 다시 방문하도록 유도하며, 나아가 충성 고객으로 전환시키는 데 그 의의가 있다. 따라서 기업은 매장 공간을 브랜드 체험의 무대로 설계해야 한다. 음악, 조명, 향기, 디지털 체험 등 다양한 요소가 종합적으로 어우러져야 한다.

리테일먼트는 이제 선택이 아니라 필수 전략으로 자리 잡았다. 제품 자체의 경쟁력을 넘어, 소비자가 브랜드와 함께하는 경험이 곧 차별화된 가치로 이어지기 때문이다. 결국 매장은 물건을 파는 곳에서 '브랜드를 체험하는 극장'으로 변화하고 있으며, 이를 얼마나 창의적이고 진정성 있게 구현하느냐가 성공을 좌우한다.

번들링과 세트 판매의 기술

번들링과 세트 판매는 여러 상품을 하나의 묶음으로 구성해 소비자에게 제시하는 전략이다. 이는 소비자가 인식하는 가치와 구매 경험을 새롭게 설계하는 마케팅 기법이다. 한 제품을 따로 구매할 때보다 가격적 혜택을 제공하거나, 조합을 통해 더 높은 편리성과 만족을 전달하는 방식으로 활용된다.

번들링은 크게 두 가지 유형으로 나눌 수 있다. 첫째는 순수 번들링으로, 제품이 오직 묶음으로만 판매되는 경우다. 예를 들어, 게임 소프트웨어와 전용 콘솔을 함께 판매하는 패키지가 여기에 해당한다. 둘째는 혼합 번들링으로, 개별 구매와 세트 구매가 동시에 가능한 경우다. 흔히 외식업에서 볼 수 있는 세트 메뉴가 대표적이다. 소비자는 단품을 고를 수도 있고, 세트를 선택해 가격 대비 효용을 높일 수도 있다.

세트 판매의 강점은 소비자에게 합리적이라는 인식을 심어주는 데 있다. 고객은 개별 가격을 합산해 비교하면서 세트의 가격적 우위를 자연스럽게 받아들이게 된다. 이는 단순한 할인과는 다르게, 브랜드가 제안하는 '구성의 가치'를 함께 경험하게 한다. 예를 들어, 뷰티 브랜드가 스킨케어 제품을 라인업으로 묶어 판매할 경우, 소비자는 단품보다 효과적인 사용법과 체계적인 관리라는 부가 가치를 얻는다고 느낀다.

기업 입장에서는 번들링을 통해 재고를 효율적으로 소진하거나, 판매가 부진한 상품을 주력 상품과 함께 묶어 노출시킬 수 있다. 또한 고객이 의도하지 않았던 추가 제품까지 경험하게 만들어, 장기적으로는 새로운 충성 고객을 확보하는 효과가 있다. 전자기기 업계에서 흔히 볼 수 있는 액세서리 번들 판매가 바로 이 원리를 활용한 사례다.

다만 번들링 전략은 주의할 점도 있다. 지나치게 불필요한 제품을 포함시키면 소비자가 강제로 구매하게 된다는 인식을 가지게 되어 오히려 불만을 초래할 수 있다. 또한 가격 메리트가 명확하지 않다면 세트 판매의 효과가 반감된다. 따라서 소비자가 실제로 필요로 하거나 합리적으로 납득할 수 있는 조합을 설계하는 것이 핵심이다.

오늘날에는 디지털 기술을 활용한 맞춤형 번들링도 확산되고 있다. 온라인 쇼핑몰은 소비자의 구매 이력과 선호 데이터를 분석해 개인화된 세트를 추천한다. 이는 소비자가 느끼는 편리함과 만족도를 높이는 동시에, 브랜드에는 교차 판매와 객단가 상승이라는 이점을 제공한다.

희소성과 긴급성의 법칙

마케팅에서 가장 강력하게 작용하는 심리적 원칙 중 하나가 바로 희소성과 긴급성이다. 사람들은 풍족하게 제공되는 것보다 제한된 기회와 한정된 자원을 더욱 가치 있게 느끼며, 지금 당장 행동하지 않으면 손해를 본다는 압박감 속에서 의사결정을 내리는 경향이 있다. 이러한 법칙은 온라인 쇼핑몰의 '오늘 마감 세일'이나 오프라인 매장의 '한정 수량 이벤트'처럼 일상적인 마케팅 기법으로 활용된다.

희소성의 법칙은 공급이 제한될수록 욕구가 강해진다는 원리에 기반한다. 인간은 본능적으로 '얻기 어려운 것'에 더 큰 가치를 부여한다. 한정판 신발, 한정 수량의 화장품, 또는 시즌 한정 메뉴가 대표적이다. 소비자는 그것을 소유함으로써 특별한 경험이나 차별성을 얻는다고 느낀다. 브랜드는 이러한 욕구를 자극해 제품의 매력을 극대화한다. 특히 희소성은 단순히 제품 자체가 귀하다는 인식뿐 아니라, 그 제품을 가진 사람만이 누릴 수 있는 '사회적 지위'와도 연결된다.

긴급성의 법칙은 시간적 제약에서 비롯된다. 소비자는 선택의 시간이 짧아질수록 깊은 고민 없이 행동하게 된다. 온라인 쇼핑몰에서 흔히 볼 수 있는 '남은 시간 3시간 20분'과 같은 카운트다운은 소비자의 불안 심리를 자극해 즉각적인 구매를 유도한다. 이벤트가 언제든 다시 열릴 수 있다고 생각한다면 긴급성은 사라지지만, '지금 아니면 기회가 없다'는 메시지는 행동으로 이어지는 가장 강력한 동기가 된다.

이 두 가지 원칙은 함께 활용될 때 효과가 배가된다. 예를 들어, '오늘 단 하루만 판매하는 한정 수량'이라는 문구는 희소성과 긴급성을 동시에 자극한다. 소비자는 수량이 적다는 이유로 더 가치 있게 느끼고, 시간이 부족하다는 압박감 때문에 빠르게 결정을 내린다. 이때 브랜드는 반드시 신뢰를 지켜야 한다. 실제로 수량이 충분하거나 이벤트가 반복적으로 열리면 소비자는 기만당했다고 느끼고 브랜드 신뢰도가 떨어질 수 있다.

희소성과 긴급성 전략은 강력하지만 장기적인 관점에서 균형이 필요하다. 과도하게 활용하면 소비자가 피로감을 느끼거나 브랜드에 대한 신뢰를 잃을 수 있기 때문이다. 따라서 중요한 것은 이 원칙을 일시적인 매출 증대가 아닌, 브랜드 경험의 일부로 자연스럽게 설계하는 것이다. 예를 들어, 프리미엄 브랜드는 매 시즌 소량의 한정판을 정기적으로 출시해 '예측 가능한 희소성'을 제공한다. 소비자는 브랜드의 철학과 정체성을 이해하며, 기회가 올 때마다 적극적으로 참여한다.

이 법칙을 적절히 활용하면 소비자는 구매를 망설이는 대신 기회를 잡으려는 행동을 하게 된다. 그러나 진정성 없는 반복은 역효과를 낳을 수 있다.

크로스셀링과 업셀링 전략

마케팅 현장에서 매출을 높이고 고객 가치를 극대화하는 대표적인 기법이 크로스셀링과 업셀링이다. 두 전략은 흔히 혼용되지만 본질적으로 다른 방식이다. 크로스셀링은 고객이 선택한 제품과 관련 있는 다른 제품을 함께 제안하는 것이고, 업셀링은 고객이 구매하려는 제품보다 더 고급이거나 높은 가격의 제품을 권유하는 것이다. 이 두 가지는 적절히 활용될 때 고객 만족과 기업 수익을 동시에 높일 수 있는 강력한 도구가 된다.

크로스셀링의 대표 사례는 패스트푸드점에서 햄버거를 주문할 때 세트 메뉴를 권하는 것이다. 고객은 음료와 감자튀김을 함께 구매하며 더 완전한 식사 경험을 얻는다. 온라인 쇼핑몰의 '이 상품을 본 고객이 함께 본 상품' 추천 역시 크로스셀링의 전형적 예다. 고객이 본래 의도한 구매 외에 관련 제품을 손쉽게 선택하도록 유도해 객단가를 높이는 것이다. 중요한 점은 고객이 실질적으로 유용하다고 느낄 수 있는 제품을 제안해야 한다는 것이다. 단순히 판매 확대를 위해 무관한 제품을 묶는다면 오히려 반감을 살 수 있다.

업셀링은 고객의 욕구를 한 단계 더 끌어올리는 전략이다. 항공사의 이코노미석 승객에게 프리미엄 좌석 업그레이드를 제안하는 경우가 대표적이다. 고객은 더 편안한 서비스를 누리고, 기업은 높은 수익을 얻는다. 가전 매장에서 TV를 구매하려는 고객에게 더 큰 화면이나 최신 기능이 추가된 모델을 추천하는 것도 업셀링이다. 이 과정에서 핵심은 단순히 비싼 제품을 강요하는 것이 아니라, 고객이 추가 비용을 지불할 만한 합리적인 이유를 설득력 있게 제시하는 데 있다.

크로스셀링과 업셀링 전략은 디지털 환경에서 더욱 정교해졌다. 데이터 분석과 인공지능 추천 시스템을 통해 고객의 행동 패턴을 파악하고, 개인화된 제안을 실시간으로 제공할 수 있게 된 것이다. 예를 들어, 전자상거래 플랫폼은 고객이 장바구니에 담은 상품과 과거 구매 기록을 분석해 최적의 조합을 제안한다. 이는 불필요한 권유가 아닌 '맞춤형 추천'으로 받아들여져 긍정적 경험을 만든다.

그러나 두 전략 모두 과도하게 사용하면 고객에게 불편함을 줄 수 있다. 끊임없는 추천은 압박으로 느껴지고, 브랜드에 대한 신뢰가 떨어질 수 있다. 따라서 고객 여정을 세심하게 분석해 적절한 순간에 자연스럽게 제안하는 것이 중요하다. 또한 단기적 매출 상승에만 집중하기보다, 장기적 관점에서 고객 만족과 충성도를 높이는 방향으로 설계해야 한다.

맥도날드
해피밀과 골든 아치 전략

87

맥도날드(McDonald's)는 패스트푸드 체인을 넘어, 세대를 잇는 감정의 브랜드로 자리 잡았다. 그 성공의 중심에는 두 가지 상징이 있다. '해피밀(Happy Meal)'과 '골든 아치(Golden Arches)', 하나는 어린 시절의 행복을, 다른 하나는 세계 어디서나 통하는 브랜드의 언어를 의미한다.

1979년, 맥도날드는 '해피밀'을 출시했다. 아이들에게 단순한 식사가 아닌 '선물 같은 경험'을 주기 위한 아이디어였다. 작은 상자 안에는 햄버거, 감자튀김, 음료, 그리고 장난감 하나가 들어 있었다. 이 장난감이 바로 브랜드의 마법이었다. 식사 시간이 놀이로 바뀌고, 아이들의 웃음이 곧 브랜드의 감정 자산(Emotional Asset)이 되었다.

해피밀은 브랜드의 첫 기억을 만드는 장치였다. 한 번이라도 해피밀을 받았던 아이는 성인이 되어서도 그때의 '작은 행복'을 기억한다. 맥도날드는 이렇게 '어린 시절의 따뜻한 기억'을 브랜드 충성도의 씨앗으로 심었다. 이는 마케팅 용어로 감정 회상 효과(Nostalgia Marketing)라 불린다. 시간이 흘러도 그 감정은 사라지지 않는다.

또 다른 축은 골든 아치(Golden Arches)다. 이 상징적인 노란 M 자 로고는 세계 어디서나 통하는 보편적 상징이 되었다. 고속도로 위에서 멀리서도 눈에 띄는 이 아치는 배고픔을 채워주는 신호이자, 일상 속 위안의 아이콘이었다. 특히 해외 여행객에게 맥도날드는 "언제나 익숙한 안전지대"로 작용한다. 이는 로고가 디자인을 넘어 심리적 안정감을 주는 언어가 되었음을 보여준다.

맥도날드는 이러한 상징을 일관된 경험(Consistent Experience)으로 연결했다. 전 세계 어디서나 같은 메뉴, 같은 인테리어, 같은 미소를 경험할 수 있다. 소비자는 맥도날드를 통해 '예상 가능한 즐거움'을 느낀다. 이 반복된 일관성은 곧 신뢰가 되었고, 신뢰는 충성으로 이어졌다.

하지만 맥도날드는 익숙함에 머물지 않았다. 최근에는 로컬라이제이션(Localization) 전략을 도입해 한국의 불고기버거, 일본의 데리야키버거처럼 지역 문화에 맞는 메뉴를 선보였다. 이로써 글로벌 표준성과 지역 감성을 동시에 잡았다.

맥도날드의 마케팅 철학은 명확하다.
"우리는 버거를 파는 회사가 아니라, 일상의 행복을 파는 회사다."
해피밀은 아이의 기억 속 행복을, 골든 아치는 세상 어디서나 느낄 수 있는 따뜻함을 상징한다. 브랜드가 감정과 경험을 중심으로 진화할 때, 단순한 패스트푸드를 넘어 문화가 된다.

온라인 광고의 기본

온라인 광고는 디지털 환경에서 브랜드가 소비자와 만나는 가장 직관적이고 강력한 수단이다. 검색엔진, 소셜미디어, 동영상 플랫폼, 디스플레이 네트워크 등 다양한 채널을 통해 메시지를 전달하며, 특정 타깃에게 맞춤형 광고를 집행할 수 있다는 점에서 전통 매체와 차별화된다. 기본을 이해하면 복잡해 보이는 온라인 광고도 체계적으로 접근할 수 있다.

첫째, 온라인 광고의 핵심은 '타깃팅'이다. 오프라인 광고가 불특정 다수에게 메시지를 노출하는 방식이었다면, 온라인 광고는 성별, 연령, 지역, 관심사, 검색 행동 등 세밀한 기준을 설정해 필요한 소비자에게만 노출할 수 있다. 예를 들어, 스포츠 브랜드는 러닝에 관심 있는 20~30대 소비자에게만 광고를 노출해 효율을 극대화한다. 이는 광고비를 절감하고 전환율을 높이는 핵심 원리다.

둘째, 광고 형식의 이해가 필요하다. 검색광고는 사용자가 직접 입력한 키워드를 기반으로 노출되어 구매 의도가 높은 소비자에게 효과적이다. 디스플레이 광고는 웹사이트와 앱의 배너 형태로 시각적 노출을 극대화한다. 소셜미디어 광고는 알고리즘과 결합해 소비자의 피드 속에 자연스럽게 스며든다. 동영상 광고는 스토리텔링과 감정적 호소에 강점을 가진다. 각각의 형식은 장단점이 다르므로, 목적에 따라 적절히 조합해야 한다.

셋째, 성과 측정이 가능한 것이 온라인 광고의 가장 큰 장점이다. 클릭 수, 노출 수, 전환율, 체류 시간 등 구체적 데이터를 실시간으로 확인할 수 있어 캠페인을 즉각적으로 조정할 수 있다. 이 과정에서 A/B 테스트는 중요한 도구다. 동일한 조건에서 두 가지 광고 문구나 이미지 중 어떤 것이 더 효과적인지 비교해 최적의 조합을 찾는 것이다.

넷째, 콘텐츠의 질이 광고 성과를 좌우한다. 알고리즘이 아무리 정교해도 소비자가 매력을 느끼지 못하면 클릭하지 않는다. 짧고 명확한 카피, 시선을 끄는 이미지, 그리고 행동을 유도하는 콜 투 액션이 핵심이다. 최근에는 광고와 콘텐츠의 경계가 흐려지면서 네이티브 광고, 브랜디드 콘텐츠 등 자연스러운 형식이 선호되고 있다.

마지막으로 윤리와 규제 준수도 중요한 기본이다. 허위·과장 광고는 단기적으로는 관심을 끌 수 있지만 장기적으로는 브랜드 신뢰를 잃게 한다. 개인정보 보호 규정도 반드시 준수해야 하며, 투명하고 정직한 메시지가 장기적인 성장을 보장한다.

검색광고 이해하기

검색광고는 사용자가 검색엔진에 입력한 키워드를 기반으로 노출되는 광고를 말한다. 대표적으로 구글, 네이버, 다음과 같은 플랫폼에서 볼 수 있으며, 검색 결과 페이지 상단이나 하단에 '스폰서' 또는 '광고' 표시와 함께 나타난다. 검색광고의 본질은 사용자의 '의도'에 직접적으로 반응한다는 데 있다. 즉, 광고가 무작위로 노출되는 것이 아니라, 이미 특정 관심사나 필요를 가진 소비자에게 도달하기 때문에 전환율이 높다는 특징이 있다.

검색광고의 가장 큰 장점은 타깃팅의 정확성이다. 예를 들어 '서울 원룸 인테리어'라는 키워드를 검색하는 사용자는 이미 관심을 가지고 탐색 중인 잠재 고객이다. 이때 인테리어 업체가 해당 키워드에 광고를 집행하면, 불특정 다수에게 노출하는 전통 매체보다 훨씬 높은 효율을 기대할 수 있다. 소비자의 니즈와 광고 메시지가 직접적으로 맞닿아 있기 때문이다.

검색광고는 일반적으로 클릭당 과금(CPC, Cost Per Click) 방식으로 운영된다. 광고주는 특정 키워드에 입찰을 걸고, 사용자가 광고를 클릭할 때마다 비용을 지불한다. 입찰 경쟁이 치열한 인기 키워드는 클릭 단가가 높아지고, 경쟁이 적은 틈새 키워드는 낮은 비용으로도 효과적인 노출을 얻을 수 있다. 따라서 광고주는 예산과 목표에 따라 키워드 전략을 세밀하게 설계해야 한다.

키워드 선정은 검색광고 성공의 핵심이다. 너무 광범위한 키워드를 선택하면 광고비는 소진되지만 전환율은 낮아질 수 있다. 반대로 지나치게 좁은 키워드를 선택하면 노출 기회 자체가 줄어든다. 따라서 '일반 키워드'와 '구체적 키워드'를 조합해 효율을 극대화하는 것이 중요하다. 또한 소비자의 구매 여정을 고려해 탐색 단계, 비교 단계, 구매 단계에 맞는 키워드를 적절히 활용해야 한다.

광고 문구와 랜딩 페이지도 검색광고의 성과를 좌우한다. 짧고 명확한 카피는 클릭을 유도하고, 클릭 후 연결되는 페이지가 소비자의 기대에 부합해야 전환이 이루어진다. 예를 들어, '할인'이라는 문구로 유입된 고객이 실제 랜딩 페이지에서 할인을 찾지 못하면 이탈률이 높아진다. 즉, 광고와 페이지 간의 일관성이 매우 중요하다.

검색광고는 데이터 분석과 함께 끊임없이 최적화해야 한다. 클릭률(CTR), 전환율(CVR), 광고비 대비 매출(ROAS) 등의 지표를 분석하면서 A/B 테스트를 통해 광고 문구, 키워드, 입찰 전략을 개선하는 과정이 필수적이다. 작은 변화 하나가 전체 캠페인의 효율을 크게 좌우할 수 있다.

검색광고는 디지털 마케팅의 기본이자 가장 실질적인 성과를 보여주는 채널이다.

디스플레이 광고와 배너

디스플레이 광고는 인터넷 사용자가 웹사이트나 앱을 이용할 때 화면에 시각적으로 노출되는 광고를 뜻한다. 주로 이미지, 동영상, 애니메이션 등 다양한 형태로 구성되며, 사용자의 관심을 끌고 브랜드 메시지를 전달하는 데 초점이 맞춰져 있다. 디스플레이 광고의 대표적인 형식이 바로 '배너 광고'다. 화면 상단, 하단, 측면에 자리 잡아 사용자의 눈길을 끌도록 배치되며, 클릭하면 광고주의 랜딩 페이지로 연결된다.

배너 광고는 온라인 광고의 가장 오래된 형태 중 하나다. 1990년대 인터넷 초기부터 사용되어 왔으며, 현재까지도 여전히 주요한 광고 방식으로 활용된다. 그 이유는 단순한 구조와 높은 시각적 전달력 때문이다. 글자만으로 이루어진 검색광고와 달리 배너는 브랜드 로고, 제품 이미지, 색상, 그래픽을 활용해 즉각적인 인상을 남길 수 있다. 특히 대규모 인지도를 구축해야 하는 기업이나, 특정 이벤트를 널리 알리고자 하는 경우 배너 광고는 효과적이다.

디스플레이 광고는 타깃팅 기술과 결합하면서 더욱 정교해졌다. 단순히 무작위 노출이 아니라, 사용자의 관심사, 검색 이력, 방문 기록 등을 기반으로 맞춤형 광고를 제공한다. 예를 들어, 여행 사이트를 방문한 뒤 다른 웹사이트에서 항공권 배너가 반복적으로 노출되는 '리타깃팅 광고'는 디스플레이 광고의 대표적 응용이다. 이는 소비자가 이미 관심을 보인 제품이나 서비스를 다시 떠올리게 하여 구매로 이어지게 만든다.

그러나 디스플레이 광고와 배너는 '배너 블라인드니스(Banner Blindness)'라는 한계를 안고 있다. 인터넷 이용자들이 너무 많은 배너를 접하다 보니 무의식적으로 무시하거나 시선을 회피하는 현상이 나타나는 것이다. 이를 극복하기 위해 광고주는 창의적인 디자인과 인터랙티브 요소를 도입해야 한다. 예를 들어, 움직이는 애니메이션, 짧은 동영상, 사용자가 참여할 수 있는 퀴즈 형식은 관심을 다시 끌어올리는 방법이 된다.

또한 배너 광고의 성과는 디자인과 메시지의 조화에서 나온다. 지나치게 화려하거나 과도한 클릭 유도 문구는 오히려 거부감을 불러일으킬 수 있다. 짧고 명확한 메시지, 브랜드 아이덴티티가 담긴 디자인, 그리고 클릭 이후 경험과의 일관성이 성과를 좌우한다. 소비자가 광고를 클릭했을 때 랜딩 페이지가 기대에 부합하지 않으면, 클릭은 의미 없는 수치에 불과하다.

리타깃팅 광고 전략

리타깃팅 광고는 이미 브랜드와 접촉한 경험이 있는 잠재 고객을 다시 불러들이는 전략이다. 사용자가 웹사이트를 방문하거나 장바구니에 상품을 담았지만 구매하지 않고 떠났을 때, 다른 플랫폼이나 웹페이지에서 동일 브랜드의 광고를 다시 노출해 재방문과 전환을 유도하는 방식이다. 이는 새로운 고객을 찾는 것보다 더 효율적으로 매출을 올릴 수 있는 기법으로 평가받는다.

리타깃팅의 핵심은 '관심 신호'를 포착하는 것이다. 단순히 광고를 본 사람보다 직접 웹사이트를 탐색하거나 특정 제품을 클릭한 사람은 이미 구매 의도가 더 높다. 이때 쿠키나 픽셀을 통해 행동 데이터를 수집하고, 해당 사용자에게 맞춤형 광고를 다시 노출한다. 예를 들어, 온라인 쇼핑몰에서 운동화를 살펴본 고객은 이후 다른 뉴스 사이트에서 동일 브랜드의 운동화 배너를 볼 수 있다. 이러한 반복 노출은 고객의 기억 속에 브랜드를 각인시키고, 구매 결정을 빠르게 끌어낸다.

리타깃팅 광고는 크게 두 가지 방식으로 구분된다. 첫째, 사이트 리타깃팅은 특정 웹사이트를 방문한 경험이 있는 사용자를 대상으로 한다. 둘째, 동적 리타깃팅은 사용자가 본 제품을 자동으로 광고 크리에이티브에 반영해 개인화된 메시지를 전달한다. 예를 들어, 고객이 장바구니에 담아둔 가방이 광고 배너에 그대로 노출되면 구매 욕구를 자극할 수 있다. 이는 고객 맞춤형 경험을 제공한다는 점에서 전환율이 높다.

리타깃팅의 장점은 광고 효율성이다. 무작위로 노출되는 광고와 달리, 이미 브랜드와 접점을 가진 잠재 고객에게만 집중하기 때문에 광고비 낭비가 적다. 또한 여러 차례 노출을 통해 브랜드 친숙도를 높일 수 있으며, 장바구니 이탈 고객을 다시 유도하는 데 특히 효과적이다. 실제로 많은 전자상거래 기업들이 리타깃팅을 통해 구매 전환율을 크게 끌어올린 사례가 있다.

그러나 리타깃팅은 신중한 운영이 필요하다. 지나치게 같은 광고가 반복되면 소비자는 피로감을 느끼고, 오히려 브랜드에 부정적인 인식을 가질 수 있다. 이를 방지하기 위해 노출 빈도와 기간을 세밀하게 조정하는 '프리퀀시 캡핑(Frequency Capping)' 전략이 중요하다. 또한 구매가 이미 완료된 고객에게 동일한 제품 광고를 계속 보여주는 실수는 피해야 한다. 이를 위해서는 고객 행동 데이터를 정교하게 분류하고 관리해야 한다.

리타깃팅 광고 전략의 본질은 '관심을 행동으로 바꾸는 것'이다. 이미 브랜드와 연결된 소비자에게 적절한 메시지와 시점으로 다가간다면, 신규 고객 확보보다 훨씬 낮은 비용으로 매출을 극대화할 수 있다.

유튜브 마케팅의 가능성

유튜브는 전 세계에서 가장 강력한 동영상 플랫폼이자, 마케팅 채널로서 무궁무진한 가능성을 지니고 있다. 매달 수십억 명의 사용자가 접속하며, 검색엔진으로서도 구글에 이어 두 번째로 많이 활용되고 있다. 이는 곧 유튜브가, 브랜드가 소비자와 직접 소통하고 관계를 형성할 수 있는 핵심 무대임을 의미한다.

유튜브 마케팅의 가장 큰 장점은 시각적·청각적 요소를 동시에 활용할 수 있다는 점이다. 짧은 광고 문구나 이미지보다 영상은 스토리텔링과 감정 전달에 훨씬 효과적이다. 브랜드는 제품 기능을 단순히 설명하는 데 그치지 않고, 사용 장면, 고객 경험, 브랜드 철학까지 생생하게 보여줄 수 있다. 이는 소비자가 브랜드를 더 깊이 이해하고 신뢰하게 만드는 강력한 수단이 된다.

또한 유튜브는 정교한 타깃팅 기능을 제공한다. 연령, 성별, 지역, 관심사, 시청 패턴 등을 기반으로 광고를 노출할 수 있어 효율적인 집행이 가능하다. 예를 들어, 게임 광고는 게임 관련 콘텐츠를 주로 시청하는 이용자에게, 뷰티 제품은 화장법 영상을 즐겨 보는 사용자에게 집중적으로 노출된다. 이는 전통 매체 광고와 비교할 수 없을 정도로 정밀한 접근이다.

유튜브 마케팅의 또 다른 가능성은 크리에이터와의 협업이다. 인플루언서 마케팅이 활발해진 지금, 유튜브 크리에이터는 브랜드와 소비자 사이의 신뢰를 매개하는 중요한 역할을 한다. 기업은 크리에이터의 채널을 통해 자연스럽게 제품을 소개하거나 협찬 콘텐츠를 제작할 수 있다. 이는 전통적인 광고보다 덜 부담스럽고, 소비자가 신뢰하는 목소리를 통해 메시지가 전달되기 때문에 높은 효과를 기대할 수 있다.

브랜드 자체 채널 운영 또한 중요한 전략이다. 제품 리뷰, 튜토리얼, 비하인드 스토리, 캠페인 영상 등 다양한 콘텐츠를 제작해 장기적으로 고객과 소통할 수 있다. 꾸준히 채널을 관리하면 광고비에 의존하지 않고도 충성도 높은 구독자를 확보할 수 있으며, 이는 브랜드 자산으로 이어진다. 특히 '검색형 콘텐츠'를 제작하면 사용자가 직접 필요에 따라 찾아보게 되므로 지속적인 유입이 가능하다.

유튜브 마케팅은 치열한 경쟁 속에서 차별화된 콘텐츠를 만들어야 한다는 과제가 있다. 스토리텔링, 공감, 유용한 정보 제공 등 소비자가 자발적으로 시청하고 공유하고 싶어지는 콘텐츠가 필요하다. 또한 알고리즘에 최적화된 제목, 설명, 태그 등 검색 친화적인 요소도 중요한 전략적 포인트다.

버거킹
Whopper Detour

93

2018년, 버거킹(Burger King)은 미국 전역에서 화제의 중심에 섰다. 그들은 경쟁사 맥도날드의 강력한 브랜드 벽을 정면으로 깨뜨릴 놀라운 한 수를 내놓았다. 그 이름은 "Whopper Detour(와퍼 디투어)", 즉 '와퍼를 향한 우회로' 캠페인이었다.

캠페인의 구조는 단순하면서도 천재적이었다. 버거킹 모바일 앱을 설치한 고객이 맥도날드 매장 반경 180m 이내에 들어오면, 앱에서 단돈 1센트(약 13원)에 와퍼를 주문할 수 있게 만든 것이다. 단, 주문한 와퍼는 가까운 버거킹 매장에서만 픽업 가능했다. 즉, 고객이 맥도날드 주차장에 앉아 버거킹 앱으로 와퍼를 주문하도록 유도한 것이다.

이 도발적이고 유쾌한 전략은 소비자들의 호기심을 자극했다. 사람들은 재미 삼아 맥도날드 매장 근처에서 앱을 켜보았고, 순식간에 SNS에는 "맥도날드 앞에서 버거킹 주문 중"이라는 인증샷이 폭발적으로 퍼졌다. 버거킹은 이 과정을 소비자 참여형 놀이(Interactive Fun)로 만들었다. 결국 소비자는 단순히 할인받은 것이 아니라, 브랜드의 유머와 대담함을 직접 체험하게 되었다.

이 캠페인의 진정한 혁신은 기술과 스토리의 결합에 있었다. '경쟁사 매장 근처에서만 주문 가능'이라는 역설적 제약(Paradox Constraint)을 통해 유머와 게임성을 부여했다. 이 작은 반전이 소비자에게 강렬한 인지적 즐거움을 선사했고, 결과적으로 버거킹의 디지털 전환을 가속시켰다.

캠페인은 엄청난 성공을 거뒀다. 앱 다운로드 수는 단 9일 만에 150만 건을 돌파했고, 버거킹 앱은 미국 앱스토어 1위에 올랐다. 매출도 37% 이상 급상승하며, 디지털 채널을 통한 주문 비중이 급격히 늘었다. 무엇보다도 이 캠페인은 버거킹이 가진 '도발적 브랜드 캐릭터'를 완벽히 강화했다. 즉, '재치 있게 규칙을 깨는 브랜드'로 인식되었다.

광고업계는 "Whopper Detour"를 위치 기반 마케팅(Geo-targeted Marketing)의 혁신 사례로 평가했다. 버거킹은 기술을 차갑게 사용하지 않았다. 대신, 유머와 반전의 감정을 입혀 브랜드 경험으로 승화시켰다.

광고 문구처럼,
"Where is the nearest McDonald's? That's where the fun begins."
(가장 가까운 맥도날드는 어디인가? 재미는 거기서부터 시작된다.)
그 한 문장이 바로, 버거킹이 세상을 웃기며 고객을 사로잡은 마케팅의 본질이었다.

콘텐츠 SEO 전략

콘텐츠 SEO 전략은 사용자에게 유용한 정보를 제공하면서 동시에 검색 알고리즘에 적합한 구조를 갖추는 것을 의미한다. 이는 온라인 마케팅에서 브랜드 인지도를 높이고, 지속적인 유입을 확보하는 핵심 방법으로 자리 잡았다.

첫 번째 단계는 키워드 리서치다. 사용자가 실제로 어떤 검색어를 통해 정보를 탐색하는지 파악하는 과정으로, 콘텐츠 방향을 정하는 출발점이 된다. 예를 들어 '스킨케어'라는 광범위한 키워드보다는 '민감성 피부용 스킨케어 루틴' 같은 구체적 키워드가 전환율 측면에서 더 효과적이다. 이렇게 롱테일 키워드를 활용하면 경쟁을 피하면서도 사용자의 세밀한 요구를 충족할 수 있다.

두 번째는 콘텐츠의 구조화다. 검색엔진은 명확한 제목, 부제목, 문단 구성을 선호한다. 따라서 태그를 활용해 계층적으로 글을 정리하고, 핵심 키워드를 자연스럽게 포함해야 한다. 또한 글의 초반부에 중요한 정보를 배치하고, 구체적인 사례와 데이터로 신뢰도를 높이는 것이 중요하다.

세 번째는 멀티미디어 요소의 활용이다. 이미지, 동영상, 인포그래픽은 독자의 체류 시간을 늘리고, 이는 곧 검색엔진에 긍정적 신호로 작용한다. 이미지에는 대체 텍스트(alt text)를 삽입해 검색엔진이 내용을 이해하도록 하고, 영상은 적절한 설명과 함께 삽입해 콘텐츠의 풍부함을 강화한다.

네 번째는 내부 링크와 외부 링크 전략이다. 내부 링크는 사이트 내 다른 페이지로 독자를 안내해 체류 시간을 늘리고, 사이트 구조의 일관성을 높인다. 외부 링크는 신뢰할 수 있는 자료나 기관을 인용해 콘텐츠의 신뢰성을 높이는 데 효과적이다.

다섯 번째는 사용자 경험(UX)이다. 검색엔진은 사용자가 콘텐츠를 얼마나 오래 소비하는지, 다시 방문하는지 등을 함께 평가한다. 따라서 모바일 친화적인 디자인, 빠른 로딩 속도, 가독성 높은 레이아웃은 SEO 전략에서 필수 조건이 된다.

마지막으로 지속적인 업데이트가 필요하다. 검색 트렌드는 변하고 경쟁 콘텐츠는 늘어나기 때문에, 기존 글을 최신 정보와 키워드로 보완하는 작업이 중요하다. 이는 검색엔진이 해당 페이지를 '활성화된 콘텐츠'로 인식하게 만들어 순위를 유지하거나 상승시키는 데 기여한다.

키워드 분석과 활용

디지털 마케팅에서 키워드는 소비자의 관심과 행동을 가장 직접적으로 드러내는 단서다. 사용자가 검색창에 입력하는 단어는 그 순간의 욕구와 의도를 담고 있다. 따라서 키워드 분석은 효과적인 마케팅 전략 수립의 출발점이자, 콘텐츠 기획과 광고 집행의 핵심 도구로 활용된다.

첫 번째 단계는 키워드 리서치다. 이는 소비자가 실제로 어떤 단어를 사용해 정보를 찾는지 확인하는 과정이다. 구글 키워드 플래너, 네이버 데이터랩, SEMrush 같은 도구를 통해 검색량, 경쟁 강도, 관련 키워드를 분석할 수 있다. 이때 중요한 것은 자사 제품이나 서비스와 얼마나 밀접하게 연결되는가다. 예를 들어, '운동화'보다 '여름용 러닝화 추천'이 구매 의도를 더 구체적으로 반영할 수 있다.

두 번째는 키워드의 유형 구분이다. 일반적으로 키워드는 짧고 범용적인 '헤드 키워드', 약간 더 구체적인 '미들 키워드', 그리고 길고 세밀한 '롱테일 키워드'로 나눌 수 있다. 헤드 키워드는 검색량이 많지만 경쟁이 치열하고, 롱테일 키워드는 검색량은 적더라도 전환율이 높은 경우가 많다. 따라서 세 가지를 균형 있게 조합하는 전략이 필요하다.

세 번째는 콘텐츠와 광고에 키워드를 적절히 배치하는 일이다. 콘텐츠 작성 시 제목, 부제목, 본문 초반, 이미지 대체 텍스트 등 핵심 위치에 키워드를 자연스럽게 포함해야 한다. 그러나 과도하게 반복하면 오히려 가독성이 떨어지고, 검색엔진에서도 스팸성 콘텐츠로 평가될 수 있다. 광고 집행에서는 키워드를 기반으로 타깃을 설정하고, 광고 문구와 랜딩 페이지의 일관성을 유지하는 것이 전환율 향상에 중요하다.

네 번째는 소비자 여정과의 연결이다. 키워드는 단순히 검색량의 문제가 아니라, 고객이 구매를 고민하는 단계와 맞물려야 한다. 예를 들어, '노트북 종류'라는 키워드는 탐색 단계에 해당하고, '노트북 가성비 추천'은 비교 단계, '맥북 에어 M3 최저가'는 구매 단계다. 각 단계별로 적절한 키워드를 활용하면 소비자 여정을 따라가는 콘텐츠 전략을 세울 수 있다.

다섯 번째는 지속적인 모니터링과 개선이다. 검색 트렌드는 빠르게 변하기 때문에 한 번 설정한 키워드에만 의존하면 금세 효과가 떨어진다. 정기적으로 데이터를 확인하고, 새로운 키워드를 발굴하며, 기존 콘텐츠를 업데이트해야 한다. 특히 계절이나 사회적 이슈에 따라 단기간 급등하는 키워드를 활용하면 기민하게 트래픽을 확보할 수 있다.

어떤 단어를 선택하고 어떻게 배치하느냐에 따라 노출 결과와 전환율은 크게 달라진다.

링크 빌딩의 힘

링크 빌딩(Link Building)은 다른 웹사이트에서 자사 사이트로 연결되는 링크를 확보하는 전략으로, 검색엔진 최적화(SEO)의 핵심 요소 중 하나다. 검색엔진은 외부 링크를 '신뢰와 권위의 신호'로 해석하기 때문에, 얼마나 많은 사이트가 특정 웹페이지를 언급하고 연결하는지가 검색 순위에 큰 영향을 미친다.

링크 빌딩의 힘은 권위성 확보에서 드러난다. 예를 들어, 유명 언론사나 학술 기관 사이트가 특정 브랜드의 콘텐츠를 인용하며 링크를 건다면, 해당 페이지는 단순한 블로그 글을 넘어 신뢰할 만한 정보로 평가된다. 이는 검색 결과에서 상위에 노출될 가능성을 높이며, 동시에 사용자에게도 긍정적인 인식을 심어준다. 결국 링크는 단순한 방문 경로가 아니라 '신뢰의 보증서' 역할을 한다.

또 다른 힘은 지속적인 트래픽 유입이다. 광고는 예산이 소진되면 중단되지만, 링크는 장기적으로 새로운 방문자를 끌어들이는 자산으로 남는다. 예를 들어, 인기 있는 커뮤니티나 전문 블로그에 걸린 링크는 수년간 꾸준히 유입을 발생시킬 수 있다. 이는 브랜드 인지도와 전환율을 동시에 높이는 효과를 낳는다.

링크 빌딩 전략은 다양하다. 우선, 콘텐츠 마케팅을 통해 자연스럽게 링크를 얻는 방식이 있다. 데이터 리포트, 인포그래픽, 가이드북 같은 유용한 자료를 제작하면 다른 사이트에서 자발적으로 인용하며 링크를 건다. 두 번째는 게스트 포스팅이다. 외부 블로그나 매체에 기고하면서 자신의 사이트를 연결하는 방식이다. 세 번째는 관계 구축이다. 업계 인플루언서, 협력 파트너와의 네트워크를 활용해 상호 링크를 교류하는 것이다.

물론 주의할 점도 있다. 무분별하게 링크를 구매하거나, 품질이 낮은 사이트에서 과도한 링크를 확보하면 오히려 검색엔진의 제재를 받을 수 있다. 구글은 인위적인 링크 조작을 엄격히 감시하며, 품질이 낮은 백링크는 오히려 순위 하락을 초래할 수 있다. 따라서 중요한 것은 링크의 '양'이 아니라 '질'이다. 신뢰할 수 있는 사이트, 주제와 관련성 높은 사이트에서 획득한 링크가 가장 큰 가치를 가진다.

최근에는 링크 빌딩이 브랜드 PR과 콘텐츠 전략의 일부로 확장되고 있다. 좋은 링크를 얻기 위해서는 우선 좋은 콘텐츠와 신뢰할 만한 브랜드 이미지를 구축해야 하기 때문이다. 이는 결국 소비자에게 가치를 주는 활동과 직결된다.

블로그 마케팅

블로그 마케팅은 브랜드가 소비자와 신뢰 관계를 맺고, 장기적인 디지털 자산을 구축하는 효과적인 전략이다. SNS가 빠른 확산과 즉각적인 반응에 강점을 가진다면, 블로그는 깊이 있는 콘텐츠와 검색 기반 노출을 통해 꾸준한 유입을 확보할 수 있다. 특히 검색엔진에서 상위 노출되는 블로그 글은 소비자가 필요할 때 직접 찾아 들어오기 때문에 구매 전환 가능성이 높다.

블로그 마케팅의 가장 큰 힘은 콘텐츠의 지속성이다. 한번 작성한 글은 장기간 검색 결과에 남아 새로운 독자를 끌어들인다. 광고처럼 예산이 소진되면 중단되는 것이 아니라, 꾸준히 브랜드 인지도를 높이고 신뢰를 쌓는 역할을 한다. 예를 들어, 특정 제품 사용법이나 업계 트렌드에 대한 블로그 포스팅은 시간이 지나도 소비자에게 유용한 정보로 남아 트래픽을 발생시킨다.

또한 블로그는 브랜드의 전문성을 보여주는 창구다. 단순히 제품을 홍보하는 것이 아니라, 문제 해결 방법, 팁, 사례 연구 등을 제공하면 소비자는 해당 브랜드를 전문가로 인식한다. 이 과정에서 브랜드는 자연스럽게 신뢰를 얻고, 소비자가 의사결정 단계에 도달했을 때 우선적으로 선택될 가능성이 높아진다.

블로그 마케팅은 SEO와의 결합에서 진가를 발휘한다. 키워드 분석을 통해 소비자가 자주 검색하는 주제를 파악하고, 이를 중심으로 글을 작성하면 검색엔진 상위 노출을 노릴 수 있다. 제목, 소제목, 본문 구조에 키워드를 자연스럽게 배치하고, 내부 링크와 외부 링크를 적절히 활용하면 콘텐츠의 신뢰도가 더욱 높아진다. 이미지와 영상, 인포그래픽 같은 멀티미디어 요소를 활용하면 체류 시간을 늘려 검색엔진 평가에도 긍정적인 신호를 보낼 수 있다.

블로그 마케팅의 또 다른 장점은 스토리텔링이다. 제품의 기능만 강조하는 대신, 브랜드가 추구하는 가치와 철학, 실제 고객의 경험을 담아내면 소비자는 감정적으로 공감한다. 이는 단순히 정보를 제공하는 수준을 넘어, 브랜드와 독자 사이의 관계를 강화하는 효과를 만든다.

그러나 블로그 마케팅은 단기간 성과를 기대하기 어렵다. 검색 노출과 신뢰 형성에는 시간이 필요하기 때문이다. 따라서 꾸준한 콘텐츠 발행과 체계적인 관리가 중요하다. 또한 과도한 상업적 홍보는 독자에게 거부감을 줄 수 있으므로, 유용한 정보와 브랜드 메시지의 균형을 맞추는 것이 핵심이다.

장기적인 브랜드 전략 속에서 블로그를 운영하면 꾸준한 트래픽, 높은 전환율, 충성도 높은 고객층을 확보할 수 있다.

퍼포먼스 마케팅의 핵심

퍼포먼스 마케팅은 말 그대로 성과(Performance)를 기준으로 운영되는 마케팅 방식이다. 브랜드 인지도 제고를 목표로 하는 전통적 광고와 달리, 퍼포먼스 마케팅은 클릭 수, 전환율, 구매액, ROAS(Return On Ad Spend) 등 명확한 지표를 기반으로 성과를 측정한다. 즉 "얼마를 투자해 얼마를 벌었는가"가 중심 질문이 되며, 디지털 환경에서 빠르게 확산된 마케팅 패러다임이다.

퍼포먼스 마케팅의 핵심은 데이터 기반 의사결정이다. 광고를 집행하고 노출 수만 확인하는 것이 아니라, 고객의 행동 데이터를 실시간으로 분석해 성과를 평가하고 개선한다. 예를 들어, 특정 광고 카피가 클릭률은 높지만 구매 전환으로 이어지지 않는다면, 메시지를 수정하거나 타깃팅을 재조정한다. 이처럼 데이터를 즉각 반영하는 과정에서 효율이 극대화된다.

두 번째 핵심은 정교한 타깃팅이다. 퍼포먼스 마케팅은 불특정 다수를 대상으로 하지 않는다. 성별, 연령, 지역은 물론 관심사, 검색 이력, 행동 패턴까지 분석해 전환 가능성이 높은 집단에게 광고를 집중한다. 이는 예산 낭비를 줄이고, 한정된 자원으로 최대 성과를 내는 기반이 된다. 특히 소셜미디어와 검색광고 플랫폼은 강력한 타깃팅 도구를 제공하기 때문에, 퍼포먼스 마케팅의 핵심 무대가 되고 있다.

세 번째는 A/B 테스트와 최적화다. 어떤 이미지, 어떤 카피, 어떤 랜딩 페이지가 더 효과적인지는 실제 실험을 통해 검증해야 한다. 퍼포먼스 마케팅에서는 작은 요소 하나가 결과를 크게 좌우할 수 있다. 버튼 색상, 문구 위치, 영상 길이 같은 세밀한 요소를 비교하며 최적화하는 과정이 성과 향상으로 이어진다.

네 번째는 지속적인 학습과 자동화다. 광고 캠페인은 한 번 세팅했다고 끝나는 것이 아니라, 시장 반응에 따라 끊임없이 조정해야 한다. 최근에는 인공지능 기반 자동 입찰, 예측 분석, 맞춤형 추천 알고리즘이 도입되며 퍼포먼스 마케팅은 더 정교해지고 있다. 이는 마케터가 단순 집행자에서 전략적 분석가로 역할을 확장하게 만든다.

퍼포먼스 마케팅의 또 다른 강점은 투명성이다. 전통적 광고는 성과를 정확히 측정하기 어려웠지만, 디지털 환경에서는 투자와 성과가 수치로 명확히 드러난다. 이는 경영진 설득에도 유리하며, 한정된 예산을 운영해야 하는 스타트업이나 중소기업에게 특히 효과적이다.

KPI 설정과 관리

KPI(Key Performance Indicator)는 조직이나 마케팅 활동의 성과를 측정하기 위해 설정하는 핵심 지표다. 수치를 나열하는 것이 아니라, 목표 달성 여부를 판단하고 전략을 조정하는 기준이 되기 때문에 기업 운영 전반에서 중요한 역할을 한다. 특히 디지털 마케팅 환경에서는 방대한 데이터를 기반으로 다양한 지표가 나오기 때문에, 어떤 수치를 KPI로 삼을지 명확히 정의하는 과정이 필요하다.

KPI 설정에서 가장 먼저 고려해야 할 점은 목표와의 일관성이다. 예를 들어 브랜드 인지도를 높이는 것이 목표라면 '웹사이트 방문자 수', 'SNS 팔로워 증가율', '동영상 조회 수' 같은 지표가 적합하다. 반대로 매출 확대가 핵심이라면 '전환율', '객단가(ARPU)', '광고 투자 대비 수익(ROAS)'이 더 유효하다. 목표와 무관한 지표를 KPI로 삼으면 활동의 성과를 정확히 측정할 수 없고, 조직의 자원도 분산된다.

두 번째는 측정 가능성과 구체성이다. 추상적인 표현은 KPI가 될 수 없다. 예를 들어 '고객 만족도를 높인다'라는 목표는 애매하다. 대신 '고객 만족도 조사에서 80점 이상 달성'처럼 수치로 측정 가능한 형태로 구체화해야 한다. 그래야만 실행 여부와 성과를 객관적으로 평가할 수 있다.

세 번째는 적정한 수의 KPI 선정이다. 너무 많은 지표를 관리하면 핵심 성과가 흐려지고 관리 부담만 커진다. 일반적으로 한 캠페인이나 프로젝트당 3~5개 정도의 KPI를 설정하는 것이 효과적이다. 이를 통해 팀이 같은 방향을 바라보고, 자원을 효율적으로 집중할 수 있다.

KPI 관리에서 중요한 것은 지속적인 모니터링과 피드백이다. 한 번 설정했다고 그대로 두는 것이 아니라, 정기적으로 수치를 점검하고 목표 대비 성과를 확인해야 한다. 예를 들어, 월 단위로 KPI 달성 현황을 리뷰하고, 미흡한 부분은 개선 전략을 마련한다. 또한 KPI는 시장 상황, 소비자 행동, 내부 자원 변화에 따라 조정될 수 있어야 한다. 고정된 숫자가 아니라 유연하게 변하는 목표 지점이라는 인식이 필요하다.

디지털 마케팅에서는 KPI를 관리하기 위해 구글 애널리틱스, 광고 관리자, CRM 시스템 같은 도구를 적극적으로 활용한다. 이를 통해 데이터를 시각화하고, 팀원들과 공유하며 협업할 수 있다.

KPI는 성과 측정 지표를 넘어, 조직 문화를 이끄는 도구라는 점을 기억해야 한다. 잘 설정된 KPI는 팀원들에게 명확한 방향성을 제시하고, 동기부여를 강화한다.

ROI 계산하기

ROI(Return On Investment)는 투자 대비 수익률을 의미하며, 마케팅 활동의 효율성을 평가하는 대표적인 지표다. 기업은 한정된 자원을 투입해 최대의 성과를 얻어야 하므로, ROI 계산은 재무 지표를 넘어 의사결정의 기준이 된다. 광고, 프로모션, 콘텐츠 제작 등 다양한 마케팅 활동에서 '얼마를 쓰고, 얼마를 벌었는가'를 명확히 측정할 수 있어야 한다.

ROI의 기본 공식은 간단하다.

ROI = (순이익 ÷ 투자비용) × 100

예를 들어, 광고 캠페인에 1,000만 원을 투자해 1,500만 원의 매출이 발생하고, 원가와 운영비를 제외한 순이익이 300만 원이라면 ROI는 (300만 원 ÷ 1,000만 원) × 100 = 30%가 된다. 즉, 100원을 투자해 30원을 벌어들였다는 의미다.

그러나 마케팅 ROI는 단순한 계산 이상을 요구한다. 첫째, 투자 비용 범위를 명확히 해야 한다. 광고비뿐만 아니라, 콘텐츠 제작비, 인건비, 시스템 운영비 등 직·간접 비용까지 포함해야 정확한 계산이 가능하다. 둘째, 성과의 정의를 구체화해야 한다. 매출 증대뿐 아니라 신규 고객 수, 고객 유지율, 브랜드 인지도 상승 등 다양한 목표가 ROI 평가 항목이 될 수 있다.

ROI 계산에서 흔히 발생하는 오류는 단기적 수익에만 집중하는 것이다. 예를 들어, 브랜드 캠페인은 당장의 매출 효과가 미미할 수 있지만, 장기적으로 고객 충성도와 인지도 확산을 통해 더 큰 성과를 만든다. 따라서 ROI를 평가할 때는 단기 성과와 장기 효과를 균형 있게 바라봐야 한다.

디지털 마케팅에서는 ROI 측정이 더욱 정교해졌다. 구글 애널리틱스, 페이스북 애즈 매니저 등 분석 툴을 통해 클릭률(CTR), 전환율(CVR), 고객 획득 비용(CAC), 고객 생애가치(LTV) 같은 세부 지표를 추적할 수 있다. 예를 들어, 신규 고객을 확보하는 데 5만 원이 들었지만, 해당 고객이 1년간 평균 20만 원을 소비한다면 ROI는 단순 광고 성과 이상으로 긍정적이라고 평가할 수 있다.

마케터가 ROI를 정확히 계산하고 해석할 때, 단기적 성과와 장기적 성장을 동시에 이끌어낼 수 있다.

구독 경제와 마케팅

구독 경제(subscription economy)는 일정 금액을 정기적으로 지불하고 제품이나 서비스를 지속적으로 이용하는 모델을 뜻한다. 넷플릭스, 스포티파이 같은 콘텐츠 플랫폼에서 시작된 구독 모델은 이제 식품, 패션, 뷰티, 자동차, 심지어 소프트웨어와 산업재까지 확산되었다. 소비자가 '소유'보다 '사용 경험'을 중시하게 되면서 구독 경제는 새로운 생활 방식이자 비즈니스 패러다임으로 자리 잡았다.

마케팅 측면에서 구독 경제의 핵심은 장기적인 고객 관계 형성이다. 전통적 판매가 한 번의 거래에 초점을 맞췄다면, 구독 모델은 고객과의 관계를 지속적으로 유지하는 데 가치를 둔다. 따라서 마케터는 단기적인 판매 촉진보다는 고객 유지율을 높이고, 이탈을 줄이는 전략을 세워야 한다. 예를 들어, 뷰티 브랜드의 정기배송 서비스는 신제품 체험 키트를 함께 제공하며 고객의 호기심을 지속적으로 자극한다.

구독 모델은 예측 가능한 수익 구조라는 장점도 가진다. 기업은 매달 혹은 매년 반복되는 매출을 확보함으로써 안정적인 성장 기반을 마련할 수 있다. 이는 투자자에게도 매력적인 지표로 작용하며, 장기적 브랜드 전략을 가능하게 한다. 그러나 동시에 소비자는 선택지가 늘어나면서 더 까다롭게 구독 서비스를 평가한다. 따라서 마케팅은 단순히 저렴한 가격 제안에 머물지 않고, 지속적 가치 제공을 설계해야 한다.

구독 경제에서 마케팅 전략은 크게 세 가지로 요약된다. 첫째, 온보딩 경험 최적화다. 소비자가 처음 구독을 시작하는 순간, 서비스의 가치를 즉각적으로 체감하게 해야 한다. 둘째, 개인화된 경험 제공이다. 데이터 분석을 통해 고객의 취향과 행동을 반영한 맞춤형 콘텐츠나 상품 추천은 충성도를 높인다. 셋째, 커뮤니티 구축이다. 구독자는 단순한 고객이 아니라, 브랜드와 긴밀히 연결된 집단으로 발전할 수 있다. 예를 들어, 피트니스 앱은 사용자들이 서로 성과를 공유할 수 있는 커뮤니티 기능을 통해 서비스의 지속 사용을 유도한다.

구독 경제와 마케팅은 '지속적 경험 제공'이라는 공통된 원리를 공유한다. 소비자가 매달 지불하는 금액보다 더 큰 가치를 얻는다고 느낄 때, 구독은 거래를 넘어 생활의 일부가 된다. 브랜드가 이를 성공적으로 설계한다면, 구독 경제는 안정적인 매출원뿐 아니라 고객과 깊은 신뢰 관계를 맺는 가장 강력한 도구가 될 수 있다.

"구독은 모든 산업의 비즈니스 모델에 영향을 미치는 새로운 경제의 핵심이다."
— 티엔 추오 (미국 기업인)

토요타
Hybrid Synergy Drive

102

2000년대 초, 자동차 시장은 '속도와 성능'이 모든 경쟁의 기준이었다. 그러나 토요타(Toyota)는 완전히 다른 방향을 택했다. 그들은 마케팅의 초점을 '힘'이 아닌 '조화(Harmony)'로 옮겼다. 그 핵심이 바로 Hybrid Synergy Drive(하이브리드 시너지 드라이브) 캠페인이었다.

토요타는 1997년 세계 최초의 양산형 하이브리드카 '프리우스(Prius)'를 선보였다. 하지만 초기에는 '엔진 두 개 달린 이상한 차'라는 냉소도 많았다. 토요타는 기술적 우수성을 설명하기보다, 환경과 인간의 공존이라는 철학으로 방향을 틀었다. "세상을 움직이는 것은 단지 연료가 아니다. 우리의 책임이다." 이 한 문장은 기술을 인간적인 언어로 번역한 마케팅의 시작이었다.

'Hybrid Synergy Drive'는 토요타의 브랜드 정신을 담은 상징이었다. 토요타는 하이브리드 기술을 '자연과 기술의 협력'으로 묘사하며, 차를 지속가능한 이동수단(Sustainable Mobility)으로 재정의했다. 광고 영상 속 푸른 들판, 도시의 바람, 조용히 흐르는 엔진 소리는 "조용하지만 강한 혁신"이라는 브랜드 메시지를 전했다.

이 캠페인의 성공 요인은 기술의 감성화(Emotionalizing Technology)였다. 토요타는 '연비'나 '토크' 같은 기술 용어를 나열하지 않았다. 대신 "아이의 숨소리만큼 조용한 차", "지구를 생각하는 엔진" 같은 감성 언어를 사용했다. 소비자는 기술적 설명보다 '미래를 위한 책임감'을 느꼈고, 토요타는 '친환경 브랜드'의 대명사로 자리 잡았다.

이 전략은 시대를 앞섰다. 기후 변화와 탄소 중립이 글로벌 화두가 되기 훨씬 전부터, 토요타는 '지속가능한 혁신'을 브랜드의 핵심 가치로 삼았다. 이는 기업의 정체성으로 발전했다. '하이브리드 시너지 드라이브'는 이후 모든 토요타 하이브리드 모델의 중심 개념이 되었고, 브랜드 전체의 기술 철학을 대표하는 이름으로 자리했다.

결과는 놀라웠다. 프리우스는 전 세계 누적 판매 500만 대를 돌파하며 '환경 친화적 자동차'의 대명사가 되었고, 토요타는 기술 신뢰도와 브랜드 이미지 모두에서 압도적인 1위를 차지했다. 소비자들은 "토요타를 사는 일은 환경을 지지하는 행동"으로 인식하기 시작했다. 이 캠페인은 자동차 산업의 마케팅 언어를 바꾸었다. '힘'과 '속도' 대신, '조화'와 '책임'을 말하는 브랜드가 시장을 주도하게 된 것이다. 토요타는 윤리적 가치(Ethical Value)를 판매했고, 그 가치는 곧 신뢰로 이어졌다.

밈과 마케팅의 결합

밈(Meme)은 인터넷과 소셜미디어를 통해 급속도로 퍼지는 이미지, 영상, 문구, 유행어 등을 의미한다. 유머 코드로 시작되지만, 대중의 공감을 얻으면 순식간에 확산되며 하나의 문화 현상으로 자리 잡는다. 마케팅 관점에서 밈은 소비자의 참여와 자발적 공유를 이끌어내는 강력한 도구로, 특히 MZ세대를 공략하는 데 효과적이다.

밈 마케팅의 가장 큰 힘은 참여성과 확산성에 있다. 소비자는 광고를 보는 수동적 존재가 아니라, 밈을 재해석하고 변형해 공유하면서 콘텐츠 생산자가 된다. 예를 들어 한 브랜드가 밈 요소를 활용한 광고를 내놓으면, 소비자는 자신의 방식으로 패러디하거나 응용하며 확산에 기여한다. 이 과정에서 브랜드 메시지는 자연스럽게 퍼지고, 광고비 이상의 파급력을 얻게 된다.

또한 밈은 친근한 소통 도구다. 전통적인 광고가 때로는 딱딱하고 멀게 느껴지는 반면, 밈은 소비자의 일상 언어와 코드 속에서 활용된다. 예컨대, 어떤 브랜드가 최신 유행 밈을 적절히 차용하면 "우리 브랜드도 나와 같은 세계관을 공유한다"는 친근감을 줄 수 있다. 이는 젊은 소비자에게 브랜드를 판매자가 아닌 '같이 노는 친구'로 인식하게 만든다.

밈 마케팅의 성공 사례는 다양하다. 한 글로벌 패스트푸드 브랜드는 자사 제품을 패러디하는 밈을 적극적으로 수용해 공식 계정에 공유하며 화제를 모았다. 오히려 소비자들이 자발적으로 만든 콘텐츠가 새로운 광고 캠페인으로 발전한 셈이다. 이처럼 밈은 기업이 직접 제작하지 않아도 소비자가 만들어주는 무료 광고가 될 수 있다.

그러나 밈 마케팅은 양날의 검이다. 잘못 사용하면 억지스럽고 어색하게 느껴져 '밈을 모르는 브랜드'라는 부정적 인상을 줄 수 있다. 특히 밈은 빠르게 변하고, 특정 맥락 속에서만 재미를 가지는 경우가 많아 시대착오적 사용은 오히려 역효과를 낸다.

또한 밈에는 윤리적 고려도 필요하다. 어떤 밈은 특정 집단을 희화화하거나 부정적 의미를 담고 있을 수 있다. 이를 무분별하게 차용하면 브랜드 이미지에 치명적 손실을 입을 수 있다. 따라서 밈을 마케팅에 활용할 때는 반드시 문화적 맥락을 분석하고, 긍정적인 요소만을 선별해 사용하는 신중함이 요구된다.

밈과 마케팅의 결합은 결국 소비자와 같은 언어를 사용하는 전략이다. 유행을 빠르게 포착하고, 자연스럽게 녹여낸 콘텐츠는 소비자의 공감을 얻어 자발적 확산을 이끌어낸다.

레트로 마케팅

레트로 마케팅은 과거의 감성을 현대적으로 재해석해 소비자의 관심과 향수를 불러일으키는 전략이다. 이는 특정 시대가 지닌 문화적 코드와 정서를 현재의 트렌드와 연결해 새로운 가치를 창출하는 방식이다. 아날로그 감성에 익숙한 세대에게는 향수를, 젊은 세대에게는 신선함을 제공한다는 점에서 효과적이다.

레트로 마케팅의 핵심은 감정적 연결이다. 사람들은 과거의 경험이나 기억에 따뜻한 감정을 품고 있으며, 이는 구매 행동에도 큰 영향을 미친다. 예를 들어, 1980~1990년대에 유행했던 패션이나 디자인을 재현하면, 당시를 경험했던 세대는 추억을 떠올리며 친근함을 느끼고, 젊은 세대는 새롭고 독특한 스타일로 받아들인다. 이처럼 레트로는 세대를 아우르는 공감대를 형성한다.

대표적인 사례로는 패션 브랜드의 복각 제품이나, 음료·과자의 옛날 패키지를 그대로 재출시하는 캠페인이 있다. 한 글로벌 스포츠 브랜드는 90년대 농구화 라인을 다시 선보이며 큰 인기를 끌었고, 국내에서는 추억의 과자를 옛 패키지 그대로 재출시해 'SNS 인증 열풍'을 만들어냈다. 소비자는 제품을 구매하는 것이 아니라, 그 시대의 분위기와 자신만의 추억을 함께 소비하는 셈이다.

레트로 마케팅은 스토리텔링과도 밀접하다. 옛날 디자인을 차용하는 것으로 끝이 아니라, 그 시대와 연결된 이야기를 덧붙이면 효과가 배가된다. 예를 들어, 특정 브랜드가 1970년대 광고 문구를 재해석해 캠페인에 활용한다면, 소비자는 역사와 전통을 경험하게 된다.

또한 레트로는 디지털 문화와 결합하며 새로운 형태로 확장되고 있다. 게임, 음악, 영상 등 과거의 콘텐츠를 디지털화해 재유통하거나, SNS 필터와 이모티콘으로 재창조하는 방식이다. 이는 젊은 세대가 과거 문화를 직접 경험하지 않았음에도, 새로운 놀이로 소비하게 만든다. 특히 유튜브, 틱톡 같은 플랫폼에서 레트로풍 챌린지와 밈이 확산되며 브랜드는 자연스럽게 참여형 마케팅 효과를 얻는다.

레트로 마케팅의 본질은 과거의 가치를 현재와 연결하는 데 있다. 추억을 불러일으키면서도 현대 소비자의 생활과 감각에 맞게 재구성할 때, 레트로는 단순한 복고가 아닌 강력한 마케팅 도구로 작동한다. 이는 결국 브랜드가 시간의 흐름을 뛰어넘어 세대와 문화를 아우르는 힘을 지니고 있음을 보여준다.

게임화 마케팅

게임화 마케팅(Gamification)은 게임의 요소와 메커니즘을 비게임 환경에 적용해 소비자의 참여와 몰입을 이끌어내는 전략이다. 오락적 요소를 더하는 것을 넘어, 경쟁심과 보상 심리를 자극해 소비자의 행동을 유도한다. 포인트 적립, 미션 달성, 랭킹 시스템, 뱃지 부여 등이 대표적인 기법으로, 재미와 성취감을 동시에 제공하는 것이 특징이다.

게임화의 가장 큰 힘은 참여 동기 부여에 있다. 소비자는 재미를 느낄 때 더 오래 머물고, 자발적으로 브랜드와 상호작용한다. 예를 들어, 커피 전문점이 스탬프 적립을 통해 일정 개수에 도달하면 무료 음료를 제공하는 방식은 게임의 '레벨 업'과 같은 보상 구조를 활용한 것이다. 소비자는 '성취 과정'을 경험하며 브랜드에 충성하게 된다.

또한 게임화는 경쟁과 사회적 공유를 통해 확산된다. 피트니스 앱은 걸음 수를 기록해 친구와 순위를 비교하거나, 목표 달성 시 배지를 제공한다. 이 과정에서 사용자는 성취를 공유하며 동기부여를 강화한다. 브랜드 입장에서는 소비자가 스스로 홍보자가 되는 효과를 얻는다.

게임화 마케팅은 데이터 수집에도 강점을 가진다. 소비자가 미션을 수행하거나 이벤트에 참여하는 과정에서 행동 데이터가 쌓이고, 이를 기반으로 맞춤형 제안과 개인화 마케팅이 가능해진다. 예를 들어, 이커머스 플랫폼이 '오늘의 퀴즈'를 제공하면서 정답자에게 포인트를 지급하면, 사용자는 재미를 느끼는 동시에 브랜드는 소비자의 관심사를 파악할 수 있다.

성공적인 게임화 마케팅은 보상 설계에 달려 있다. 보상은 반드시 소비자가 실제로 가치 있다고 느껴야 하며, 참여 난이도와 균형을 맞춰야 한다. 지나치게 어렵거나 불공정한 구조는 오히려 피로감을 주고 이탈을 초래한다. 반대로 너무 쉽게 보상을 제공하면 장기적 몰입을 유지하기 어렵다. 따라서 단계적 보상, 예상치 못한 보너스, 한정된 리워드 같은 요소가 효과적이다.

중요한 것은 게임적 요소를 브랜드 가치와 자연스럽게 연결하는 것이다. 예컨대 친환경 브랜드라면 '분리수거 인증 챌린지'를 통해 재미와 사회적 가치를 동시에 전달할 수 있다.

게임화 마케팅은 소비자 경험을 재설계하는 전략이다. 소비자가 브랜드와 상호작용하는 과정을 하나의 게임처럼 느끼게 만들고, 그 속에서 재미와 보상을 얻게 할 때 충성도는 높아진다. 결국 게임화는 '즐거움'이라는 인간의 본능적 욕구를 활용해 브랜드와 소비자의 관계를 강화하는 강력한 도구라고 할 수 있다.

싫어도 기억나는 광고

광고를 접하다 보면 "왜 이런 광고를 만들었을까?" 하고 고개를 갸웃하게 되는 경우가 있다. 지나치게 자극적이거나 유치하게 느껴져 불편한데도, 이상하게 머릿속에서 지워지지 않는다. 이것이 바로 '싫어도 기억나는 광고' 전략이다. 모든 광고가 호감만을 주는 것은 아니다. 때로는 거부감조차 강력한 기억의 장치로 작동하며, 브랜드를 각인시키는 도구가 된다.

이 전략의 출발점은 기억의 심리학이다. 인간의 뇌는 불쾌한 자극이나 이질적인 경험을 오래 기억하는 경향이 있다. 단조로운 메시지 속에서 튀는 광고는 소비자의 주의를 강제로 끌어당기고, 불편함이 곧 강력한 인상으로 남는다. 예를 들어 반복적이고 중독성 있는 멜로디, 과장된 연기나 어색한 대사 등은 순간적으로는 '촌스럽다'는 반응을 이끌지만, 시간이 지나도 잊히지 않는 효과를 낸다.

대표적인 사례가 귀에 맴도는 CM송이다. 단순한 멜로디와 반복되는 브랜드명은 소비자를 지겹게 만들지만, 매장이나 제품을 볼 때 자연스럽게 떠오른다. 이는 광고가 단순히 '좋다'는 감정보다, '잊히지 않는다'는 사실 자체로 목적을 달성했음을 보여준다. 또한 일부 광고는 고의적으로 과장되거나 파격적인 설정을 활용해 소비자들의 대화 소재가 된다. "이 광고 봤어?"라는 대화가 오가는 순간, 이미 브랜드는 입소문을 타며 확산된다.

그러나 '싫어도 기억나는 광고' 전략은 위험 요소도 크다. 지나치게 불쾌하거나 브랜드와 무관한 자극만 남으면, 소비자는 광고는 기억해도 브랜드는 떠올리지 못하는 경우가 생긴다. 심지어 부정적 이미지가 강하게 각인되어 구매를 꺼리는 역효과를 낼 수도 있다. 따라서 이 전략을 성공적으로 활용하기 위해서는 불편함과 브랜드 메시지 사이의 균형을 맞추는 것이 필수적이다.

이 전략이 효과적인 이유는 대중문화와의 결합에서도 찾을 수 있다. 때로는 어설프거나 유머러스한 광고가 인터넷 밈으로 재가공되며 새로운 생명력을 얻는다. 소비자는 광고 자체를 풍자하거나 패러디하면서 브랜드 노출을 자발적으로 확산시킨다. 이는 본래 의도하지 않았더라도 결과적으로 높은 화제성과 주목도를 만들어낸다.

'싫어도 기억나는 광고'는 역설적인 마케팅 전략이다. 호감만을 쌓는 것이 아니라, 때로는 불편함까지 전략적으로 활용해 브랜드를 각인시키는 방식이다. 물론 이는 세심한 균형 감각과 대담한 기획이 전제되어야 한다. 성공했을 때, 소비자는 브랜드를 잊지 못하고 결국 다시 떠올리게 된다.

나스
SNS 감성의 파격 마케팅

107

화장품 브랜드 나스(NARS)는 "감정을 자극하는 미학적 언어"로 소비자를 사로잡았다. 창립자 프랑수아 나스(François Nars)는 "메이크업은 자기 표현의 예술"이라고 말했다. 이 철학 아래 나스는 파격과 세련됨이 공존하는 브랜드 아이덴티티를 만들어냈다.

나스의 상징적 캠페인 중 하나는 유명한 블러셔 이름 'Orgasm(오르가즘)'이다. 1999년 출시 당시, 이 단어는 화장품 업계에서 금기시된 표현이었다. 그러나 나스는 이를 숨기지 않고, 오히려 정면으로 드러냈다. 그들은 "당신의 얼굴에 생기를 주는 감정의 색"이라는 문구와 함께 섹슈얼한 단어를 예술적 콘셉트로 재해석했다. 이 과감한 선택은 젊은 세대의 감성과 완벽히 맞아떨어졌다. 나스는 성적 표현을 자극이 아닌 자기 해방(Self-liberation)의 상징으로 바꾼 것이다.

이후 나스는 SNS를 통해 그 감각을 폭발적으로 확장시켰다. 인스타그램, 틱톡, 트위터 등에서 나스의 캠페인은 하이패션 화보처럼 연출된 예술 콘텐츠처럼 보였다. 검은 배경과 미니멀한 로고, 대담한 색조의 대비는 'NARS스럽다'는 새로운 미적 언어를 만들었다. 소비자들은 나스의 사진을 '팔로우'하고 '리그램' 하며, 자연스럽게 브랜드의 미학을 전파했다. 즉, 나스는 광고 대신 이미지 감성(Visual Emotion)으로 공감을 이끌어낸 것이다.

나스는 '비주얼 스토리텔링(Visual Storytelling)'의 선구자였다. 그들의 SNS 피드는 하나의 미술 전시처럼 구성되어 있고, 모델보다 빛과 색의 감정이 중심이 된다. 이런 접근은 화장품을 기능적으로 홍보하던 기존 시장에 "아름다움은 감정의 언어"라는 새로운 관점을 제시했다.

특히 나스의 SNS는 브랜드의 태도(Attitude)를 드러내는 공간이었다. 그들은 완벽한 미인이 아닌, 개성과 감정이 드러나는 인물을 선택했다. 피부의 결점, 강렬한 표정, 조명 아래의 그림자까지도 '예술'로 보여줬다. 이는 완벽함보다 진정성을 중시하는 Z세대의 가치관과 맞닿았다.

나스의 마케팅은 늘 경계 위의 균형감을 유지한다. 도발적이지만 품격이 있고, 예술적이지만 상업적이다. 그들의 메시지는 언제나 명확하다. "당신의 얼굴은 사회가 아니라, 당신 자신을 표현하는 캔버스다." 이 한 문장은 브랜드가 '자기 표현의 자유'를 상징하게 만든 핵심 문장이었다.

나스의 SNS 감성 마케팅은 결국 '브랜드의 시각 언어'를 구축하는 과정이었다. 그들은 트렌드를 따라가지 않고, 자신만의 세계를 만들었다. 이 철학 덕분에 나스는 글로벌 뷰티 시장에서 '예술과 욕망의 경계를 넘나드는 브랜드'로 자리 잡았다.

지갑을 열게 하는 카피

광고와 마케팅에서 카피라이팅은 소비자의 마음을 움직이는 가장 강력한 무기다. 잠재된 욕구를 자극하고 구매 행동을 이끌어내는 심리적 장치로 작동한다. 우리는 종종 의식하지 못한 채 특정 문구에 이끌려 클릭하고, 장바구니에 담고, 결제를 완료한다. 바로 이것이 '지갑을 열게 하는 카피'의 힘이다.

첫 번째 특징은 희소성과 긴급성을 활용하는 문구다. "오늘 단 하루", "한정 수량 100개", "마감 임박" 같은 카피는 소비자가 놓칠까 두려운 심리를 자극한다. 인간은 기회를 잃는 것에 대한 두려움이 얻는 기쁨보다 강하게 작동하기 때문에, 이런 문구는 즉각적인 행동을 촉진한다.

두 번째는 사회적 증거다. "10만 명이 선택한 제품", "리뷰 별점 4.9점"과 같은 표현은 소비자가 다른 사람의 선택을 신뢰하도록 만든다. 특히 온라인 쇼핑 환경에서는 타인의 경험이 중요한 기준이 되므로, 긍정적인 데이터나 후기 기반 카피는 강력한 설득력을 가진다.

세 번째는 감정적 공감이다. "당신의 하루를 조금 더 편안하게", "사랑하는 사람에게 선물하세요" 같은 문구는 단순히 제품을 설명하는 것이 아니라 삶의 장면과 연결된다. 소비자는 제품 자체보다 그 제품이 가져다줄 감정과 경험을 상상하며 구매를 결정한다.

네 번째는 가치 전환이다. 가격에 대한 저항을 낮추는 방식이다. 예를 들어 "하루 500원으로 건강을 지키세요"라는 문구는 총액이 아닌 일상적 단위로 나누어 제시해 소비자가 합리적이라고 느끼게 한다. 이처럼 비용을 새로운 관점에서 해석하게 만드는 카피는 구매 장벽을 낮추는 효과가 있다.

다섯 번째는 호기심 자극이다. "당신이 몰랐던 비밀", "3일 만에 달라지는 변화" 같은 문구는 구체적인 정보를 모두 제공하지 않고, 일부만 드러내 독자가 스스로 확인하도록 유도한다. 호기심은 강력한 행동 동기이며, 이 방식은 특히 콘텐츠 마케팅에서 클릭을 이끌어내는 데 자주 활용된다.

좋은 카피는 소비자를 설득하는 것을 넘어, 브랜드와 소비자 사이에 신뢰 기반의 대화를 만든다. 우리가 무심코 결제 버튼을 누른 순간 뒤에는 정교하게 설계된 단어의 힘이 있다. 결국 카피라이팅은 소비자의 마음속 문을 두드려, 자연스럽게 지갑을 열게 만드는 예술이자 과학인 셈이다.

"첫 문장의 유일한 목적은 독자에게 두 번째 문장을 읽게 하는 것이다." — 조셉 슈거맨 (카피라이터)

카피의 반전 효과

광고 문장은 짧다. 그러나 그 짧은 문장 안에 사람의 시선을 붙잡고, 감정을 흔들고, 머릿속에 남게 하려면 예상 밖의 전개가 필요하다. 이를 '반전 효과(Incongruity Effect)'라고 부른다. 사람의 뇌는 예측 가능한 문장을 읽을 때 집중을 멈추지만, 예상치 못한 단어가 등장하는 순간 즉시 주의를 되돌린다. 즉, "반전이 뇌를 깨운다."

대표적인 예로, 나이키의 문장 "You Don't Win Silver, You Lose Gold."(너는 은메달을 딴 게 아니라, 금메달을 놓친 거다.)는 단순한 스포츠 슬로건이 아니라, 경쟁 본능을 자극하는 심리적 반전 카피였다. '은메달'이라는 긍정적인 단어를 부정의 맥락으로 전환하면서 도전 욕구를 불러일으킨 것이다.

이처럼 반전 카피는 익숙한 문장을 깨뜨린다.
"사랑하니까 헤어집니다"(화장품 광고),
"우리 커피는 맛이 없습니다"(브랜드 리브랜딩 캠페인),
"이제 그만 사세요"(환경 캠페인) 같은 문장들이 사람들에게 강하게 각인되는 이유도 바로 여기에 있다.
이 문장들은 모두 소비자의 '예상'을 뒤집음으로써 기억에 남는다.

심리학적으로도 반전 카피의 효과는 입증되어 있다. 사람은 인지 부조화(Cognitive Dissonance)를 느낄 때, 즉 예상과 결과가 불일치할 때 강한 인지적 반응을 일으킨다. 이때 뇌는 '이건 뭐지?'라는 불편함을 해소하기 위해 문장에 집중하고, 결국 그 브랜드를 더 오래 기억한다. 반전은 '의도된 혼란'을 통해 몰입을 만들어내는 장치인 셈이다.

반전 카피는 단지 놀라움을 주는 것만으로는 충분하지 않다. 그 안에 반드시 메시지의 진심이 담겨야 한다. 예를 들어 환경단체의 "이제 쇼핑을 멈춰주세요"는 도발이지만, 소비와 환경의 관계를 진지하게 환기시키는 윤리적 반전을 제공한다. 즉, 반전이 진심과 결합할 때 사람들은 '놀람' 이후에
'공감'을 경험한다.

오늘날 SNS 시대의 소비자들은 이미 수많은 문장과 광고에 노출되어 있다. 그래서 '정직한 말'보다 '낯선 말', '예상 가능한 문장'보다 '생각을 멈추게 하는 문장'이 훨씬 강력하다.
"당신이 알고 있는 세상을 잠시 멈추게 하겠다."
그 한 줄의 틈에서, 브랜드는 새로운 감정과 생각을 심어 넣는다.
그 짧은 놀라움이, 긴 기억을 남긴다.

넷플릭스
알고리즘과 로컬 콘텐츠 전략

110

넷플릭스(Netflix)는 TV와 영화 산업의 판도를 바꿨다. 그들은 '무엇을 보여줄까'보다 '누구에게 보여줄까'를 고민했다. 즉, 콘텐츠보다 시청자의 취향을 중심에 둔 마케팅 전략이었다. 이 핵심을 가능하게 만든 것이 바로 추천 알고리즘(Recommendation Algorithm)이다.

넷플릭스는 모든 사용자의 시청 이력을 데이터화한다. 누가 언제, 어떤 장르를 얼마나 오래 봤는지, 심지어 일시정지하거나 되감은 순간까지 기록된다. 이에 대한 데이터를 분석해, 각 개인에게 맞춤형 콘텐츠를 추천하는 것이다. 이 전략은 '원 투 원 마케팅(One-to-One Marketing)'의 완성형이다. 사용자는 넷플릭스를 켤 때마다 마치 자신을 위해 큐레이션된 영화관에 들어가는 느낌을 받는다.

그들은 '시청자를 이해하는 플랫폼'이라는 신뢰를 쌓았고, 결과적으로 "나의 취향을 알아주는 친구 같은 서비스"로 인식되었다. 이 정서적 신뢰가 넷플릭스의 강력한 경쟁력이 되었다.

하지만 진짜 혁신은 로컬 콘텐츠 전략(Local Content Strategy)에서 완성되었다. 넷플릭스는 초창기에는 미국 중심 콘텐츠를 제공했지만, 글로벌 시장 진출 이후 각 지역의 문화와 언어를 반영한 '로컬 오리지널(Local Original)' 제작으로 방향을 틀었다. 한국의 「오징어 게임」, 스페인의 「종이의 집」, 일본의 「퍼스트 러브」, 인도의 「델리 크라임」 등은 현지 이야기를 바탕으로 제작되었지만, 전 세계 시청자의 마음을 사로잡았다. 이는 "지역에서 만든 이야기로 세계를 사로잡는다"는 글로컬(Glocal) 전략의 완벽한 실현이었다.

넷플릭스는 글로벌 유통망을 기반으로 각국의 창작자들에게 제작 자유를 보장했다. 이를 통해 콘텐츠의 다양성과 창의성이 폭발적으로 확장되었다. 즉, 넷플릭스는 콘텐츠 제작자가 아니라 문화의 촉진자(Culture Enabler)가 된 것이다. 이 접근은 '이야기의 보편성과 지역성'을 동시에 살리는 감정 중심 전략이었다.

넷플릭스는 거대한 광고 캠페인 대신, 바이럴 문화 전략(Viral Culture Strategy)을 펼쳤다. 시청자가 직접 홍보대사가 되어 명대사, 장면, 캐릭터를 재가공하며 자연스럽게 브랜드 확산이 일어났다. 「오징어 게임」이 전 세계에서 동시에 패러디되고, 'Netflix and Chill'이 하나의 문화적 표현이 된 것이 그 결과다. "우리는 영화를 추천하는 회사가 아니라, 사람의 취향을 이해하는 회사다." 이 한 문장이, 넷플릭스가 세상을 바꾼 마케팅 철학의 본질이다.

광고 속 유머 코드

광고 속 유머는 소비자의 기억과 태도에 직접적으로 영향을 주는 중요한 장치다. 사람들은 재미있는 경험을 긍정적으로 기억하고, 웃음을 준 브랜드에 호감을 느낀다. 따라서 유머 코드는 소비자의 주목을 끌고 메시지를 자연스럽게 각인시키는 효과적인 전략으로 활용된다.

유머 광고의 가장 큰 장점은 주의 환기다. 광고는 넘쳐나는 정보 속에서 소비자의 시선을 잡아야 한다. 유머는 예상치 못한 반전과 상황 설정으로 주목도를 높이고, 지루할 수 있는 제품 설명조차 흥미롭게 만든다. 예를 들어, 생활용품 광고에서 일상적 상황을 과장되게 연출하면 소비자는 재미를 느끼며 광고를 끝까지 보게 된다.

또한 유머는 감정적 연결을 강화한다. 웃음은 긍정적 감정을 유발하며, 이는 브랜드에 대한 친근함으로 이어진다. 소비자는 진지한 설명보다 재미있는 경험을 공유하는 광고를 더 오래 기억하고, 이를 주변에 전파한다. 즉, 유머는 단순한 엔터테인먼트가 아니라 강력한 입소문 마케팅의 촉매제가 된다.

광고 속 유머는 여러 방식으로 구현된다. 과장과 풍자는 가장 흔한 기법으로, 제품의 장점을 유머러스하게 부각한다. 반전 상황 역시 효과적이다. 진지하게 시작된 장면이 갑자기 웃음으로 전환되면, 소비자는 놀람과 함께 브랜드를 기억한다. 최근에는 밈(Meme) 문화를 차용해 온라인 세대와 소통하는 경우도 많다. 유행어와 상황극을 활용한 광고는 소비자가 자발적으로 패러디하며 더 빠르게 확산된다.

그러나 유머 광고에는 위험 요소도 있다. 웃음은 남겼지만 브랜드 메시지는 흐려질 수 있다. 즉, 광고는 기억나지만 어떤 제품 광고였는지는 잊히는 현상이다. 또한 특정 집단을 희화화하거나 부적절한 표현을 사용하면 브랜드 이미지에 부정적 영향을 미칠 수 있다. 따라서 유머는 제품 특성과 브랜드 가치에 맞게 설계되어야 하며, 불쾌감을 주지 않는 선에서 활용해야 한다.

유머 광고의 성공 비결은 브랜드와 메시지의 자연스러운 결합이다. 소비자가 웃음을 터뜨린 후 "이 브랜드가 이런 가치를 전하고 있구나"라는 인식이 남아야 한다. 실제로 글로벌 식음료 기업이나 IT 브랜드는 유머러스한 광고로 젊은 세대의 호감을 얻으면서도, 제품의 편리함이나 맛과 같은 핵심 메시지를 놓치지 않는다.

웃기기만 한 광고는 금세 잊히지만, 웃음 속에 뚜렷한 브랜드 스토리를 담은 광고는 오랫동안 기억된다.

캐릭터와 브랜드

캐릭터는 브랜드의 철학과 정체성을 상징적으로 전달하는 중요한 자산이다. 소비자는 캐릭터를 통해 브랜드를 더 친근하게 느끼고, 때로는 제품보다 캐릭터를 먼저 떠올린다. 브랜드와 캐릭터가 성공적으로 결합하면 강력한 팬덤과 장기적인 충성 고객을 형성할 수 있다.

캐릭터의 가장 큰 힘은 감정적 연결이다. 소비자는 무생물이나 추상적인 기업 이미지보다 사람처럼 행동하고 표정을 지닌 캐릭터에 더 쉽게 공감한다. 예를 들어 카카오프렌즈는 단순한 메신저 이모티콘에서 출발했지만, 지금은 굿즈, 매장, 협업 상품을 통해 거대한 브랜드 세계관을 구축했다. 소비자는 캐릭터에 감정을 이입하며 브랜드와 더욱 긴밀한 관계를 맺는다.

또한 캐릭터는 브랜드 차별화의 수단이 된다. 제품 기능이나 가격은 경쟁사가 쉽게 따라 할 수 있지만, 고유의 캐릭터는 모방하기 어렵다. 미키 마우스는 디즈니의 상징으로 100년 가까이 사랑받고 있으며, 펭수는 교육 방송의 캐릭터를 넘어 기업 마케팅과 협업하는 아이콘으로 성장했다. 캐릭터는 브랜드 고유의 아이덴티티를 시각적이고 감각적으로 각인시키는 도구인 셈이다.

캐릭터는 스토리텔링과 결합될 때 더 큰 힘을 발휘한다. 단순히 귀여운 이미지를 넘어, 캐릭터가 살아 움직이는 세계관과 이야기를 지니면 소비자는 브랜드 경험에 몰입한다. 포켓몬은 게임 속 캐릭터에서 출발했지만, 애니메이션과 영화, 굿즈로 확장되며 세대를 넘어 사랑받고 있다. 이는 캐릭터가 브랜드 스토리의 주인공으로 자리 잡을 때 생기는 장기적 영향력을 보여준다.

마케팅 측면에서 캐릭터는 상품화와 확장성에서도 큰 가능성을 가진다. 본래 브랜드와 관계된 제품뿐 아니라, 문구류, 의류, 생활용품으로까지 확장되며 새로운 매출원을 창출한다. 소비자는 제품을 사는 동시에 캐릭터를 소유하고 싶어 하고, 이는 브랜드 팬덤을 더욱 공고히 만든다.

캐릭터와 브랜드의 결합에는 주의도 필요하다. 캐릭터가 지나치게 독립적으로 성장하면 브랜드보다 캐릭터 자체가 소비자의 관심을 독차지할 수 있다. 또한 캐릭터의 이미지가 브랜드 정체성과 맞지 않으면 오히려 혼란을 줄 수 있다.

잘 만들어진 캐릭터는 브랜드의 얼굴이자 팬덤을 연결하는 매개체이며, 장기적 자산으로 축적된다. 캐릭터는 브랜드가 소비자와 정서적으로 소통하는 친근하고 강력한 언어다.

원소스멀티유즈

원소스멀티유즈(One Source Multi Use, OSMU)는 하나의 원천 콘텐츠를 다양한 형태로 확장해 활용하는 전략을 뜻한다. 이는 콘텐츠 산업뿐 아니라 마케팅, 브랜드 전략 전반에 걸쳐 중요한 개념으로 자리 잡았다. 본래의 스토리나 아이디어를 여러 매체와 플랫폼에 맞게 변주해 새로운 부가가치를 창출하는 방식이다.

대표적인 사례는 영화와 캐릭터 산업에서 쉽게 찾아볼 수 있다. 인기 있는 영화가 나오면 소설, 게임, 애니메이션, 굿즈 등으로 파생되며 거대한 수익을 만들어낸다. 디즈니의 마블 시리즈는 극장 영화에서 출발해 드라마, 만화책, 피규어, 테마파크로 확장되며 전 세계적으로 막대한 팬덤과 매출을 형성했다. 이는 하나의 원천 스토리가 어떻게 다양한 채널에서 새로운 경험을 제공할 수 있는지 잘 보여준다.

OSMU 전략의 핵심은 콘텐츠 재해석 능력이다. 원천 아이디어는 같더라도, 플랫폼과 소비자 특성에 맞게 조정해야 한다. 예를 들어 인기 웹툰을 원작으로 한 드라마는 스토리 라인을 영상 문법에 맞게 변형해야 하고, 같은 작품을 게임으로 만든다면 캐릭터의 액션성과 몰입 요소를 강조해야 한다. 이렇게 재가공된 콘텐츠는 소비자에게 전혀 다른 즐거움을 제공하면서도, 원천 콘텐츠에 대한 애정을 유지시킨다.

OSMU는 브랜드 마케팅에서도 강력한 도구다. 한 브랜드 캠페인이 영상 광고로만 끝나지 않고, 웹툰, 굿즈, 이벤트, 체험 공간 등으로 확장되면 소비자는 브랜드 메시지를 다양한 방식으로 접하게 된다. 이는 브랜드 경험을 풍부하게 하고, 단발성이 아닌 지속적인 노출과 참여를 가능하게 한다. 최근 기업들이 IP(지식재산권) 확보에 적극적인 이유도 여기에 있다. 자사만의 독창적 스토리와 캐릭터를 확보하면 무한히 활용할 수 있기 때문이다.

또한 OSMU는 소비자 참여와 결합할 때 더 큰 효과를 발휘한다. 팬들이 직접 2차 창작을 하거나, SNS에서 파생 콘텐츠를 제작해 공유하는 것은 또 다른 확산 경로를 만든다. 이는 기업이 제공하는 콘텐츠를 소비하는 단계를 넘어, 소비자가 함께 브랜드 세계관을 확장하는 과정으로 이어진다.

원소스멀티유즈는 단순한 콘텐츠 활용 전략이 아니라, 하나의 세계관을 확장하는 방식이다. 잘 설계된 OSMU는 브랜드와 소비자가 다양한 접점에서 만나도록 하며, 장기적인 팬덤과 충성도를 만든다. 핵심은 하나의 이야기와 아이디어를 어떻게 다채로운 경험으로 풀어낼 수 있는가에 달려 있다.

성공적인 OSMU는 원작의 영혼을 유지하면서 새로운 그릇을 만든다.

IMC 전략

IMC(통합 마케팅 커뮤니케이션) 전략은 기업이 여러 마케팅 채널과 메시지를 하나의 큰 틀 안에서 통합해 소비자에게 일관된 브랜드 경험을 제공하는 방법이다. 과거에는 광고, 홍보, 프로모션, 온라인 마케팅 등이 각각 분리되어 운영되는 경우가 많았지만, 오늘날 소비자는 다양한 채널을 넘나들며 브랜드를 접한다. 따라서 브랜드 메시지가 어디에서든 동일하게 전달되지 않으면 혼란을 주고 신뢰를 떨어뜨릴 수 있다. IMC 전략은 이런 문제를 해결하고, 모든 접점에서 하나의 브랜드 목소리를 내도록 설계된다.

IMC의 출발점은 일관성 있는 메시지다. TV 광고에서 전달하는 슬로건, 인스타그램 게시물의 톤앤매너, 오프라인 매장 POP 광고 문구가 모두 같은 방향을 가리켜야 한다. 예를 들어 '건강한 라이프스타일'을 강조하는 브랜드라면, 광고에서는 건강한 이미지를, SNS에서는 관련 콘텐츠를, 프로모션에서는 웰빙 상품 구성을 제공해 메시지를 강화하는 것이다.

두 번째는 채널 간 시너지다. 각각의 채널이 따로 노는 것이 아니라 서로 연결되며 소비자 여정을 완성해야 한다. 예컨대 TV 광고가 소비자의 관심을 끌었다면, 검색광고나 SNS 콘텐츠는 그 관심을 행동으로 이어지게 하고, 이메일 마케팅은 구매 후 재방문을 유도한다. 이렇게 유기적으로 설계된 흐름이 브랜드 경험을 풍성하게 만든다.

세 번째는 소비자 중심 설계다. IMC 전략은 기업 입장이 아니라 소비자의 관점에서 출발한다. 소비자가 어떤 경로를 통해 브랜드와 접촉하는지, 어떤 정보를 원하는지를 분석해 그에 맞는 콘텐츠와 메시지를 배치하는 것이다. 데이터 분석 도구와 CRM 시스템은 이를 가능하게 하는 기반이 된다.

네 번째는 브랜드 자산 강화다. 일관된 커뮤니케이션은 소비자의 인식 속에 브랜드 아이덴티티를 공고히 심는다. 동일한 로고, 컬러, 톤, 스토리가 모든 채널에서 반복될 때 소비자는 브랜드를 신뢰하고 기억한다. 이는 단기적 캠페인 성과를 넘어 장기적인 브랜드 자산으로 축적된다.

각 채널의 특성을 무시하고 똑같은 메시지를 반복하는 것은 오히려 역효과를 낸다. TV 광고와 SNS 콘텐츠는 표현 방식과 소비 맥락이 다르므로, 동일한 핵심 메시지를 각 채널에 맞는 방식으로 변형해야 한다. 또 내부 조직 간 협업과 조율이 부족하면 메시지가 흩어질 위험이 있다. 따라서 IMC는 부서 간 벽을 허물고, 브랜드 중심의 통합 관리 체계를 갖추는 것이 필수적이다.

파트너십과 협업 마케팅

파트너십과 협업 마케팅은 서로 다른 기업이나 브랜드가 힘을 합쳐 새로운 가치를 창출하는 전략이다. 각자가 가진 자원과 강점을 결합해 혼자서는 도달하기 어려운 시너지 효과를 만드는 것이 핵심이다. 특히 소비자가 새로운 경험을 원하고, 시장 경쟁이 치열해진 오늘날에는 협업이 단순한 선택이 아니라 필수 전략으로 자리 잡고 있다.

파트너십 마케팅의 가장 큰 장점은 상호 보완이다. 한 브랜드가 가진 약점을 다른 브랜드가 보완해주고, 각자의 강점이 결합되며 더 큰 파급력을 만든다. 예를 들어, 패션 브랜드와 IT 기업이 협업해 스마트 웨어러블 제품을 선보인다면, 스타일과 기술을 동시에 원하는 소비자의 욕구를 충족할 수 있다.

또한 협업은 새로운 고객층 확보에도 효과적이다. 평소 접점이 적었던 소비자들에게 파트너 브랜드를 통해 노출되면서, 시장 확장이 가능해진다. 글로벌 스포츠 브랜드와 고급 패션 하우스의 협업은 스포츠웨어를 입지 않던 소비자까지 끌어들이는 좋은 사례다. 이렇게 협업은 서로의 고객 풀을 교차시켜 새로운 매출 기회를 만들어낸다.

협업 마케팅은 화제성과 차별성을 동시에 확보한다. 두 브랜드가 예기치 못한 조합으로 만나면 소비자는 신선함을 느끼고, 자연스럽게 입소문이 난다. 최근 몇 년간 다양한 '콜라보 한정판' 제품이 인기를 끈 이유도 여기에 있다. 소비자는 희소성과 특별한 경험을 동시에 추구하며, 브랜드는 단기간에 큰 주목을 받을 수 있다.

파트너십은 단순히 제품을 함께 내놓는 것 이상의 의미를 가진다. 중요한 것은 브랜드 가치의 조화다. 서로 다른 철학과 정체성을 가진 브랜드가 억지로 협업하면 소비자는 진정성을 느끼지 못한다. 협업이 성공하기 위해서는 두 브랜드가 공유할 수 있는 메시지와 세계관을 찾아내야 한다. 예를 들어, 지속 가능성을 강조하는 패션 브랜드와 친환경 소재 기업의 협업은 자연스럽고 설득력이 크다.

협업 마케팅을 실행할 때는 장기적 관점도 필요하다. 단발적 이벤트로 끝나면 일시적 화제에 그치지만, 지속적 파트너십으로 발전하면 새로운 비즈니스 모델이 될 수 있다. 실제로 일부 브랜드는 특정 아티스트, 디자이너와의 장기 협업을 통해 고유한 아이덴티티를 강화하고 있다.

파트너십과 협업 마케팅은 경쟁이 아닌 공생의 전략이다. 소비자가 원하는 것은 더 나은 경험과 특별한 가치를 제공받는 것이고, 브랜드는 이를 위해 손을 잡는다. 각자의 자산을 연결해 새로운 시장을 창출하고, 소비자에게 색다른 경험을 선사하는 것, 그것이 협업 마케팅의 본질이다.

소셜 프루프 전략

소셜 프루프(Social Proof) 전략은 사람들이 타인의 행동과 선택을 신뢰하며, 이를 따라가려는 심리를 활용하는 마케팅 기법이다. 사회적 증거라고도 불리는 이 개념은 "다른 사람들이 선택했으니 나도 안전하다"라는 심리에서 출발한다. 정보가 넘쳐나는 시대에 소비자는 스스로 모든 것을 검증하기보다, 이미 검증한 다수의 행동을 근거로 결정을 내리는 경우가 많다.

소셜 프루프 전략의 대표적 사례는 리뷰와 후기다. 온라인 쇼핑몰에서 별점 4.8점 이상의 제품은 소비자에게 강력한 신뢰 신호를 보낸다. 다른 사람이 만족했다는 기록이 곧 구매의 심리적 장벽을 낮추기 때문이다. 특히 텍스트 리뷰뿐 아니라 사진 후기, 영상 후기는 실질적인 사용 경험을 보여주며 설득력을 배가한다.

두 번째는 판매 지표 공개다. "누적 판매 100만 개 돌파", "현재 52명이 보고 있습니다" 같은 문구는 소비자에게 해당 제품이 이미 많은 사람의 선택을 받았음을 알려준다. 이는 '다수의 선택'이라는 안정감을 주며, 구매 결정을 빠르게 유도한다. 소셜미디어에서도 팔로워 수, 좋아요 수, 공유 횟수 같은 지표가 브랜드의 신뢰도를 강화하는 역할을 한다.

세 번째는 전문가와 인플루언서 추천이다. 일반 소비자뿐 아니라 권위 있는 전문가, 유명인의 사용 후기는 신뢰도를 한층 끌어올린다. 피부과 전문의가 추천하는 화장품, 운동선수가 사용하는 스포츠웨어는 단순한 제품이 아니라 '검증된 선택'으로 인식된다. 인플루언서 마케팅이 효과적인 이유도 이와 연결된다.

네 번째는 사용자 참여형 캠페인이다. 해시태그 챌린지나 UGC(User Generated Content) 이벤트는 소비자 스스로 브랜드의 사회적 증거가 되도록 만든다. 수많은 사람들이 동일한 제품을 사용하고 콘텐츠를 제작하는 모습을 보면, 아직 구매하지 않은 소비자도 자연스럽게 신뢰와 호감을 느낀다.

소셜 프루프 전략은 진정성이 뒷받침되지 않으면 오히려 부정적 효과를 낳는다. 가짜 리뷰나 과장된 지표는 소비자가 쉽게 간파할 수 있으며, 신뢰를 잃은 브랜드는 회복이 어렵다. 따라서 실제 소비자의 경험을 바탕으로 한 진실된 증거를 제공하는 것이 가장 중요하다.

선택지가 넘쳐나는 시대에 소비자는 확신을 원하고, 그 확신을 타인의 경험에서 찾는다.

ESG와 가치 기반 마케팅

최근 기업 경영과 마케팅의 키워드로 떠오른 것이 바로 ESG(Environment, Social, Governance)다. 환경, 사회, 지배구조를 고려한 지속가능 경영은 기업 이미지 제고를 넘어, 투자자와 소비자의 선택 기준으로 자리 잡았다. 이에 따라 마케팅 역시 ESG를 기반으로 한 가치 전달이 중요한 전략으로 부상했다.

ESG와 결합된 가치 기반 마케팅의 핵심은 브랜드의 진정성이다. 기업이 단순히 "친환경적이다"라는 슬로건을 내세우는 것만으로는 충분하지 않다. 실제로 재활용 소재를 사용하거나, 생산 과정에서 탄소 배출을 줄이는 등 구체적 실천이 뒷받침되어야 한다. 이를 투명하게 공개할 때 소비자는 신뢰를 느끼고, 브랜드를 장기적으로 지지한다.

환경(Environment) 측면에서는 친환경 제품 개발과 지속 가능한 공급망 관리가 중심이다. 예를 들어 패션 브랜드는 버려진 원단을 재활용하거나, 화장품 브랜드는 동물 실험을 배제한 비건 라인을 출시한다. 이는 '환경 보호'라는 추상적 개념이 아니라, 소비자가 직접 체감할 수 있는 가치를 제공한다.

사회(Social) 영역에서는 공정 거래, 다양성 존중, 지역사회 공헌이 중요하다. 기업이 장애인 고용을 확대하거나, 지역 아동 교육을 지원하는 활동은 소비자에게 긍정적 감정을 불러일으킨다. 이는 구매가 소비 행위를 넘어 사회적 참여가 된다는 만족감을 제공한다. 브랜드가 '함께 사는 사회'를 강조할 때 소비자는 자신이 옳은 선택을 하고 있다는 확신을 갖는다.

지배구조(Governance)는 다소 추상적으로 보일 수 있지만, 투명성과 윤리성을 강조하는 메시지는 소비자와 투자자 모두에게 중요한 신호다. 부패를 줄이고, 경영 과정을 공개하며, 주주와 고객의 권리를 존중하는 기업은 장기적으로 더 큰 신뢰를 얻는다.

가치 기반 마케팅은 단기적 성과보다는 장기적 관계 형성에 초점을 맞춘다. 소비자는 자신의 소비가 사회적 가치를 높인다는 확신을 원하며, 이를 충족하는 브랜드와 더 깊은 관계를 맺는다. 실제로 MZ세대를 중심으로 가치 소비 트렌드가 확산되면서, ESG를 반영하지 않은 브랜드는 외면받을 위험도 커졌다.

주의해야 할 점은 그린워싱(Greenwashing)이다. 실제로는 친환경적이지 않으면서, 마치 환경을 위해 노력하는 것처럼 포장하는 마케팅은 소비자의 신뢰를 빠르게 무너뜨린다. 따라서 ESG 기반 마케팅은 보여주기식 캠페인이 아니라, 기업의 실제 경영 활동과 연결된 진정성이 전제되어야 한다.

넛지 마케팅

넛지(Nudge) 마케팅은 사람들의 무의식적인 선택을 부드럽게 유도하는 전략을 뜻한다. '넛지'는 원래 행동경제학에서 나온 개념으로, 강압적이지 않으면서도 소비자가 특정 행동을 하도록 환경을 설계하는 방법을 말한다. 이는 직접적인 지시나 강제보다 자연스러운 유인을 통해 소비자의 결정을 바꾸는 데 초점을 둔다.

넛지 마케팅의 가장 큰 힘은 심리적 저항을 줄이는 것이다. 소비자는 강요당한다고 느끼면 오히려 반발하지만, 스스로 선택한다고 느낄 때 더 쉽게 행동한다. 예를 들어, 온라인 쇼핑몰에서 '베스트셀러' 라벨을 붙이거나 '가장 많이 선택한 옵션'을 기본값으로 설정하는 것은 소비자에게 자연스럽게 결정을 유도하는 장치다.

대표적인 기법은 사회적 규범의 활용이다. "이미 80%의 고객이 이 상품을 선택했습니다"라는 메시지는 다수의 선택이 옳다는 심리를 자극한다. 이는 소비자가 불확실성을 줄이고 안심하며 구매를 결정하게 만든다. 또 다른 예로는 호텔의 수건 재사용 안내문에 "대부분의 고객이 수건을 재사용합니다"라고 적으면, 단순한 요청보다 훨씬 높은 참여율을 이끌어낼 수 있다.

넛지는 선택 구조의 설계에서도 효과적이다. 구독 서비스에서 '기본 요금제'보다 '프리미엄 요금제'를 더 매력적으로 보이도록 옵션을 배치하는 방식이 대표적이다. 소비자는 스스로 선택했다고 생각하지만, 사실상 기업이 설계한 경로를 따라가게 된다. 이는 소비자의 자율성을 존중하면서도 기업의 목표를 달성하는 지점에서 균형을 찾는다.

넛지 마케팅은 건강, 금융, 환경 분야에서도 폭넓게 활용된다. 예를 들어, 건강식품을 마트의 진열대 상단에 배치하거나, 친환경 배송 옵션을 기본 선택으로 두는 것은 소비자 행동을 바꾸는 효과적인 방식이다. 강제하지 않고 선택권을 남겨둔 채, 더 바람직한 방향으로 유도하는 것이다.

넛지 마케팅은 윤리적 고려가 반드시 필요하다. 소비자의 무의식을 이용하는 방식이기에, 지나치게 상업적이거나 기만적으로 활용되면 신뢰를 잃을 수 있다. 따라서 브랜드는 소비자의 이익과 가치에 부합하는 방식으로 넛지를 설계해야 한다. 긍정적이고 사회적으로 유용한 방향일 때 넛지는 강력한 설득 도구가 된다.

로컬리즘 마케팅

로컬리즘(Localism) 마케팅은 특정 지역의 고유한 문화, 역사, 정서적 가치를 활용해 소비자와 소통하는 전략이다. 세계화와 대량 생산이 보편화된 시대에, 사람들은 오히려 자신이 속한 지역의 독특한 정체성과 차별성을 찾고 싶어 한다. 브랜드가 이러한 욕구에 응답할 때, 단순한 제품을 넘어 '지역과 연결된 경험'을 제공할 수 있다.

로컬리즘 마케팅의 가장 큰 힘은 진정성이다. 지역의 전통, 스토리, 사람들을 담아낸 브랜드는 소비자에게 소비재가 아니라 공감할 수 있는 이야기를 전한다. 예를 들어, 특정 지역의 특산물을 활용한 음료나 한정판 메뉴는 "이곳에서만 맛볼 수 있다"는 희소성을 가지며 소비자에게 특별한 경험을 제공한다. 이는 여행객뿐 아니라 지역 주민에게도 자부심을 불러일으킨다.

또한 로컬리즘은 지역 경제와의 상생이라는 의미를 담는다. 대형 프랜차이즈가 현지 농가와 협력해 원재료를 공급받거나, 지역 아티스트와 협업해 디자인을 개발하는 것은 마케팅을 넘어 지역 사회 기여로 이어진다. 소비자는 이러한 브랜드의 노력을 긍정적으로 평가하며, 자신이 지불한 비용이 지역 공동체 발전에 기여한다고 느낄 때 만족감이 커진다.

로컬리즘 마케팅은 스토리텔링과도 깊은 관련이 있다. 지역의 전통 행사, 역사적 건축물, 사람들의 일상 속 이야기를 담아내면 브랜드는 그 자체로 하나의 문화적 매개체가 된다. 일본의 소도시 브랜드들이 지역 전설을 패키지에 담거나, 국내 카페들이 특정 동네의 감성을 강조하는 사례가 좋은 예다.

또 다른 강점은 차별화된 경험이다. 글로벌 브랜드가 어디서나 동일한 제품과 서비스를 제공하는 반면, 로컬리즘 전략은 "여기서만 가능한 경험"을 강조한다. 이는 소비자에게 특별함을 선사하고, 동시에 SNS를 통해 자연스럽게 공유되며 바이럴 효과를 일으킨다. 예컨대, 한 지역 한정으로 출시되는 스타벅스 머그컵이나 패션 브랜드의 로컬 에디션은 수집 욕구와 여행 동기를 자극한다.

로컬리즘 마케팅에는 주의할 점도 있다. 피상적으로 지역성을 차용하면 오히려 반감을 살 수 있다. 지역 주민이 공감하지 못하거나, 단순히 '관광객용 상품'으로만 소비되면 진정성이 떨어진다. 따라서 브랜드는 지역 사회와의 협력, 충분한 조사, 그리고 현지의 목소리를 존중하는 태도를 가져야 한다.

로컬리즘 마케팅의 본질은 지역의 고유한 가치와 소비자의 경험을 연결하는 것이다. 글로벌 시대일수록 로컬은 강력한 차별화 포인트가 된다. 브랜드가 지역성과 진정성을 기반으로 소비자와 소통할 때, 단순한 제품이 아닌 '하나의 문화적 경험'을 제공하며 깊은 인상을 남길 수 있다.

리버스 마케팅

리버스(Reverse) 마케팅은 이름 그대로 기존 방식과는 반대 방향에서 출발한다. 보통의 마케팅은 소비자에게 제품의 장점과 필요성을 강조하며 "이건 꼭 사야 한다"는 메시지를 전한다. 하지만 리버스 마케팅은 이런 직설적인 권유를 거부한다. 오히려 "이 제품은 아무나 살 수 없습니다" 혹은 "당신은 이 상품을 필요로 하지 않을지도 모릅니다"라는 식으로 거리를 둔다. 아이러니하게도 이러한 거부의 언어가 소비자의 마음을 더 강하게 흔든다.

애플은 이 전략을 효과적으로 활용한 대표적 기업이다. "Think Different"라는 슬로건은 단순히 제품을 사라는 말이 아니었다. 오히려 "우리의 고객은 보통 사람이 아니라 다르게 생각하는 사람들"이라는 배타적 메시지였다. 이는 애플 사용자를 '선택받은 집단'처럼 느끼게 했고, 강한 자부심과 충성도를 형성했다.

반대로 리버스 마케팅이 논란을 일으킨 사례도 있다. 의류 브랜드 아베크롬비 앤 피치는 과거 "뚱뚱한 사람에게는 옷을 팔지 않는다"는 발언으로 거센 비판을 받았다. 이 메시지는 특정 체형의 소비자를 배제하는 방식이었고, 대중적 반감을 샀다. 하지만 동시에 해당 브랜드가 타깃으로 삼았던 '날씬하고 젊은 소비자'에게는 강한 정체성을 각인시키는 효과를 냈다. 이처럼 리버스 마케팅은 양날의 검이다. 브랜드가 의도한 방향으로 작동하면 강력한 무기가 되지만, 잘못 사용하면 오히려 이미지에 치명상을 입을 수 있다.

리버스 마케팅이 특히 효과적인 영역은 틈새시장이나 프리미엄 브랜드다. 대중 모두를 끌어안기보다는 특정 집단에게 집중하는 것이 유리하기 때문이다. 예를 들어, 멤버십 기반의 하이엔드 서비스는 "모두에게 열려 있지 않다"는 점을 강조함으로써 오히려 더 큰 매력을 발휘한다. 소비자는 그 안에 속하고 싶다는 욕망을 가지며, 이 과정에서 브랜드는 독점적 가치를 강화한다.

리버스 마케팅은 인간의 심리를 역이용하는 전략이다. 무언가를 억제하거나 제한할수록 더 강하게 원하게 되는 본능, 그리고 배제될 때 느끼는 심리적 갈망을 자극한다. 그래서 이 방식은 대담하고 신선한 인상을 남기며 브랜드를 차별화한다. 하지만 성공하려면 타깃, 메시지, 실행 범위를 정교하게 설계해야 한다. 그렇지 않으면 단순한 배척으로 오해받아 역효과를 부를 수 있기 때문이다. 리버스 마케팅은 '모두가 아닌, 오직 일부만'이라는 특별함을 통해 고객의 마음을 뒤흔드는 강력한 무기다.

샤넬
럭셔리의 미니멀 스토리텔링

121

샤넬(Chanel)은 럭셔리 브랜드 가운데서도 독보적이다. 그들은 광고나 로고보다 '분위기와 여백'을 통해 기억되는 브랜드다. 코코 샤넬이 남긴 철학 "Simple is the keynote of true elegance(단순함이 진정한 우아함의 열쇠다)", 이 한 문장은 오늘날 샤넬 마케팅의 중심축이 되었다.

샤넬의 광고에는 과장이 없다. 현란한 색감, 소음 같은 내레이션, 과도한 정보는 등장하지 않는다. 대신, 정적이고 감각적인 장면들, 그리고 짧은 문장 하나가 브랜드의 세계를 완성한다. 대표적인 예가 바로 향수 '샤넬 No.5' 캠페인이다. 마릴린 먼로가 "나는 잘 때 No.5만 입는다."고 말한 순간, 그 짧은 문장이 곧 브랜드의 신화가 되었다. 샤넬은 이후 수십 년 동안 그 한 문장만으로 '향수 이상의 상징'을 만들어냈다.

이것이 샤넬이 말하는 미니멀 스토리텔링(Minimal Storytelling)이다. 그들은 설명 대신 느낌으로 말한다. 문장보다 이미지, 이미지보다 침묵이 더 큰 메시지를 전한다. 이는 소비자에게 '상상할 여백'을 남기는 전략이다. 브랜드가 다 말하지 않음으로써, 소비자는 스스로 그 안의 의미를 완성한다. 이 참여감이 바로 고급스러움의 본질이다.

샤넬은 또한 일관된 시각 언어로 신뢰를 쌓았다. 블랙 앤 화이트, 골드, 베이지 단 세 가지 색상만으로 모든 제품과 매장을 통일했다. 이는 단순한 디자인을 넘어, 시간이 흘러도 변하지 않는 정체성을 상징한다. "트렌드가 사라진 자리에서 여전히 남아 있는 것", 그것이 샤넬이 정의한 진정한 럭셔리다.

최근 샤넬의 SNS와 디지털 캠페인도 이 미니멀 감성을 그대로 이어간다. 짧은 문구, 정적인 영상, 그리고 여백이 있는 화면 구성. 심지어 브랜드의 이름조차 전면에 드러나지 않는다. 그럼에도 소비자는 단번에 '샤넬'을 인식한다.

샤넬은 제품보다 태도(Attitude)를 판다. 그들은 "당신이 무엇을 입는가"보다 "어떤 존재로 살아가는가"를 묻는다. 그 철학은 코코 샤넬의 또 다른 말로 이어진다. "패션은 사라져도, 스타일은 남는다." 이 문장은 곧 샤넬 브랜드의 정체성이자, 모든 마케팅 메시지의 근본이 되었다.

샤넬의 미니멀 스토리텔링은 과장된 럭셔리가 아닌 '절제된 고급스러움'을 통해 감정을 자극한다. 그들은 보여주는 대신, 느끼게 한다. 말하는 대신, 침묵으로 존재를 증명한다. 결국 샤넬은 우리에게 이렇게 속삭인다. "진짜 럭셔리는 소리치지 않는다. 대신, 오래 남는다."

타임 마케팅

타임(Time) 마케팅은 시간이라는 요소를 활용해 소비자의 구매 욕구를 자극하는 전략이다. 같은 제품이라도 언제, 어떤 상황에서 만나는지에 따라 전혀 다른 가치를 느끼게 만든다. 이는 소비자의 생활 리듬과 감정 상태에 맞춰 메시지를 전달하는 정교한 방식이다.

오전 10시 30분까지만 판매되는 '맥모닝' 메뉴는 대표적인 타임 마케팅 사례다. '아침에만 먹을 수 있다'는 한정성이 소비자들의 발길을 이끌고, 출근길 습관처럼 자리 잡게 만들었다. 다른 예로 항공사 이른 새벽 항공권 할인이 있다. 탑승률이 낮은 새벽 4~6시 비행편을 '얼리버드' 특가로 판매한다. 시간대의 불편함을 가격 메리트로 보완하면서 항공사 입장에서는 빈 좌석을 최소화할 수 있다. 홈쇼핑 생방송은 방송 시간 동안만 구매 가능한 '방송 특가'는 전형적인 타임 마케팅이다. 제한된 방송 시간과 실시간 주문 경쟁이 소비자의 충동 구매를 자극한다.

이 전략은 유통업계에서 특히 활발하게 사용된다. 대형 마트는 특정 시간대에만 '타임 세일'을 열어 고객을 끌어들인다. 고객은 그 시간에만 얻을 수 있는 혜택 때문에 매장에 방문하게 되고, 계획에 없던 추가 구매로 이어지기도 한다. 온라인 쇼핑몰도 마찬가지다. 11시, 2시, 8시처럼 특정 시각마다 번개처럼 열리는 할인 행사는 소비자에게 일종의 게임처럼 느껴져 몰입을 유도한다.

타임 마케팅은 브랜드와 고객 사이의 접점을 넓히는 효과가 있다. 특정 시간대에만 제공되는 혜택은 고객에게 "이 브랜드는 내 일상 리듬을 잘 이해한다"는 인식을 심어준다. 이는 곧 친밀감으로 이어지고, 장기적으로 충성 고객을 만드는 힘이 된다.

하지만 타임 마케팅에도 주의할 점이 있다. 지나치게 잦은 타임 세일은 소비자가 정상가를 외면하게 만들고, 할인 때만 구매하는 습관을 심어줄 수 있다. 또한 시간 제약이 소비자에게 스트레스가 되면 오히려 반감을 살 위험도 있다. 따라서 성공적인 타임 마케팅은 '적절한 빈도'와 '시간대별 맞춤형 메시지'가 핵심이다.

타임 마케팅은 소비자의 하루와 브랜드를 연결하는 다리 역할을 한다. 아침의 필요, 점심의 여유, 저녁의 즐거움 같은 시간의 흐름 속에 브랜드가 자연스럽게 스며들면, 소비자는 그 순간마다 브랜드를 떠올리게 된다. 시간은 누구에게나 공평하게 흐르지만, 마케팅에서는 차별화된 자원이 된다.

스텔스 마케팅

스텔스(Stealth) 마케팅은 이름 그대로 레이더에 잡히지 않는 스텔스 전투기처럼 소비자가 광고임을 눈치채지 못하게 메시지를 전달하는 방식이다. 노골적으로 "우리 제품을 사세요"라고 말하지 않고, 자연스럽게 소비자의 일상이나 콘텐츠 속에 스며들도록 설계된다. 겉으로는 광고 같지 않지만 실제로는 강력한 설득 효과를 발휘하는 것이 특징이다.

대표적인 사례가 영화 속 'PPL(Product Placement)'이다. 등장인물이 특정 브랜드의 음료를 마시거나, 자동차를 타고 등장하는 장면은 스토리 전개와 자연스럽게 어우러진다. 관객은 직접적인 광고 문구를 듣지 않았지만 무의식적으로 해당 브랜드를 인식하게 된다. 예를 들어 영화 '007 시리즈'에서 주인공 제임스 본드가 애스턴 마틴 차량을 타고 다니는 모습은 브랜드의 세련된 이미지를 각인시킨다.

스텔스 마케팅은 디지털 시대에 더욱 다양한 방식으로 확장되고 있다. 인플루언서가 자신의 일상 브이로그에서 특정 화장품이나 전자기기를 사용하는 모습을 보여주는 것도 일종의 스텔스 마케팅이다. 소비자는 '광고'라는 느낌보다 '저 사람도 쓰는 제품'이라는 인상을 받으며 친근하게 다가간다. 이는 소셜 프루프와 결합되어 신뢰도를 높이는 효과를 낸다.

흥미로운 점은 스텔스 마케팅이 때로는 소비자들의 강한 반응을 불러일으킨다는 것이다. 광고임을 숨긴 채 노출되는 만큼, 소비자가 뒤늦게 이를 알아차리면 거부감이 생길 수 있다. 실제로 일부 유튜버나 인플루언서가 '광고 표시'를 하지 않고 브랜드 협찬 제품을 소개했다가 비난을 받는 사례가 있었다. 그래서 오늘날에는 법적으로 광고 협찬 여부를 투명하게 표시해야 한다는 규제가 강화되고 있다.

하지만 규제가 강화되었다고 해서 스텔스 마케팅이 사라지는 것은 아니다. 오히려 더 정교하게 변모하고 있다. 예를 들어 한 브랜드가 신제품을 출시하면서 소비자 커뮤니티에 '일반인 체험 후기'를 가장한 글을 올리거나, 드라마 속 주인공의 생활 패턴 속에 제품을 녹여내는 방식이다. 직접적으로 광고라 밝히지 않더라도, 브랜드가 전달하려는 메시지는 충분히 각인된다.

스텔스 마케팅의 강점은 소비자의 '방어심리'를 우회할 수 있다는 점이다. 현대 소비자들은 광고에 노출되는 순간 본능적으로 의심하거나 차단한다. 하지만 광고라는 인식이 사라지면 메시지는 자연스럽게 받아들여지고, 브랜드에 대한 긍정적 감정으로 연결된다.

'광고 같지 않지만 불편하지 않은 노출'을 얼마나 정교하게 설계하느냐에 따라 성공이 갈린다.

침묵 마케팅

침묵(Silence) 마케팅은 말 그대로 '아무 말도 하지 않음'을 전략으로 삼는 독특한 방식이다. 일반적인 마케팅이 화려한 이미지, 자극적인 문구, 끊임없는 소음으로 주목을 끌려 한다면, 침묵의 마케팅은 반대로 조용함 속에서 강렬한 메시지를 남긴다. 소비자는 광고에서 말하지 않는 부분을 스스로 해석하며, 오히려 더 깊은 인상을 받게 된다.

대표적인 사례로 자동차 광고를 떠올릴 수 있다. 어떤 브랜드는 차가 달리는 장면만 보여주고 아무런 내레이션이나 배경 음악도 넣지 않았다. 대신 엔진 소리와 바람이 스치는 소리만 들려주었다. 광고 속의 '침묵'은 불필요한 설명보다 강렬했고, 소비자에게 "이 차는 성능 하나만으로도 충분히 말한다"는 인상을 남겼다. 과장된 문구 없이도 전달력이 강했던 것이다.

침묵의 마케팅은 '여백의 힘'을 활용한다. 예술 작품에서 공백이 관람자의 상상력을 자극하듯, 마케팅에서도 말하지 않는 부분은 소비자의 해석을 이끌어낸다. 광고 문구가 없는 포스터, 단순히 브랜드 로고만 배치된 빌보드, 혹은 제품 사진만 담긴 광고는 소비자 스스로 의미를 부여하게 만든다. 이렇게 소비자의 참여가 더해질 때 메시지는 더 오래 기억된다.

디지털 시대에도 침묵의 마케팅은 다양한 방식으로 응용된다. 소셜 미디어에서 어떤 브랜드가 평소 활발히 활동하다가 갑자기 모든 게시물을 멈추면, 소비자들은 자연스럽게 이유를 궁금해한다. 이후 브랜드가 새로운 캠페인이나 사회적 메시지를 내놓을 때, 그 파급력은 평소보다 훨씬 커진다. 침묵을 통한 '의도적 결핍'이 관심을 극대화하는 것이다.

패션 브랜드에서도 종종 이 전략을 사용한다. 런웨이 초대장에서 제품 사진이나 설명 없이 단순한 시간과 장소만 적는 경우, 오히려 소비자와 기자들의 호기심을 불러일으킨다. 정보가 부족할수록 사람들은 더 많은 이야기를 만들어내며, 이는 자연스럽게 입소문으로 이어진다.

침묵의 마케팅은 또한 브랜드의 자신감을 드러낸다. 많은 말을 하지 않아도 소비자가 알아줄 것이라는 믿음이 깔려 있기 때문이다. 애플은 신제품 발표 초대장에서 종종 단 한 줄의 힌트나 이미지만 제공한다. 별다른 설명 없이도 전 세계의 관심이 집중되는 것은, 그 자체가 침묵의 마케팅이 가진 힘을 잘 보여준다. 설명보다 더 큰 울림을 주는 공백, 말하지 않아도 전해지는 힘, 그것이 침묵의 마케팅이 가진 진정한 매력이다.

아디다스
Originals & Creators 캠페인

125

한때 아디다스(Adidas)는 단순한 스포츠 브랜드였다. 하지만 2000년대 이후, 그들은 '경쟁'이 아닌 '표현'을 이야기하기 시작했다. 운동선수뿐 아니라 예술가, 뮤지션, 디자이너, 일반 소비자까지 포함해 모두를 '창조자(Creator)'로 바라보는 브랜드 철학이 탄생했다. 이 철학을 담은 대표 캠페인이 바로 'Adidas Originals & Creators'다.

아디다스는 기존의 스포츠 중심 이미지를 버리고, 도시 문화와 예술, 그리고 젊은 세대의 감성을 결합했다. 그 결과물이 'Adidas Originals' 즉, 클래식 로고와 빈티지 라인을 중심으로 '스포츠가 아니라 문화'로서의 브랜드를 재정의한 컬렉션이었다. 아디다스는 이 라인을 통해 "우리는 경기장을 넘어, 거리에서 살아 숨 쉬는 브랜드"라는 메시지를 던졌다.

캠페인의 핵심은 "Creativity is the Answer(창의성이 해답이다)"라는 슬로건이었다. 아디다스는 이 브랜드 철학을 대중에게 알리기 위해 다양한 노력을 시도했다. 리오넬 메시, 퍼렐 윌리엄스, 카니예 웨스트, 크리에이티브 디렉터 알렉산더 왕 등 서로 다른 분야의 인물들을 한 무대에 올렸고 그들은 "승리보다 창조", "기술보다 표현"이라는 공통된 가치를 상징했다. 이 다층적 조합은 소비자에게 "나도 나만의 방식으로 창조할 수 있다"는 감정적 자극을 주었다.

아디다스는 이 캠페인을 통해 스포츠 마케팅의 전통적 프레임을 문화 콘텐츠 마케팅으로 전환했다. 제품 중심이 아닌 세계관 중심(Brand Universe)의 접근이었다. 광고는 더 이상 운동장에서 땀 흘리는 선수만 보여주지 않았다. 대신 그래피티 거리, 클럽, 스튜디오, 그리고 현실의 도시 속 '창의적인 사람들'을 비췄다. 이는 젊은 세대가 공감하는 라이프스타일 브랜딩(Lifestyle Branding)의 대표적 형태였다.

이 캠페인은 또한 SNS에서 폭발적인 반응을 일으켰다. '#HereToCreate', '#AdidasOriginals' 해시태그가 트렌드 상위에 올랐고, 유튜브·인스타그램에서 수많은 2차 창작 콘텐츠가 쏟아졌다. 소비자들은 자신의 패션 스타일과 창의성을 '아디다스 감성'으로 표현했다. 브랜드는 이렇게 팬덤 기반의 참여형 커뮤니티(Participatory Community)를 구축했다. 아디다스는 이렇게 말한다." 우리는 운동화를 만드는 회사가 아니라, 세상에 영감을 주는 창조자들의 플랫폼이다."

이 한 문장이 'Originals & Creators' 캠페인의 본질을 요약한다. 결국 아디다스는 말하고 있다. 진짜 승리자는 이긴 사람이 아니라, 창조한 사람이라고...

언박싱 마케팅

언박싱(Unboxing) 마케팅은 제품을 뜯는 행위에서 출발한다. 그러나 오늘날 언박싱은 단순한 개봉 과정이 아니라 하나의 경험, 더 나아가 브랜드 전략으로 자리 잡았다. 소비자는 포장을 열고, 내부를 살펴보고, 첫 사용을 경험하는 전 과정을 즐긴다. 그리고 그 순간을 영상이나 사진으로 공유하면서 자연스럽게 또 다른 소비자를 끌어들이는 힘을 만들어낸다.

대표적인 사례는 유튜브 언박싱 영상이다. 인기 유튜버가 신제품 스마트폰이나 한정판 스니커즈를 박스에서 꺼내는 장면은 수백만 조회 수를 기록한다. 시청자는 '처음 만나는 순간의 설렘'을 간접적으로 체험한다. 마치 자신이 직접 개봉하는 듯한 대리 만족을 느끼는 것이다. 이는 단순 광고보다 훨씬 자연스럽게 소비자의 구매 욕구를 자극한다.

언박싱 마케팅이 효과적인 이유는 심리적 요인에 있다. 첫째, 인간은 '새로운 것'을 접할 때 강한 호기심과 즐거움을 느낀다. 둘째, 포장을 열며 조금씩 드러나는 과정은 기대감을 극대화한다. 마지막으로, 언박싱은 소비자의 '소유 경험'을 강조한다. 제품을 소유하게 되는 순간을 특별한 기억되도록 만드는 것이다.

애플은 언박싱 마케팅의 교과서라 불린다. 아이폰이나 맥북을 개봉해 본 소비자라면 알겠지만, 애플은 박스의 두께, 포장 비닐의 촉감, 개봉 시 들리는 소리까지 세밀하게 설계한다. 이 모든 요소가 사용자의 기대감을 높이고, 브랜드에 대한 긍정적 인상을 강화한다. 소비자는 "애플 제품은 열어보는 순간부터 특별하다"는 경험을 하게 된다.

뷰티 업계에서도 언박싱은 중요한 마케팅 요소다. 화려한 패키지와 감각적인 박스 디자인은 소비자가 개봉 장면을 SNS에 올리도록 자극한다. 이는 자연스럽게 브랜드 노출을 늘리고, 광고비를 들이지 않아도 강력한 홍보 효과를 만들어낸다. 최근에는 한정판 굿즈나 특별 패키지를 추가해 '열어보는 재미'를 더욱 강화하기도 한다.

언박싱 마케팅은 소비자의 '처음'을 붙잡는 전략이다. 처음의 설렘은 강렬한 기억으로 남고, 이는 다시 구매와 추천으로 이어진다. 단순히 상자를 여는 순간이 아니라, 브랜드가 소비자와 특별한 관계를 맺는 출발점이 되는 것이다. 따라서 제품의 품질뿐 아니라 포장 디자인, 개봉 과정의 디테일까지 꼼꼼히 설계해야 한다.

심리적 가격 마케팅

심리적 가격 마케팅은 숫자가 소비자의 감정과 인식에 미치는 영향을 활용하는 전략이다. 우리는 가격을 볼 때 단순히 숫자만 계산한다고 생각하지만, 실제로는 무의식 속에서 다양한 심리적 편향이 작동한다. 이 때문에 기업은 가격을 설계할 때 단순한 원가나 이익만 고려하는 것이 아니라, 소비자의 마음속에 어떤 인상을 심어줄지를 철저히 계산한다.

가장 대표적인 기법은 '99 효과'다. 10,000원이 아닌 9,900원으로 표시했을 때 소비자는 단 100원 차이임에도 불구하고 훨씬 저렴하다고 느낀다. 이는 왼쪽에서부터 숫자를 인식하는 인간의 습관 때문인데, '9'로 시작하는 가격은 10보다 확실히 낮다고 뇌가 받아들이는 것이다. 그래서 대형마트와 온라인 쇼핑몰에서는 대부분의 상품이 9,900원, 19,900원 같은 형태로 표시된다.

또 다른 예로 '단위 축소' 기법이 있다. 예를 들어 "하루 3,000원"이라고 제시하면 한 달 9만 원이라는 가격보다 부담이 덜 느껴진다. 같은 금액이지만 단위를 작게 나누어 보여주면 소비자는 심리적으로 더 쉽게 받아들인다. 헬스장 회원권이나 정기 구독 서비스가 자주 활용하는 방식이다.

비교 효과도 중요한 심리적 가격 전략이다. 한 레스토랑에서 와인 세 가지를 판매한다고 가정해 보자. 저가형, 중간가, 고가형이 있을 때 대부분의 고객은 '중간 가격대'를 선택한다. 이때 고가형은 실제 판매량보다도 '비교 기준점'으로 활용되는 것이다. 소비자가 저가형을 선택하지 않도록 유도하는 장치인 셈이다.

심리적 가격은 럭셔리 브랜드에서도 다른 방식으로 활용된다. 명품은 오히려 가격을 낮추지 않고 '높은 가격 자체'를 가치로 만든다. 비싸기 때문에 희소하고 특별하다고 인식되는 것이다. 이때 가격은 단순한 비용이 아니라 브랜드 정체성을 상징하는 요소가 된다.

이 전략의 장점은 강력하지만 주의할 점도 있다. 소비자가 가격 조작의 의도를 너무 뚜렷하게 느끼면 신뢰가 무너질 수 있다. 지나친 9,900원 전략이나 허술한 할인 표시는 오히려 브랜드 이미지를 깎아내린다. 따라서 성공적인 심리적 가격 마케팅은 세밀한 균형이 필요하다.

소비자는 가격을 계산하는 동시에 감정적으로 해석하고, 이는 구매 결정에 큰 영향을 준다. 브랜드가 소비자의 마음속 숫자 감각을 얼마나 정교하게 다루느냐에 따라 판매 성과와 이미지가 달라진다. 가격표 하나에도 마케팅 심리학이 숨어 있다.

펩시
Live for Now & 비욘세 슈퍼볼 캠페인

2013년, 펩시(PEPSI)는 거대한 전환점을 맞았다. 수십 년 동안 코카콜라의 강력한 브랜드 파워에 밀려 "두 번째 선택지"라는 이미지를 벗어나지 못하던 펩시는 새로운 세대의 언어로 스스로를 재정의하기로 했다. 그 결과 탄생한 슬로건이 바로 "Live for Now(지금을 살아라)"였다.

펩시는 '순간의 즐거움', '즉흥적인 에너지', '지금 이 순간의 나'를 강조했다. 이는 소비자가 브랜드를 통해 '현재의 자신'을 표현할 수 있게 한 감정 중심 마케팅(Emotion-driven Marketing)의 대표 사례였다. 캠페인의 결정적 전환점은 2013년 비욘세(Beyoncé)가 등장한 슈퍼볼 하프타임 쇼였다. 비욘세는 'Live for Now'의 메시지를 그대로 시각화했다. 무대 위에서 완벽한 열정과 에너지를 폭발시키며 전 세계 1억 명 이상의 시청자에게 "지금 이 순간을 살아라"는 감정을 각인시켰다.

비욘세는 또한 펩시와 함께 'Mirrors'라는 영상 광고를 제작했다. 거울 속 과거의 자신 '데스티니스 차일드 시절, 솔로 데뷔 무대 등'과 마주한 뒤 현재의 자신이 웃으며 말한다. "Embrace your past, but live for now. (과거를 받아들이되, 지금을 살아라)" 이 한 문장은 브랜드와 아티스트의 철학이 완벽히 일치한 순간이었다. 그 결과, 펩시는 '젊음의 감정'을 상징하는 문화 아이콘으로 자리 잡았다.

이 캠페인은 SNS를 중심으로 폭발적으로 확산됐다. 트위터와 인스타그램에는 #LiveForNow 해시태그가 수백만 건 등장했고, 펩시는 소비자들이 직접 자신의 '지금'을 공유하도록 독려했다. 콘텐츠는 광고가 아닌 참여형 문화로 변했다. 소비자가 브랜드 스토리의 주인공이 된 것이다.

펩시는 이 캠페인을 통해 '코카콜라의 대안'이 아닌 '젊은 세대의 상징'으로 리포지셔닝에 성공했다. 음악, 예술, SNS, 패션 등 다양한 문화적 접점을 활용해 브랜드를 하나의 라이프스타일 플랫폼으로 확장시켰다. 비욘세 이후에도 펩시는 켄달 제너, 위켄드, 카디 비 등 젊은 세대의 감성을 대변하는 인물들과 협업하며 '순간의 열정'을 시각화했다. 이는 '브랜드가 아니라 감정을 소비한다'는 시대의 흐름을 정확히 읽은 결과였다.

펩시는 광고로 경쟁하지 않았다. 그들은 음악과 순간의 에너지로 소비자들의 심장을 두드렸다. 그것이 바로, '젊음'을 브랜드로 만든 감성 마케팅의 진짜 힘이었다.

섀도 마케팅

섀도(Shadow) 마케팅은 직접적으로 자신을 드러내기보다, 경쟁자를 비추어 상대적으로 자신을 돋보이게 만드는 전략이다. 이름처럼 '그림자' 뒤에 숨어 경쟁자의 약점을 드러내거나, 비교 상황을 통해 자사 제품을 더 매력적으로 보이게 만든다. 소비자에게 노골적으로 "우리 것이 더 낫다"라고 말하지 않아도, 자연스럽게 그런 결론에 이르게 만드는 것이 특징이다.

대표적인 방식은 비교 광고다. 예를 들어 세탁세제 광고에서 'A 제품'이라고 이름을 가린 경쟁 브랜드와 자사 제품을 나란히 테스트한다. 실험 후 더 깨끗한 결과를 보여주며 "차이를 직접 확인하세요"라는 메시지를 던진다. 소비자는 이름이 가려져 있어도 경쟁 브랜드가 무엇인지 쉽게 추측할 수 있고, 그 순간 자사 브랜드는 더욱 선명하게 각인된다.

테크 업계에서도 섀도 마케팅은 자주 사용된다. 삼성과 애플의 스마트폰 경쟁은 그 대표적 사례다. 삼성은 아이폰을 직접 언급하지 않고도, 배터리 교체의 불편함이나 화면 크기의 한계를 지적하는 광고를 제작해 왔다. 소비자는 자연스럽게 "아이폰에는 없는 장점이 삼성에는 있다"라는 인식을 갖게 된다.

패스트푸드 업계도 섀도 마케팅의 무대다. 버거킹은 종종 "더 큰 불맛, 더 두꺼운 패티"라는 메시지로 경쟁사 맥도날드를 겨냥했다. 광고에서는 맥도날드라는 이름을 직접 쓰지 않지만, 누구나 떠올릴 수 있도록 은근히 비교 구도를 만든다. 이런 방식은 소비자에게 재미와 화제를 주면서도, 경쟁 브랜드와의 차별성을 강조하는 효과를 낸다.

섀도 마케팅의 강점은 공격적이지 않으면서도 효과적이라는 점이다. 직접적으로 경쟁사를 비난하면 역풍을 맞을 수 있지만, 그림자처럼 간접적으로 드러내면 소비자가 스스로 해석하고 결론을 내리게 된다. 이는 브랜드가 말하지 않아도 소비자가 더 강하게 받아들이는 심리적 효과를 낳는다.

하지만 주의할 점도 있다. 섀도 마케팅은 균형을 잃으면 단순한 흠집 내기로 보일 수 있다. 소비자가 "자신감이 부족해서 남을 깎아내리는구나"라는 인식을 가지면 오히려 부정적 효과가 생긴다. 따라서 섀도 마케팅은 자사 브랜드의 강점을 강조하는 보조 장치로 활용해야 한다. 상대의 그림자를 통해 스스로 빛을 낸다는 태도가 필요하다.

직접 싸우지 않고도 소비자의 인식 속에서 상대와의 비교 구도를 만들며, 자사 브랜드의 매력을 부각한다. 소비자가 무심코 경쟁 브랜드를 떠올리는 순간, 그림자 속에 있던 브랜드는 오히려 더 빛난다.

기억 왜곡 마케팅

기억 왜곡 마케팅은 사람들이 정확하게 기억하지 못하는 습관을 이용하는 전략이다. 우리는 어떤 경험을 오래 지나고 나면 사실 그대로 기억하기보다, 부분적으로만 남기거나 다른 기억과 섞어버리곤 한다. 마케터들은 이 점을 활용해 소비자가 스스로 브랜드와 경험을 연결해 떠올리도록 만든다. 정확하지 않더라도 브랜드와 연관된 기억이 남으면 충분히 효과가 있기 때문이다.

대표적인 현상이 '만델라 효과(Mandela Effect)'다. 실제와 다르게 집단적으로 기억하는 경우를 말한다. 예를 들어 많은 사람들이 포켓몬스터의 피카츄 꼬리에 검은 줄이 있다고 착각하지만, 사실은 그렇지 않다. 또 '몬폴리' 보드게임 캐릭터가 단안경을 쓴다고 기억하는 경우도 있지만 실제로는 아니다. 이런 착각은 오히려 화제가 되어 브랜드를 더 오래 기억하게 만든다. 일부 브랜드는 이런 착각 현상을 활용해 "당신은 어떻게 기억하나요?"라는 식의 이벤트를 진행해 소비자 참여를 유도하기도 한다.

광고에서도 기억 왜곡은 자주 활용된다. 소비자는 광고 문구를 모두 기억하지 못하고 특정 단어나 리듬 있는 부분만 남기는 경우가 많다. 예를 들어 음료 광고에서 "상쾌함이 톡톡 터진다"라는 문구가 나왔다면 시간이 지난 후에는 "톡톡 터진다"만 기억하는 식이다. 하지만 그 한 조각의 기억만으로도 브랜드를 떠올리게 된다. 그래서 광고 카피는 짧고 반복적인 경우가 많다. 소비자가 자연스럽게 왜곡해 기억해도 브랜드와 연결되도록 설계하는 것이다.

제품을 사용할 때도 기억은 자주 왜곡된다. 실제 맛이나 기능보다도 그 순간의 분위기나 감정이 더 강하게 남는 경우다. 예를 들어 카페에서 커피를 마셨을 때, 맛은 시간이 지나면 흐려지지만 음악과 조명, 향기 덕분에 '좋은 경험이었다'는 인상이 더 오래 기억된다. 이 때문에 브랜드는 제품 자체뿐 아니라 경험 전반을 설계하려고 한다. 기억이 부분적으로 왜곡되더라도 긍정적으로 남도록 만들기 위해서다.

기억 왜곡 마케팅은 결국 "사람은 사실 그대로보다 감정과 이야기로 기억한다"는 점에서 출발한다. 소비자는 광고 문구나 제품의 세세한 기능은 잊어도, 브랜드가 준 분위기와 감정은 오래 간직한다. 그 기억이 조금 왜곡되더라도, 브랜드가 따뜻하거나 즐거운 순간과 함께 떠오른다면 이미 성공적인 마케팅이라 할 수 있다.

"마케팅은 제품의 싸움이 아니라, 인식의 싸움이다." — 잭 트라우트 (마케팅 전략가)

만델라 효과

만델라 효과(Mandela Effect)는 많은 사람들이 실제와는 다르게 같은 방식으로 기억하는 현상을 말한다. 이름은 남아프리카공화국의 지도자 넬슨 만델라에서 유래했다. 1980년대에 이미 사망했다고 기억하는 사람들이 많았지만, 실제로 그는 2013년에 세상을 떠났다. 이처럼 집단적으로 잘못된 기억을 공유하는 현상이 바로 만델라 효과다.

이 현상은 우리의 기억이 얼마나 불완전한지를 보여준다. 우리는 어떤 사실을 똑같이 보거나 들었더라도 시간이 지나면서 세부 사항을 놓치고, 다른 경험과 섞어버린다. 그리고 그 기억이 반복적으로 공유되면, 많은 사람이 사실처럼 믿게 된다.

브랜드와 대중문화에서도 만델라 효과는 자주 나타난다. 코카콜라 로고가 그 사례다. 일부 사람들은 코카콜라 로고의 'Cola' 부분에 하이픈(-)이 있다고 기억하지만, 실제 로고에는 점(.) 같은 작은 장식이 있다.

이런 현상은 마케팅에서도 흥미롭게 활용된다. 브랜드 입장에서는 소비자의 잘못된 기억조차도 강력한 화제와 관심이 될 수 있기 때문이다. 어떤 브랜드는 의도적으로 소비자의 착각을 유발해 토론과 공유를 유도한다. "당신이 기억하는 건 맞을까요?"라는 질문만 던져도, 소비자는 스스로 검색하고 주변에 묻는다. 이 과정에서 브랜드는 자연스럽게 더 많이 노출된다.

만델라 효과는 또한 브랜드 로고 변화와도 관련이 있다. 소비자들은 종종 이전 로고와 현재 로고를 혼동한다. 예를 들어 코카콜라 로고의 빨간 곡선이나, 구글 로고의 색상 순서를 다르게 기억하는 경우가 있다. 이는 브랜드가 오랜 시간에 걸쳐 변화를 거듭하면서 소비자의 머릿속에 여러 기억이 겹쳐졌기 때문이다.

심리학적으로 보면 만델라 효과는 집단적 확증 편향과 관련이 깊다. 많은 사람이 같은 방식으로 기억한다고 느낄 때, 우리는 자신의 기억을 더 확신하게 된다. 그래서 사실과 달라도 쉽게 의심하지 않는다. 이는 인간이 완벽히 객관적인 존재가 아니라, 사회적 상호작용 속에서 기억을 만들어가는 존재임을 보여준다.

마케팅 차원에서 만델라 효과는 브랜드와 대중이 소통할 수 있는 흥미로운 지점이다. 소비자의 착각을 단순히 오류로 보지 않고, 이야기를 만드는 자산으로 활용하는 것이다. 다만 조작된 정보로 소비자를 속이는 것이 아니라, 기억의 불완전함을 유머와 화제로 연결하는 것이 핵심이다.

광고의 3B 법칙

광고의 세계에는 '3B 법칙'이라는 흥미로운 원칙이 있다. 바로 Beauty(아름다운 여성), Baby(아기), Beast(동물) 세 가지 요소가 들어가면 광고가 성공할 확률이 높아진다는 것이다. 인간이 본능적으로 끌리는 대상을 활용하는 전략으로, 단순해 보이지만 지금까지도 가장 강력하게 작동하는 법칙 중 하나다.

먼저 Beauty, 즉 아름다운 여성은 시각적 주목도를 높인다. 사람은 매력적인 대상을 보면 무의식적으로 시선을 빼앗기고, 더 오래 머물게 된다. 이는 뇌가 진화 과정에서 아름다움을 건강, 활력, 긍정적인 감정과 연결했기 때문이다. 화장품, 패션, 자동차 광고에서 매력적인 모델을 세우는 것은 관습이 아니라 뇌과학적으로 입증된 효과를 노린 전략이다.

둘째는 Baby, 아기다. 아기는 본능적으로 보호 본능을 자극한다. 귀여운 얼굴, 큰 눈, 천진난만한 웃음은 보는 사람의 마음을 무장 해제시킨다. 실제로 아기가 등장하는 광고는 브랜드와 전혀 상관없어도 호감을 얻는 경우가 많다. 분유나 기저귀 같은 육아 제품뿐 아니라, 보험, 자동차, 심지어 은행 광고에서도 아기가 활용되는 이유가 바로 여기에 있다. 아기의 이미지는 신뢰와 따뜻함을 곧장 불러일으킨다.

셋째는 Beast, 즉 동물이다. 반려동물이나 야생 동물은 재미와 친근감을 동시에 전달한다. 강아지와 고양이가 나오는 광고는 보는 것만으로도 시청자의 표정을 부드럽게 만든다. 동물은 의도치 않게 웃음을 주거나 감동적인 상황을 연출해 광고에 자연스러운 매력을 불어넣는다. 예를 들어 슈퍼볼 광고에서 강아지와 말을 주인공으로 내세운 코카콜라와 버드와이저의 캠페인은 수많은 사람들에게 감동을 주며 '잊히지 않는 광고'로 남았다.

3B 법칙은 인간의 심리와 깊은 관련이 있다. 아름다움은 매혹을, 아기는 보호 본능을, 동물은 친근감과 재미를 자극한다. 세 요소는 모두 감정을 움직이고, 감정은 곧 소비자의 행동으로 이어진다. 실제로 소비자가 광고를 기억하는 이유는 정보보다 감정이 더 크게 작용한다는 연구 결과도 있다.

광고의 3B 법칙은 오랜 세월 동안 반복적으로 증명된 효과적인 전략이다. 그래서 오늘날에도 여전히 많은 광고가 아름다움, 아기, 동물을 활용해 소비자의 마음을 사로잡고 있다.

광고의 4C 원칙

광고의 효과를 높이기 위해서는 소비자가 메시지를 이해하고 신뢰하며 행동으로 옮기도록 만드는 구조가 필요하다. 이를 설명하는 대표적인 개념이 바로 광고의 4C 원칙이다. 4C는 Clarity(명확성), Credibility(신뢰성), Consistency(일관성), Competitiveness(경쟁력) 네 가지 요소로 구성된다.

첫째, Clarity(명확성). 광고의 메시지는 짧고 분명해야 한다. 소비자는 하루에도 수백 개 이상의 광고에 노출되기 때문에 복잡한 문구나 장황한 설명은 쉽게 흘려보낸다. "Just Do It" 같은 나이키의 슬로건은 불필요한 설명을 덜어내고, 단순하지만 강력한 메시지로 소비자의 마음을 움직인다. 광고는 1초 안에 눈길을 끌고, 7초 안에 내용을 이해시켜야 한다는 말이 괜히 나온 게 아니다.

둘째, Credibility(신뢰성). 광고가 사실과 다르거나 과장되면 소비자는 금세 외면한다. 신뢰는 브랜드 이미지와 직결되기 때문이다. 최근 소비자들은 후기와 리뷰를 광고보다 더 신뢰하는 경향이 있다. 그래서 광고 속에서도 실제 사용자 인터뷰, 객관적 데이터, 사회적 증거를 활용하는 경우가 늘고 있다. 신뢰를 기반으로 한 광고는 단기 판매를 넘어 장기적인 브랜드 충성도로 이어진다.

셋째, Consistency(일관성). 광고 메시지가 매번 다르면 브랜드 정체성이 흐려진다. 코카콜라가 수십 년 동안 '행복'과 '함께 나누는 즐거움'을 일관되게 강조한 덕분에, 소비자는 로고만 보아도 자연스럽게 같은 감정을 떠올린다. 광고에서의 일관성은 브랜드가 추구하는 가치와 감정을 지속적으로 연결하는 것이다.

넷째, Competitiveness(경쟁력). 광고는 경쟁사와의 차별점을 분명히 보여주어야 한다. "좋다"는 설명은 누구나 할 수 있다. 하지만 "다른 제품과 비교했을 때 무엇이 더 낫다"는 포인트가 있어야 소비자의 선택을 이끌 수 있다. 예를 들어 애플은 단순히 스마트폰을 광고하지 않는다. "혁신적인 사용자 경험"이라는 경쟁력을 전면에 내세워 다른 브랜드와 차별화한다.

광고는 하루가 다르게 변화하는 환경 속에서 새로운 기법이 등장하고 사라진다. 그러나 4C 원칙은 시대와 매체를 막론하고 여전히 유효하다. 기본에 충실할 때, 광고는 소비자에게 잊히지 않는 경험으로 남을 수 있다.

"가장 훌륭한 마케팅은 마케팅처럼 느껴지지 않는 것이다."
— 톰 피시번 (마케팅 카투니스트)

> Get ideas!

루이비통
예술과 협업 마케팅

134

루이비통(Louis Vuitton)은 가방 브랜드 이상의 존재다. 그들은 '명품'이라는 단어조차 평범하게 만들어버릴 만큼, 예술과 패션, 그리고 문화의 경계를 허문 브랜드다. 루이비통의 핵심 전략은 명확하다. "우리는 물건을 팔지 않는다. 감성과 예술적 경험을 판다."

이 철학을 가장 상징적으로 보여준 것이 바로 아티스트 협업(Art Collaboration) 마케팅이다. 루이비통은 패션 브랜드 중 가장 먼저 예술과 협업을 마케팅의 중심으로 끌어올렸다. 그 시작은 2001년, 뉴욕의 팝아티스트 스티븐 스프라우스(Stephen Sprouse)와의 협업이었다. 그는 클래식한 LV 모노그램 위에 형광색 그래피티를 덧입혔다. 이 '그래피티 백'은 전통 명품의 권위와 거리 예술의 자유로움이 결합된 상징이었고, 전 세계에서 폭발적인 반응을 얻었다.

이후 루이비통은 꾸준히 예술가들과 협업을 이어왔다. 다카시 무라카미, 야요이 쿠사마, 리처드 프린스, 제프 쿤스 등 현대미술을 대표하는 거장들과의 프로젝트를 통해 '가방이 아닌 캔버스'를 만들어냈다. 이런 협업은 디자인의 변주가 아니라, 예술이 브랜드의 언어가 되는 순간이었다. 가방 하나가 예술 작품으로 승화되며, 소비자는 제품을 구매하는 동시에 '예술 경험'을 소비하게 된 것이다.

이러한 협업은 루이비통을 패션 산업의 틀을 넘어 문화 브랜드(Cultural Brand)로 진화시켰다. 2014년, 루이비통은 프랑스 파리에 '루이비통 재단 미술관(Foundation Louis Vuitton)'을 설립했다. 건축가 프랭크 게리가 설계한 이 공간은 브랜드의 철학 '예술, 혁신, 여행'을 건축으로 시각화한 상징물이었다. 이는 "예술을 후원하는 명품"이라는 새로운 브랜드 포지셔닝을 완성했다.

루이비통은 SNS와 디지털 플랫폼에서도 이 감성을 확장했다. 그들은 작가의 철학과 창작 과정을 보여주는 미니 다큐멘터리 형식으로 콘텐츠를 제작한다. 이는 '디지털 시대의 아트 큐레이션' 전략으로, 럭셔리를 정보가 아닌 감정으로 느끼게 한다.

이런 접근의 핵심은 '브랜드를 작품화하는 마케팅'이다. 루이비통은 협업을 통해 매 시즌 '새로운 이야기'를 만든다. 이야기에는 예술가의 철학, 시대의 메시지, 그리고 감정의 흐름이 담겨 있다. 이렇게 쌓인 서사가 곧 브랜드의 세계관이 된다. 루이비통은 이렇게 말한다. "예술은 우리 브랜드의 언어이고, 협업은 그 언어의 대화다." 루이비통의 마케팅은 광고보다 전시처럼 느껴진다. 소비자는 구매자가 아닌 관람객이 되고, 그 경험이 브랜드의 가치를 더욱 깊게 만든다.

AIDA 모델

AIDA 모델은 광고와 마케팅에서 소비자가 구매에 이르기까지 거치는 과정을 설명하는 대표적 이론이다. 1898년 미국의 광고인 엘머 루이스가 처음 제안한 개념으로, 지금까지도 광고 기획과 마케팅 전략의 기본 틀로 활용되고 있다. AIDA는 Attention(주의), Interest(흥미), Desire(욕구), Action(행동) 네 단계를 뜻한다.

첫째, Attention(주의 끌기) 단계다. 광고는 무엇보다 먼저 소비자의 시선을 사로잡아야 한다. 소비자는 하루에도 수많은 광고를 접하기 때문에 눈에 띄지 않으면 존재조차 인식되지 않는다. 강렬한 이미지, 파격적인 문구, 독특한 색채나 소리 등이 주의를 끄는 요소로 쓰인다. 예를 들어 빨간색 세일 포스터나 예상치 못한 반전이 담긴 광고는 '멈춰서 보게 만드는 힘'을 발휘한다.

둘째, Interest(흥미 유발) 단계다. 주의를 끌었다면 이제는 내용을 통해 소비자의 관심을 유지해야 한다. 이 단계에서는 단순한 시각적 자극이 아니라, 소비자가 '나와 관련 있다'고 느끼게 하는 정보와 메시지가 중요하다. 예를 들어 화장품 광고라면 단순히 모델의 미모를 보여주는 것이 아니라, 실제 피부 고민을 해결하는 장면을 보여주어야 흥미를 얻는다.

셋째, Desire(욕구 자극) 단계다. 광고는 소비자가 제품을 갖고 싶게 만들어야 한다. 여기서는 감정적 메시지가 강력한 역할을 한다. "이 제품을 쓰면 더 행복해질 수 있다"는 식의 스토리텔링, 혹은 경쟁 제품과 비교해 차별적인 장점을 강조하는 방식이 활용된다. 예컨대 자동차 광고에서 '단순한 이동 수단'이 아니라 '가족과 함께하는 안전한 순간'을 보여주는 것은 욕구를 자극하는 전략이다.

넷째, Action(행동 촉구) 단계다. 아무리 좋은 광고라도 행동으로 이어지지 않으면 효과가 없다. 그래서 이 단계에서는 소비자가 즉시 움직일 수 있는 구체적 메시지가 필요하다. "지금 주문하세요", "오늘만 무료 배송", "가까운 매장에서 체험 가능" 같은 문구가 바로 행동을 이끌어내는 장치다. 최근에는 QR코드, 클릭 버튼, 간편 결제 시스템 등 디지털 도구들이 이 역할을 대신한다.

AIDA 모델의 장점은 단순하면서도 실용적이라는 점이다. 이 네 단계를 기준으로 광고를 점검하면, 어느 부분에서 부족한지 명확히 알 수 있다. 주목은 받았지만 흥미를 유지하지 못했는지, 욕구는 자극했지만 행동으로 이어지지 못했는지 확인할 수 있다. 그래서 지금도 마케터와 광고 기획자들은 AIDA를 하나의 체크리스트처럼 활용한다. 그래서 AIDA는 지금도 광고와 마케팅의 기초이자, 가장 오래 살아남은 법칙 중 하나로 꼽힌다.

광고의 황금 8초 법칙

광고의 세계에서 자주 언급되는 개념 중 하나가 바로 '황금 8초 법칙'이다. 이는 소비자가 광고에 집중하는 평균 시간이 약 8초에 불과하다는 사실에서 비롯된 말이다. 디지털 시대에 들어 정보가 넘쳐나면서 우리의 주의력은 점점 짧아졌고, 광고는 그 짧은 순간 안에 강렬한 인상을 남겨야 한다는 것이 핵심이다.

예전에는 텔레비전 광고가 30초, 영화관 광고가 1분 이상이더라도 소비자들이 비교적 집중해서 봤다. 하지만 지금은 유튜브, 인스타그램, 틱톡 등 짧은 콘텐츠가 일상화되면서 광고에 대한 인내심이 크게 줄어들었다. 스킵 버튼을 누르기 전 단 5초 동안 브랜드의 존재를 알려야 하고, 소셜 미디어 피드에서 스크롤을 멈추게 만들려면 3~4초 안에 시선을 사로잡아야 한다. 이런 흐름 속에서 "광고의 운명은 8초 안에 결정된다"는 말이 현실이 되었다.

이 법칙은 광고 기획 방식에도 큰 변화를 불러왔다. 브랜드는 이제 처음부터 소비자의 주목을 강하게 끌 수 있는 장치를 고민해야 한다. 강렬한 색채, 독특한 이미지, 예기치 못한 반전 같은 요소가 초반부에 배치된다. 예를 들어 어떤 패션 브랜드 광고는 시작과 동시에 모델이 물에 뛰어드는 장면을 보여주어 시청자가 무심코 스크롤을 멈추게 만든다. 이후 제품이나 메시지를 자연스럽게 이어가는 방식이다.

또한 황금 8초는 이 시간 안에 소비자가 광고를 계속 볼지 말지를 판단하기 때문에, 브랜드의 핵심 메시지와 톤이 이 순간에 드러나야 한다. "무엇을 파는가?"뿐 아니라 "왜 중요한가?"를 압축적으로 보여줄 필요가 있다. 나이키의 "Just Do It"처럼 단순하지만 강렬한 카피는 짧은 순간에도 소비자의 감정을 움직인다.

이 법칙은 온라인뿐 아니라 오프라인 광고에도 적용된다. 버스 정류장 포스터나 옥외 광고판은 보행자가 스쳐 지나가며 보는 시간이 평균 7~8초에 불과하다. 그래서 메시지가 길면 읽히지 않는다. 성공적인 옥외 광고는 단 한 줄의 문구와 강렬한 비주얼만으로도 충분히 소비자에게 각인된다.

광고의 황금 8초 법칙은 결국 "짧지만 강하게"라는 원칙으로 요약된다. 과거처럼 긴 설명과 장황한 스토리로는 소비자를 붙잡기 어렵다. 대신 압축된 메시지, 직관적인 이미지, 감정을 자극하는 요소가 필요하다.

칵테일 파티 효과

칵테일 파티 효과란 시끌벅적한 파티장처럼 소음이 가득한 환경 속에서도 자신과 관련된 단어, 특히 이름이 들리면 곧바로 귀에 꽂히는 현상을 말한다. 수많은 대화가 동시에 오가는 상황에서도 "김 씨!"라고 누군가 부르면 바로 반응하게 되는 것이다. 인간의 뇌가 의미 없는 정보는 걸러내고, 자신과 직접 관련 있는 정보에만 집중하도록 진화했기 때문이다.

이 현상은 광고와 마케팅에서 매우 중요한 시사점을 준다. 현대 소비자는 하루 평균 수천 개의 광고 메시지에 노출된다. 그러나 대부분은 흘려듣고 기억하지 못한다. 오직 자신과 관련이 있거나 개인적으로 의미 있는 메시지만이 주의를 끈다. 그래서 브랜드는 광고 속에서 소비자가 '이건 내 얘기다'라고 느낄 수 있는 장치를 마련해야 한다.

예를 들어 이름을 직접 언급하는 방식이 있다. 이메일 마케팅에서 "고객님, 안녕하세요"보다는 "민수 님, 이런 혜택을 준비했어요"라고 하면 반응률이 확연히 올라간다. 온라인 광고에서도 지역, 연령, 관심사에 따라 맞춤형 메시지를 보여주면 효과가 크다. "서울 강남 직장인을 위한 특별 할인"이라는 문구는 강남에 사는 직장인에게 곧바로 눈에 들어온다.

칵테일 파티 효과는 시각적 영역에서도 활용된다. 광고판에 수많은 문구가 있을 때, 소비자가 관심 있는 키워드가 크게 강조되어 있다면 시선을 끌게 된다. 다이어트를 고민하는 사람은 '칼로리 0'이라는 문구에, 자녀 교육에 관심 있는 부모는 '우리 아이를 위한'이라는 표현에 더 빨리 반응한다. 이는 뇌가 불필요한 정보는 배제하고 자신에게 맞는 단서를 찾아내기 때문이다.

소셜 미디어 광고도 마찬가지다. 무작정 많은 사람에게 보여주는 것보다, 데이터 기반 타깃팅으로 관심사가 일치하는 사용자에게만 보여줄 때 효과가 크다. 사용자는 광고를 '내 문제를 해결해주는 제안'으로 받아들이며, 이는 곧 행동으로 이어질 가능성을 높인다.

흥미로운 점은 칵테일 파티 효과가 브랜드의 톤앤매너에도 영향을 미친다는 것이다. 소비자가 일상적으로 사용하는 언어와 브랜드의 메시지가 닮아 있을수록 더 잘 반응한다. 예를 들어 Z세대를 대상으로 하는 광고라면 트렌디한 밈이나 짧은 표현을 활용할 때 반응률이 높다. 반면 고급 브랜드는 격식 있고 세련된 언어로 소비자의 자아와 일치하도록 만든다.

수많은 메시지 속에서 소비자의 귀와 눈에 '선택적으로' 들어와야 살아남는다. 개인의 관심과 맥락에 맞춘 언어와 이미지를 통해, 광고는 단순한 소음이 아니라 의미 있는 대화로 변신한다.

메라비언의 법칙

메라비언의 법칙(Mehrabian's Rule)은 인간의 커뮤니케이션에서 언어보다 비언어적 요소가 더 큰 영향을 미친다는 이론이다. 1970년대 미국 심리학자 알버트 메라비언(Albert Mehrabian)이 제시한 연구 결과에서 유래했다. 그는 메시지를 전달할 때 사람들은 말의 내용 7%, 목소리 톤 38%, 표정과 몸짓 같은 시각적 요소 55%를 통해 의미를 해석한다고 설명했다. 즉, 말 자체보다도 어떻게 말하느냐가 훨씬 중요하다는 것이다.

이 법칙은 광고와 마케팅에서도 큰 의미를 가진다. 광고는 본질적으로 브랜드가 소비자에게 메시지를 전달하는 행위다. 그런데 소비자가 실제로 기억하고 반응하는 것은 긴 카피나 복잡한 설명이 아니라, 배우의 표정, 배경 음악, 색감 같은 비언어적 요소다. 예를 들어 웃는 얼굴로 "이 제품은 좋습니다"라고 말하면 신뢰가 생기지만, 무표정이나 부정적인 표정과 함께 같은 말을 하면 소비자는 오히려 거부감을 느낀다.

텔레비전 광고에서 감정 표현이 중요한 이유도 여기에 있다. 짧은 15~30초 안에 소비자의 마음을 움직이려면, 화려한 문구보다 배우의 눈빛, 따뜻한 미소, 진심 어린 목소리가 더 큰 힘을 발휘한다. 최근 인기 있는 ASMR 광고나 감성 브랜디드 필름은 목소리의 톤과 분위기를 극대화하여 소비자에게 몰입감을 주는 대표적인 사례다.

메라비언의 법칙은 옥외광고와 같은 시각적 매체에도 적용된다. 길거리에서 소비자가 포스터를 보는 시간은 평균 7초 내외인데, 이때 긴 문장은 거의 읽히지 않는다. 오히려 선명한 색채, 직관적인 이미지, 강렬한 로고가 더 큰 메시지를 전달한다. 소비자의 뇌는 언어보다 이미지를 더 빨리 처리하기 때문이다.

디지털 시대에도 이 법칙은 여전히 유효하다. 유튜브나 인스타그램에서 광고를 클릭하기 전, 소비자는 몇 초 안에 분위기와 톤을 파악한다. 영상 속 인물이 어떤 표정을 짓는지, 어떤 음악이 흐르는지에 따라 '보고 싶다' 혹은 '넘겨야겠다'는 판단을 한다. 심지어 라이브 커머스에서도 진행자의 어조와 표정이 매출에 직접적인 영향을 미친다는 사실이 여러 차례 입증되었다.

물론 메라비언의 법칙을 절대적인 공식으로 이해할 필요는 없다. 그러나 이 법칙이 강조하는 핵심은 분명하다. 소비자는 단어가 아니라 태도와 분위기를 통해 메시지를 받아들인다는 것이다.

삼성전자
브랜드 리포지셔닝과 갤럭시 생태계 전략

139

삼성전자는 한때 '기술력은 최고지만, 감성은 부족한 브랜드'로 평가받았다. 스펙과 기능 중심의 광고가 주를 이루던 시절, 소비자들은 삼성 제품을 '성능 좋은 기계'로 인식했지만 '나를 표현하는 브랜드'로는 느끼지 못했다. 그러나 2010년대 중반 이후, 삼성은 완전히 달라졌다. 그들은 기술을 이야기하는 대신, 사람과 경험을 이야기하기 시작했다.

이 변화의 시작점은 갤럭시(Galaxy) 브랜드의 리포지셔닝이었다. 삼성은 더 이상 "세계에서 가장 빠른, 가장 얇은"을 내세우지 않았다. 대신 "당신의 일상 속 혁신", "사람을 위한 기술"을 강조했다. 대표적인 슬로건 "Do What You Can't(할 수 없던 것을 하라)"는 도전과 가능성의 메시지였다.

삼성은 제품을 개별적으로 홍보하는 대신 스마트폰, 워치, 태블릿, 이어버드, 가전 등 모든 기기를 하나로 묶은 갤럭시 생태계(Galaxy Ecosystem) 전략을 본격화했다. 이는 기술의 통합을 넘어 생활의 연결을 제시한 접근이었다. 스마트폰으로 사진을 찍고, 워치로 운동을 기록하며, TV나 냉장고로 콘텐츠를 이어보는 일상 속 경험은 소비자에게 "삼성은 내 삶을 하나로 이어주는 브랜드"라는 감정을 심어줬다.

이 전략의 핵심은 '기능의 나열'이 아닌 사용자 경험(UX)이었다. 삼성은 제품의 경계를 허물고, 기술이 자연스럽게 스며드는 '조용한 혁신(Silent Innovation)'을 추구했다. 예를 들어, 갤럭시 Z 폴드와 Z 플립 시리즈는 단순한 스마트폰이 아니라 '새로운 사용 방식'의 제안이었다. 화면이 접히는 물리적 혁신보다, '자신의 개성과 스타일을 드러내는 감성적 도구'로 포지셔닝한 것이다.

삼성의 마케팅은 감성적으로도 진화했다. "기술이 인간을 따뜻하게 할 수 있는가?"라는 질문에 그들은 영상, 음악, 스토리로 답했다. 'Over the Horizon' 사운드 아이덴티티, 'Galaxy for the Planet' 캠페인, 'Galaxy AI' 광고 영상 등은 모두 기술을 감정의 언어로 번역한 콘텐츠였다.

또한 삼성은 글로벌 브랜드이지만, 로컬 감성을 이해하는 마케팅에도 강했다. 한국에서는 따뜻한 가족 스토리, 인도에서는 교육 기회, 유럽에서는 지속 가능성 메시지를 중심으로 한 문화 맞춤형 커뮤니케이션(Localization)을 펼쳤다. 이 전략은 '세계 어디서나 나와 연결된 브랜드'라는 인식을 강화했다. 브랜드 가치 역시 이를 증명한다. 삼성전자는 인터브랜드 선정 '세계 5대 브랜드'에 꾸준히 이름을 올렸으며, 갤럭시 시리즈는 기술과 감성을 모두 갖춘 인간 중심 혁신(Human-centered Innovation)의 대표 브랜드로 자리했다. 삼성은 이제 이렇게 말한다.
"우리는 사람이 더 자유롭게 살아갈 수 있도록 기술을 만든다."

Get ideas!

광고의 빈도 효과

광고의 빈도 효과(Mere Exposure Effect)는 심리학자 로버트 자이언스(Robert Zajonc)가 제시한 개념으로, 사람은 어떤 대상을 반복해서 접할수록 호감이 높아진다는 원리다. 처음에는 관심이 없거나 심지어 별로라고 느꼈던 것도 여러 번 보게 되면 익숙해지고, 익숙함은 곧 호감으로 이어진다. 광고에서 같은 문구와 이미지를 끊임없이 노출하는 이유가 바로 여기에 있다.

우리는 일상에서 이 효과를 자주 경험한다. 처음에는 관심 없던 노래가 라디오와 유튜브에서 반복 재생되다 보면 어느새 흥얼거리게 된다. 특정 브랜드 로고가 매일 출퇴근길 지하철 광고판에 걸려 있으면, 필요할 때 자연스럽게 그 브랜드가 먼저 떠오른다. 이는 뇌가 새로운 것보다 익숙한 것을 안전하다고 인식하기 때문이다.

광고업계에서는 이 효과를 적극적으로 활용한다. 텔레비전 광고의 반복 송출, 유튜브 프리롤 광고의 빈번한 노출, SNS 피드에서 계속 보이는 동일한 배너 광고는 모두 빈도 효과를 노린 전략이다. 소비자는 의식적으로 광고를 무시하려 하지만, 무의식 속에는 점차 브랜드 이미지가 자리 잡는다. 그래서 나중에 구매 상황에 직면했을 때 더 친근하게 느껴져 선택 확률이 높아진다.

대표적인 사례가 코카콜라다. 코카콜라는 특별히 새로운 메시지를 매번 내세우지 않는다. 대신 빨간색 로고와 "행복, 나눔"이라는 일관된 이미지를 지속적으로 반복 노출한다. 덕분에 소비자는 코카콜라를 단순한 탄산음료가 아니라 '친숙한 친구 같은 브랜드'로 받아들인다.

디지털 시대의 빈도 효과는 개인화 전략과 결합해 더욱 정밀해지고 있다. 모든 소비자에게 무작정 반복 노출하는 대신, 특정 관심사를 가진 집단에 맞춤형 메시지를 여러 번 보여준다. 예를 들어 신발을 자주 검색한 사람에게만 스포츠 브랜드 광고가 반복 노출되는 식이다. 이는 과도한 피로감을 줄이면서도 효과적으로 익숙함을 심어줄 수 있는 방법이다.

광고의 빈도 효과는 결국 사람은 낯선 것보다 익숙한 것을 선택한다는 것이다. 브랜드가 소비자의 일상 속에 자연스럽게 스며드는 순간, 소비자는 그 브랜드를 신뢰하고 선택할 가능성이 높아진다. 그래서 광고는 한 번의 강렬한 노출보다, 여러 번의 익숙한 노출이 더 큰 힘을 발휘할 수 있다.

"반복은 모든 기술의 어머니이다." — 토니 로빈스 (작가)

브랜드 저널리즘

브랜드 저널리즘은 기업이 언론사처럼 스스로 콘텐츠를 제작하고 발행하는 전략을 말한다. 전통적으로 언론은 독자에게 정보를 전달하고, 기업은 언론을 통해 메시지를 노출했다. 하지만 디지털 미디어 환경이 확대되면서 기업이 직접 '콘텐츠 생산자'로 나서고 있다. 광고를 넘어 뉴스 기사, 스토리, 다큐멘터리 형식으로 브랜드의 가치와 철학을 전하는 것이 브랜드 저널리즘의 핵심이다.

이 전략은 소비자의 변화된 정보 습관과 밀접하다. 현대 소비자는 광고보다 기사나 리뷰처럼 정보성 콘텐츠를 더 신뢰한다. 단순한 제품 홍보는 경계하지만, 흥미롭고 유익한 이야기는 자연스럽게 소비한다. 그래서 기업은 브랜드 중심의 기사나 영상, 블로그 포스트를 제작해 마치 언론 보도를 접하는 듯한 경험을 제공한다.

대표적인 사례로는 코카콜라의 '코카콜라 저니(Coca-Cola Journey)'를 들 수 있다. 코카콜라는 전 세계 소비자에게 사회공헌 활동, 문화 트렌드, 브랜드 역사 등을 기사 형식으로 전달했다. 소비자는 마치 온라인 잡지를 읽듯이 코카콜라의 세계관에 몰입하게 된다. 이는 광고보다 덜 거부감을 주면서 브랜드에 대한 신뢰를 쌓는 효과를 냈다.

브랜드 저널리즘은 콘텐츠 마케팅과도 닮아 있지만, 차이가 있다. 콘텐츠 마케팅이 소비자 참여와 전환에 초점을 맞춘다면, 브랜드 저널리즘은 '브랜드가 가진 스토리와 신뢰'를 쌓는 데 더 방점을 둔다. 기업이 사회적 이슈에 대한 목소리를 내고, 내부 직원과 고객의 이야기를 기사처럼 다루는 것도 브랜드 저널리즘의 방식이다.

SNS와 유튜브 시대에는 브랜드 저널리즘이 더욱 중요해졌다. 소비자는 언론 기사를 보듯이 기업의 채널을 방문하고, 직접적인 광고 대신 유익한 정보를 원한다. 예를 들어 테크 기업이 최신 기술 트렌드를 분석한 리포트를 공개하거나, 뷰티 브랜드가 피부 과학 관련 기사를 연재하면 소비자는 '전문성을 갖춘 신뢰할 수 있는 브랜드'로 인식한다.

브랜드 저널리즘은 선택이 아닌 필수 전략이 되고 있다. 광고만으로는 소비자의 마음을 얻기 어려운 시대, 기업이 직접 스토리텔러가 되어야 한다. 소비자와의 신뢰 관계는 결국 '정보를 어떻게 제공하고 어떤 이야기를 전하느냐'에 달려 있다.

"당신의 이야기가 모두 제품과 서비스에 관한 것이라면,
 그것은 스토리텔링이 아니라 브로슈어일 뿐이다." — 제이 베어 (마케팅 전문가)

앵커링 효과

앵커링 효과(Anchoring Effect)는 심리학과 행동경제학에서 자주 언급되는 개념으로, 사람은 처음 제시된 정보(앵커)에 지나치게 의존해 판단을 내리는 경향을 말한다. 광고와 마케팅에서는 이 원리를 가격, 비교, 선택 상황에 적용해 소비자의 결정을 유도한다. 쉽게 말해, 처음 보여주는 기준이 이후 판단의 기준점이 된다는 것이다.

대표적인 예는 가격 책정이다. 어떤 브랜드가 신제품을 내놓으며 "정가 20만 원 → 출시 기념가 12만 원"이라고 광고한다고 하자. 소비자는 실제로 12만 원이 적정한지 따져보지 않고, 처음 제시된 20만 원을 기준으로 삼는다. 그래서 12만 원이 훨씬 합리적으로 느껴진다. 이처럼 첫 가격은 '앵커' 역할을 하며, 이후 모든 판단은 그 기준과 비교된다.

레스토랑의 와인 리스트도 좋은 사례다. 메뉴판 맨 위에 매우 비싼 와인을 배치하면, 그 아래 와인들이 상대적으로 저렴해 보인다. 소비자는 본래보다 비싼 가격의 와인을 무리 없이 선택하게 된다. 이는 광고가 직접적으로 "이것이 싸다"고 주장하지 않아도, 소비자의 뇌가 처음 마주한 가격을 기준 삼아 판단하기 때문이다.

심리적 비교 구도를 만드는 것도 앵커링 효과의 응용이다. 예컨대 휴대폰 광고에서 "타사 대비 배터리 사용 시간 2배"라는 문구를 넣으면, 소비자는 배터리 성능을 평가할 때 항상 경쟁사의 수치를 기준으로 삼는다. 즉, 브랜드가 던져놓은 비교 기준이 소비자의 인식 속에 고정되는 셈이다.

광고 크리에이티브에서도 앵커링은 강력하다. 처음 보여주는 장면이 소비자의 기억을 좌우하기 때문이다. 어떤 보험 광고가 갑작스러운 사고 장면으로 시작한다면, 이후 등장하는 보장 혜택이 더욱 강하게 받아들여진다. 시청자는 첫 장면에서 설정된 기준(위험 상황)에 묶여 있기 때문에, 그 뒤의 메시지를 더 설득력 있게 느낀다.

앵커링 효과는 결국 인간의 뇌가 합리적 계산보다 직관적 기준에 크게 영향을 받는다는 점을 보여준다. 광고는 이 심리를 이용해 소비자가 긍정적인 기준점에 머물도록 설계한다. 처음 제시되는 메시지와 숫자가 소비자의 머릿속에 닻처럼 내려앉아, 이후 모든 판단을 이끌어가는 것이다.

"사람들은 논리가 아닌 감정으로 구매하고, 논리로 구매를 정당화한다." — 조셉 슈거맨 (카피라이터)

페덱스
The World on Time 캠페인

143

페덱스(FedEx)의 성공 비결은 단 한 문장 "The World on Time(세상을 제시간에)"로 설명이 된다. 이 슬로건은 1980년대 초에 등장해 40년이 지난 지금까지도 기업의 정체성과 철학을 완벽히 설명하는 상징으로 남아 있다.

이 문장은 단순히 '빠르게 배달하겠다'는 약속이 아니다. '시간'이라는 추상적 개념을 브랜드의 감정으로 전환한 철학적 메시지다. 페덱스는 고객이 진짜로 원하는 것이 '속도'가 아니라 "기대한 순간에 정확히 도착하는 신뢰"임을 간파했다. 즉, 배송업이 아닌 시간을 전달하는 비즈니스(Time Delivery Business)로 스스로를 정의한 것이다.

광고 캠페인은 그 철학을 감각적으로 표현했다. 1990년대 미국에서 방영된 대표 광고 중 하나에는 급한 서류를 전달해야 하는 직원이 등장한다. 그는 비행기를 놓치지 않기 위해 전력 질주하고, 마지막 순간, 페덱스 항공기에 상자를 싣는 장면으로 마무리된다. 내레이션은 단 한 문장 "When it absolutely, positively has to be there overnight. (절대적으로, 반드시 내일 도착해야 한다면)" 이 짧은 문장은 고객의 불안을 완벽히 해소하는 신뢰의 메세지였다.

이후에도 페덱스는 '정확한 시간'='약속의 가치'라는 이미지를 일관되게 유지했다. 그들은 제품보다 기업의 태도(Attitude)를 팔았다. '우리는 빠른 회사가 아니라, 약속을 지키는 회사다.' 이 메시지는 물류 산업을 넘어, 신뢰를 브랜드의 자산(Trust Equity)으로 만드는 전략이 되었다.

또한 페덱스는 'The World on Time'을 광고 문구로 끝내지 않았다. 그들은 기업 내부의 행동 강령, 사내 문화, 그리고 고객 서비스 시스템까지 이 철학을 깊이 스며들게 했다. 모든 직원이 '고객의 시간을 책임진다'는 인식 아래 움직였고, 이 문화가 서비스 품질을 끌어올렸다. 즉, 이 슬로건은 브랜딩과 조직 문화를 동시에 바꾼 문장이었다.

디지털 시대에도 그 철학은 변하지 않았다. 페덱스는 배송 추적 시스템을 세계 최초로 온라인화하며 "고객이 시간을 직접 관리할 수 있는 브랜드"로 발전했다. 오늘날 앱에서 실시간으로 물류를 확인하는 기능 역시 이 '시간의 투명성(Time Transparency)' 철학에서 비롯된 것이다.

최근에는 지속 가능성과 인공지능을 결합해 "On Time for the Planet"이라는 ESG 비전으로 확장했다. 즉, "고객의 물류만 제시간에 도착하는 게 아니라, 지구의 미래도 제때 지켜야 한다"는 메시지를 전달하고 있다.

감정 곡선 이론

감정 곡선 이론, 흔히 피크-엔드 법칙(Peak-End Rule)이라고 불리는 이 개념은 심리학자 대니얼 카너먼의 연구에서 출발한다. 사람은 어떤 경험 전체를 기억할 때, 세세한 순간들을 평균내지 않는다. 대신 가장 강렬했던 순간(피크)과 마지막 순간(엔드)을 중심으로 전체 경험을 평가한다는 것이다. 즉, 경험의 시작이나 중간보다 절정과 결말이 더 큰 영향을 미친다.

이 법칙은 광고와 마케팅 전략에서도 중요한 의미를 가진다. 소비자가 광고를 볼 때 처음부터 끝까지 모든 장면을 기억하지 않는다. 대신 가장 감정적으로 인상 깊었던 장면과 마지막 메시지를 떠올린다. 그래서 광고 제작자들은 중간중간 흥미 요소를 배치하는 것보다, 절정의 순간과 강렬한 엔딩을 어떻게 설계할지에 집중한다.

예를 들어 감동적인 가족 광고에서 평범한 일상이 이어지다가 마지막에 부모의 희생이나 아이의 미소가 강조된다면, 시청자는 전체 광고를 '감동적인 이야기'로 기억한다. 중간의 디테일은 잊히더라도, 결말의 울림이 전체 인상을 결정하는 것이다. 마찬가지로 코믹한 광고도 웃음 포인트가 가장 강렬한 순간에 터지고, 마지막에 재치 있는 문구가 남아야 성공적인 효과를 낸다.

피크-엔드 법칙은 브랜드 경험 전반에도 적용된다. 소비자가 매장을 방문했을 때, 전체 과정 중 가장 기억에 남는 것은 절정의 순간과 마지막 경험이다. 레스토랑에서 음식 맛이 아무리 좋아도 마지막에 불친절한 응대를 받으면 전체 경험은 나쁘게 기억된다. 반대로 과정에서 작은 불편이 있더라도 마지막에 따뜻한 배려를 받으면 좋은 인상으로 마무리된다. 광고뿐 아니라 고객 경험 관리(CX)에서도 피크와 엔드가 핵심인 이유다.

디지털 광고에서도 이 이론은 유효하다. 유튜브 광고는 처음 몇 초 안에 시청자의 시선을 잡아야 하고, 마지막에는 행동을 유도하는 콜 투 액션(Call to Action)을 강렬하게 남겨야 한다. 흥미로운 점은 피크와 엔드가 반드시 긍정적일 필요는 없다는 것이다. 어떤 광고는 충격적인 장면을 절정에 배치해 강렬한 인상을 남기고, 마지막에 문제 해결 메시지를 보여준다. 이 경우 불편한 감정조차도 효과적인 '기억의 닻'이 될 수 있다.

광고와 마케팅은 전체를 잘 만드는 것보다, 절정과 마지막을 어떻게 설계할지에 따라 성패가 갈린다. 소비자가 떠올리는 순간은 언제나 '가장 강렬했던 때'와 '마지막 장면'이기 때문이다.

길거리 게릴라 광고

길거리 게릴라 광고는 예상치 못한 장소와 방식으로 소비자를 놀라게 하고, 강한 인상을 남기는 비정형적 광고 기법이다. 기존의 텔레비전, 라디오, 온라인 배너처럼 정해진 틀 안에서 노출되는 것이 아니라, 사람들이 일상 속에서 마주하는 공간을 창의적으로 변형해 메시지를 전달한다. 그래서 보통의 광고보다 훨씬 신선하고, 때로는 재미와 충격을 동시에 준다.

대표적인 예로 맨홀 뚜껑, 횡단보도, 버스 정류장 같은 공공장소가 활용된다. 어떤 청량음료 브랜드는 횡단보도 흰 줄을 병 모양으로 디자인해 소비자가 길을 건너면서 자연스럽게 브랜드를 떠올리게 했다. 또 한 패스트푸드 브랜드는 버스 정류장 의자를 감자튀김 상자처럼 꾸며, 기다리는 시간조차 광고 경험으로 만들었다. 이처럼 일상 속 사물을 브랜드의 메시지로 재해석하는 순간, 소비자는 단순한 광고를 본 것이 아니라 '새로운 경험'을 하게 된다.

게릴라 광고의 강점은 예상치 못한 만남이다. 소비자가 '광고를 보겠다'고 준비하지 않은 상황에서 마주하기 때문에, 의외성이 크다. 심리적으로 준비되지 않은 상태에서 접한 메시지는 뇌리에 강하게 남는다. 또한 사람들은 이런 특별한 경험을 사진으로 찍어 SNS에 공유하기 때문에, 광고의 파급력이 오프라인을 넘어 온라인으로 확산된다.

길거리 퍼포먼스 형식의 게릴라 광고도 있다. 한 의류 브랜드는 특정 거리에 갑자기 모델들이 등장해 패션쇼를 펼쳤고, 행인들은 예상치 못한 이벤트에 열광했다. 이후 사람들은 자신의 휴대폰으로 촬영한 영상을 온라인에 올리며 브랜드를 자발적으로 홍보했다. 이는 적은 비용으로도 엄청난 노출 효과를 거둘 수 있는 방법이었다.

하지만 게릴라 광고는 주의할 점도 있다. 너무 과격하거나 공공질서를 방해하면 오히려 부정적인 반응을 얻을 수 있다.

온라인 광고가 넘쳐나는 환경에서 사람들은 새로운 자극에 목말라 있다. 오프라인 공간에서 만나는 신선한 경험은 소비자에게 "이 브랜드는 다르다"는 인식을 심어준다. 그리고 그 경험이 사진과 영상으로 재생산되며 다시 디지털 세계에서 바이럴로 확산된다.

길거리 게릴라 광고는 결국 도시라는 무대에서 펼쳐지는 브랜드의 공연이라 할 수 있다. 평범한 공간을 놀라운 순간으로 바꾸는 힘, 그것이 소비자를 사로잡는 비밀이다. 짧은 만남이지만, 그 충격과 재미는 오래 남아 브랜드를 특별하게 만든다.

펭귄 효과

펭귄 효과(Penguin Effect)는 소비자가 스스로 먼저 행동하기를 망설이다가, 누군가 시작하는 순간 따라 하기 시작하는 현상을 말한다. 얼음 위에 서 있는 펭귄 무리를 떠올리면 이해가 쉽다. 바다에 먼저 뛰어들면 포식자가 있을지 모른다는 두려움 때문에 모두 머뭇거리지만, 한 마리가 용기를 내어 뛰어들면 나머지도 줄줄이 따라간다. 인간의 소비 행동 역시 이와 비슷한 패턴을 보인다.

마케팅에서 펭귄 효과는 '첫 번째 움직임'이 얼마나 중요한지를 보여준다. 많은 소비자는 새로운 제품이나 서비스가 나왔을 때 선뜻 구매하지 않는다. 실패할 위험을 감수하기보다는, 다른 사람이 먼저 경험한 뒤 그 반응을 확인하고 싶어 한다. 그래서 초기 구매자, 즉 '퍼스트 펭귄'의 역할이 브랜드 성공의 열쇠가 된다.

예를 들어 한정판 스니커즈가 출시되면, 망설이던 사람들도 몇몇 소비자가 구매 인증 사진을 올리기 시작하면 금세 따라간다. 이때 "벌써 매진 임박"이라는 문구가 더해지면 집단적 행동은 더욱 가속화된다. 펭귄 효과는 단순한 모방 심리가 아니라, 안전성과 정당성에 대한 확신에서 비롯된다. "다른 사람들이 이미 샀다"는 사실이 일종의 보증 역할을 하는 것이다.

소셜 미디어는 이 효과를 극대화하는 도구다. 제품 리뷰, 언박싱 영상, 해시태그 챌린지는 누군가의 시작을 다른 사람들에게 실시간으로 보여준다. 소비자는 그 장면을 보며 '나도 참여해야겠다'는 압박을 느낀다. 이는 곧 바이럴 마케팅으로 이어져, 브랜드 입장에서는 광고비보다 더 큰 효과를 얻을 수 있다.

펭귄 효과는 특히 새로운 트렌드를 만들 때 강력하다. 예컨대 특정 카페 메뉴가 SNS에서 인기를 끌기 시작하면, 줄 서서라도 경험하려는 소비자가 늘어난다. 이때 사람들은 단순히 제품을 소비하는 것이 아니라, '유행에 참여한다'는 심리적 만족을 얻는다. 결국 펭귄 효과는 개인의 선택을 넘어 사회적 소속감과 연결된다.

펭귄 효과는 소비자의 불안과 모방 심리를 동시에 활용하는 전략이다. 사람들은 새로운 것 앞에서 늘 머뭇거리지만, 누군가 먼저 시작하면 곧장 따라간다. 그래서 브랜드는 '첫 번째 펭귄'을 어떻게 등장시킬지, 그리고 그들이 만들어낸 파급을 어떻게 확산시킬지를 고민해야 한다. 얼음 위에서 뛰어내린 한 마리의 펭귄이 무리 전체를 움직이는 순간, 마케팅은 거대한 물결이 된다.

슬리퍼 효과

슬리퍼 효과(Sleeper Effect)는 처음에는 무시되거나 설득력이 약했던 메시지가 시간이 지나면서 점차 힘을 얻어 소비자에게 영향을 미치는 현상을 말한다. 심리학 연구에서 비롯된 개념으로, 정보 출처의 신뢰성이 낮거나 관심을 끌지 못했던 메시지라도 일정 시간이 흐르면 출처는 잊히고 메시지만 남아 사람들의 태도와 행동을 바꾼다는 것이다. 이름 그대로 '잠자는 효과', 즉 시간이 흐른 뒤 뒤늦게 나타나는 영향력을 뜻한다.

마케팅에서 슬리퍼 효과는 특히 흥미로운 전략적 의미를 가진다. 예를 들어 한 브랜드가 새로운 제품을 출시했을 때, 초기 광고는 별 주목을 받지 못할 수 있다. 하지만 메시지가 반복적으로 노출되면서 소비자는 어느 순간 그 내용을 자기 생각처럼 받아들이게 된다. "이 화장품은 피부 진정에 좋다더라"라는 정보가 처음에는 스쳐 지나가더라도, 몇 주 뒤 구매를 고민할 때 자연스럽게 떠오른다면 슬리퍼 효과가 작동한 것이다.

정치 캠페인이나 사회적 메시지에서도 이 효과는 자주 관찰된다. 처음에는 신뢰성이 낮아 보이는 발언이나 캠페인 문구가 시간이 흐르며 사람들의 머릿속에 남아, 나중에는 현실적인 선택이나 여론 형성에 영향을 준다. 광고에서도 마찬가지로, 메시지를 소비자 뇌리에 장기적으로 저장시켜 결국 행동으로 연결시키는 것이 핵심이다.

디지털 환경에서는 슬리퍼 효과가 더 자주 나타난다. 소비자는 하루에도 수많은 광고를 스치듯 접하지만, 즉각적인 반응을 보이지 않는다. 그러나 구매를 고려하는 순간, 과거에 보았던 광고 이미지나 카피가 불현듯 떠오른다. 예를 들어, 특정 음료 광고의 문구가 처음엔 시시하게 느껴졌더라도, 마트 진열대 앞에서 그 제품을 선택하게 만드는 배경이 될 수 있다.

브랜드 입장에서는 슬리퍼 효과를 활용하기 위해 메시지를 단순하고 반복적으로 설계할 필요가 있다. 당장 큰 반응을 얻지 못해도, 시간이 지나면 메시지가 소비자의 무의식 속에 자리 잡아 결정적인 순간에 힘을 발휘한다. 그래서 장기적 캠페인이나 일관된 카피 전략이 중요한 것이다.

슬리퍼 효과는 마케팅에 중요한 교훈을 준다. 소비자는 즉각적인 반응만으로 움직이지 않는다. 때로는 시간이 필요하고, 메시지가 머릿속에 차곡차곡 쌓이며 나중에 영향력을 발휘한다. 지금 당장 효과가 없다고 조급해하기보다, 장기적으로 소비자의 기억 속에 남을 수 있는 일관된 메시지를 구축하는 것이 더 중요하다. 잠들어 있던 메시지가 어느 순간 깨어나 소비자의 행동을 이끄는 것, 그것이 바로 슬리퍼 효과의 힘이다.

핑크 택스

핑크 택스(Pink Tax)는 같은 기능과 품질을 가진 제품임에도 여성용이라는 이유로 더 비싸게 책정되는 현상을 말한다. 이름은 흔히 여성 제품에 사용되는 핑크색 포장과 연결되어 붙여졌다. 실제로 면도기, 샴푸, 장난감, 심지어 의류와 서비스까지 여성 소비자들이 남성보다 더 높은 가격을 지불하는 경우가 많다. 법적으로 세금이 붙는 것은 아니지만, 결과적으로 여성에게 불리한 '보이지 않는 세금'처럼 작용한다.

대표적인 예가 면도기다. 기능이나 구조는 거의 동일하지만, 남성용 제품은 파란색·검은색으로, 여성용은 분홍색·보라색으로 출시되며 가격이 더 비싸다. 또 어린이 장난감에서도 남아용 자동차와 여아용 인형이 다른 가격대에 책정되는 경우가 많다. 같은 재질, 같은 제조 과정임에도 색상과 타깃만 다를 뿐인데 여성 고객은 더 많은 비용을 부담하게 되는 것이다.

이 현상은 패션과 서비스업에서도 발견된다. 드라이클리닝 비용을 비교해 보면, 단순 셔츠보다 여성 블라우스의 세탁 비용이 더 비싼 경우가 흔하다. 남성 이발소보다 여성 미용실의 기본 컷 가격이 높은 것도 마찬가지다. 이런 가격 차이는 오랫동안 당연하게 여겨져 왔지만, 사실상 성별에 따른 불합리한 마케팅 구조다.

마케터 입장에서 핑크 택스는 '세분화 전략'의 산물이라고 볼 수 있다. 시장을 성별로 나누고, 여성 소비자가 외모 관리나 자기 표현에 더 많은 비용을 지출할 것이라는 전제를 깔아 가격을 조정한 것이다. 하지만 이는 소비자들의 불신을 불러일으킬 수 있다. 최근 들어 많은 소비자가 SNS를 통해 이런 불합리를 지적하면서 핑크 택스는 사회적 논란이 되었다.

이런 흐름 속에서 '젠더 뉴트럴(Gender Neutral)' 제품이 대안으로 떠오르고 있다. 남녀 구분 없는 색상과 디자인으로 출시되며, 가격도 동일하게 책정한다. 예를 들어 일부 글로벌 브랜드는 면도기를 성별 구분 없이 하나의 라인으로 통합하고, 광고에서도 성별보다 '개인의 라이프스타일'을 강조한다. 이는 차별 없는 브랜드 이미지를 구축하며 젊은 세대의 지지를 얻는 전략으로 자리 잡고 있다.

핑크 택스 논란은 단순히 가격 차이를 넘어 브랜드와 소비자의 신뢰 문제와 직결된다. 불합리한 구조를 유지하는 브랜드는 점점 더 외면당하고, 공정성과 투명성을 강조하는 브랜드가 새로운 기회를 얻는다.

컬처 잭킹

컬처 잭킹(Culture Jacking)은 사회적 이슈나 대중문화의 흐름을 빠르게 차용해 브랜드 메시지로 활용하는 마케팅 전략을 말한다. 말 그대로 '문화(Culture)를 낚아채(Jack)' 소비자의 관심을 차지하는 방식이다. 특정 사건이나 트렌드가 사회적 화제가 될 때, 브랜드가 그 순간을 놓치지 않고 메시지를 연결하면 소비자는 자연스럽게 광고를 일상의 일부처럼 받아들인다.

대표적인 사례는 스포츠 이벤트다. 월드컵, 올림픽 같은 대회는 전 세계적인 관심을 끌기 때문에 수많은 브랜드가 관련 콘텐츠를 만들어낸다. 예를 들어 한 패스트푸드 브랜드는 국가대표 경기 당일에 한정 메뉴를 내놓고, 광고 문구를 응원 메시지와 결합시킨다. 소비자는 광고를 단순한 상업적 메시지가 아니라, 자신이 참여하는 축제의 연장선으로 느낀다.

소셜 미디어 시대에는 컬처 잭킹이 더욱 강력하다. 브랜드가 사회적 밈(meme), 인기 드라마 대사, 온라인 유행어를 빠르게 차용해 광고나 게시물로 제작하면, 소비자는 "우리와 같은 문화를 공유한다"는 친근감을 느낀다. 예컨대 인기 드라마의 명대사를 변형해 카피로 활용하거나, 화제가 된 인터넷 짤과 함께 브랜드 로고를 결합하는 식이다. 이런 콘텐츠는 소비자의 자발적 공유를 유도해, 광고비보다 훨씬 큰 효과를 만든다.

컬처 잭킹은 시의성이 생명이다. 트렌드가 막 떠오른 순간에 빠르게 대응해야 효과가 크다. 몇 주가 지나고 나서야 따라 하면 소비자들은 이미 흥미를 잃었고, 브랜드는 '늦게 따라 한 모방자'로 비칠 수 있다. 그래서 많은 기업은 실시간 모니터링을 통해 사회적 이슈를 살피고, 빠른 의사결정 체계를 갖추려 노력한다.

컬처 잭킹은 단순한 재미 이상의 의미를 가진다. 브랜드가 소비자와 같은 문화 속에 있다는 것을 보여주는 행위이기 때문이다. 사람들은 자신이 즐기는 드라마, 스포츠, 밈을 브랜드가 함께 언급할 때 '나와 같은 세계를 살고 있다'는 연결감을 느낀다. 그 순간 광고는 상업적 메시지에서 벗어나, 공감과 소통의 도구로 변한다.

컬처 잭킹은 결국 속도와 공감의 전략이다. 변화하는 사회적 흐름 속에서 브랜드가 얼마나 빠르게, 또 얼마나 적절하게 목소리를 보태는지가 성패를 가른다. 잘만 활용하면 소비자는 광고를 광고로 보지 않고, 자신이 속한 문화의 일부로 받아들인다. 그리고 그 순간 브랜드는 단순한 판매자가 아니라, 문화의 동반자로 자리 잡게 된다.

카니발라이제이션

카니발라이제이션(Cannibalization)은 직역하면 '자기 잠식'이라는 뜻으로, 신제품이나 새로운 서비스가 출시되면서 기존 자사 제품의 매출을 잠식하는 현상을 말한다. 기업 입장에서 경쟁사와 싸우는 대신 스스로 자기 시장을 깎아먹는 것처럼 보이기 때문에 다소 부정적으로 들리지만, 실제 마케팅에서는 전략적으로 활용되기도 한다.

대표적인 사례가 스마트폰이다. 애플은 매년 새로운 아이폰을 출시하면서 이전 모델의 판매량을 스스로 줄인다. 신제품을 기다리는 소비자들이 구형 모델 구매를 미루기 때문이다. 겉으로 보면 손해 같지만, 이는 애플이 '스스로 자기 시장을 잠식'하면서도 전체 브랜드 충성도와 시장 점유율을 유지하는 전략이다. 경쟁사가 잠식하기 전에 스스로 진화를 선택한 것이다.

패스트푸드 업계에서도 카니발라이제이션은 흔하다. 햄버거 브랜드가 새로운 메뉴를 출시하면 기존 인기 메뉴의 판매가 줄어들 수 있다. 그러나 새로운 메뉴 덕분에 브랜드 전체 방문객이 늘어나면 총 매출은 오히려 상승한다. 즉, 일부 손실을 감수하더라도 브랜드에 대한 신선한 관심을 유지하는 것이 더 큰 이익으로 이어진다.

카니발라이제이션은 전자제품이나 패션처럼 주기가 짧은 산업에서 자주 발생한다. 소비자들은 늘 '최신'에 끌리기 때문에, 신제품이 나오면 자연스럽게 기존 제품의 매출이 줄어든다. 따라서 기업은 아예 계획적으로 자기 잠식을 설계한다. 일정한 주기로 신제품을 내놓아 시장을 스스로 교체하고, 경쟁자가 진입할 틈을 줄이는 것이다.

성공적인 카니발라이제이션은 균형과 타이밍에 달려 있다. 기존 제품의 수요가 정점을 찍고 하락세로 접어드는 순간, 신제품을 투입하는 것이 이상적이다. 이 과정에서 브랜드는 구형 모델에 대한 충성 고객을 배려하는 동시에, 새로운 고객층을 끌어들여야 한다. 가격 차별화, 기능 차별화, 한정판 전략 등이 이를 보완하는 방법이다.

카니발라이제이션은 기업이 스스로를 '먹는' 행위 같지만, 사실은 경쟁에서 살아남기 위한 자기 혁신이다. 시장은 정체를 두려워한다. 브랜드가 스스로 변화하지 않으면 결국 경쟁자가 그 자리를 차지한다. 따라서 카니발라이제이션은 단기적 손실을 감수하더라도 장기적 성장을 위한 전략적 선택이라 할 수 있다.

핀터레스트
Inspire Not Interrupt

151

핀터레스트(Pinterest)는 처음부터 다른 길을 걸었다. 페이스북이 '사람과 사람'을, 인스타그램이 '순간과 이미지'를 연결했다면, 핀터레스트는 '사람과 아이디어'를 연결했다. 즉, 소비자의 일상 속에 끼어드는 대신, 그들이 꿈꾸는 미래 속으로 자연스럽게 스며드는 브랜드였다. 이 철학을 담은 마케팅 슬로건이 바로 "Inspire, Not Interrupt(방해하지 말고 영감을 줘라)"다.

대부분의 SNS 플랫폼은 사용자의 '시간'을 점유하기 위해 경쟁한다. 끊임없는 알림, 광고, 스크롤 유도는 결국 피로감을 남긴다. 하지만 핀터레스트는 완전히 다른 접근을 택했다. 그들은 광고를 '방해'가 아닌 '아이디어의 연장선(Extension of Inspiration)'으로 바꿨다. 즉, 브랜드 콘텐츠조차 사용자의 '꿈과 계획'을 돕는 도구로 기능하게 한 것이다.

핀터레스트의 광고 철학은 사용자 중심(Contextual Marketing)에 있다. 예를 들어, 사용자가 '봄 인테리어'를 검색하면 광고는 "이런 색 조합은 어떤가요?", "이 쿠션으로 공간에 생기를 더하세요"처럼 영감을 주는 방식으로 노출된다. 이런 광고는 '팔기 위한 문장'이 아니라 '도와주는 제안'처럼 느껴진다. 결국 브랜드는 소비자에게 판매자가 아닌 조력자(Helper)로 인식된다.

핀터레스트의 UI·UX 역시 이러한 마케팅 철학을 시각적으로 구현한다. 광고는 피드에 자연스럽게 섞여 있으며, 사용자는 '프로모션'이라는 단어를 거의 의식하지 않는다. 그만큼 광고가 콘텐츠와 일체화되어 경험의 일부로 작동한다. 광고임에도 불구하고 유용한 아이디어를 제공하기 때문에, 광고 클릭률(CTR)과 브랜드 신뢰도 모두 높은 수치를 기록했다.

이 철학은 데이터보다 감성에 기반한 마케팅으로 발전했다. 핀터레스트는 "사람들이 무엇을 좋아하는가"보다 "사람들이 어떤 사람이 되고 싶은가"에 주목했다. 즉, 욕구보다 비전(Vision)을 자극한 것이다. 이 관점에서 브랜드는 사용자에게 제품을 보여주는 대신, '삶의 가능성'을 보여준다.

실제로 'Inspire, Not Interrupt' 캠페인 이후 핀터레스트는 전 세계 광고주 5,000여 개 이상을 확보하며 브랜드 친화적인 광고 플랫폼으로 자리 잡았다. 사용자 조사에서도 "핀터레스트에서 본 광고는 불편하지 않다"는 응답이 80%를 넘었다. 이 수치는 '광고에 대한 인식'을 바꾼 마케팅 철학의 결과였다. 핀터레스트는 이렇게 말한다.

"우리는 당신의 스크롤을 멈추게 하는 대신, 당신의 꿈을 움직이게 하고 싶다."

심리적 소유 효과

심리적 소유 효과(Endowment Effect)는 사람들이 어떤 물건을 '내 것'이라고 인식하는 순간, 실제 가치보다 더 높게 평가하는 현상을 말한다. 원래 가격은 변하지 않았는데도 단순히 소유한다는 이유만으로 더 소중하고 비싸게 느껴지는 것이다. 행동경제학에서 자주 연구되는 이 개념은 소비자의 구매 행동과 마케팅 전략에서 중요한 의미를 가진다.

대표적인 사례는 머그컵 실험이다. 연구자들은 일부 참가자에게는 머그컵을 나눠주고, 나머지 참가자에게는 아무것도 주지 않았다. 그 뒤 교환 여부를 묻자, 머그컵을 가진 사람들은 자신이 가진 컵의 가치를 훨씬 높게 평가해 교환을 거부했다. 단순히 '내 것'이 되었다는 이유만으로 가치가 달라진 것이다.

이 효과는 마케팅 현장에서 다양한 방식으로 활용된다. 대표적인 전략이 무료 체험 서비스다. 소비자에게 일정 기간 동안 제품이나 서비스를 사용해 보게 하면, 소비자는 그것을 이미 자기 것처럼 느낀다. 이후 체험 기간이 끝났을 때 "잃어버리고 싶지 않다"는 심리가 작동해 구매로 이어진다. 소프트웨어의 무료 체험판이나 차량 시승 행사가 여기에 해당한다.

온라인 쇼핑몰에서 흔히 볼 수 있는 장바구니 기능도 심리적 소유 효과를 노린다. 장바구니에 담는 순간, 소비자는 해당 상품을 이미 '내 것'으로 인식하기 시작한다. 시간이 지나면 결제하지 않았음에도 불구하고 소유욕이 커져 결국 구매 확률이 높아진다. 이 때문에 많은 쇼핑몰은 "장바구니에 담은 상품이 곧 품절됩니다"라는 알림을 보내며 소유 의식을 강화한다.

또 다른 예는 맞춤형 제작이다. 이름을 새겨주는 텀블러, 개인의 취향에 맞춰 조합할 수 있는 운동화, 나만의 플레이리스트처럼 개인화된 경험은 소비자에게 '내 것'이라는 감각을 강하게 준다. 이는 단순한 제품을 넘어 심리적 애착으로 연결되며, 가격에 덜 민감하게 만든다.

심리적 소유 효과는 결국 인간의 본능적 심리를 활용하는 개념이다. 사람들은 '내 것'이라는 생각만으로도 가치를 재정의하고, 더 큰 애착을 느낀다. 브랜드가 이를 긍정적으로 활용한다면, 단순한 제품 판매를 넘어 소비자와의 깊은 관계를 만들 수 있다. 그리고 이 관계는 쉽게 끊어지지 않는 충성심으로 이어진다.

라스트마일 마케팅

라스트마일 마케팅(Last-Mile Marketing)은 소비자가 실제 구매 직전, 마지막 순간에 영향을 주는 전략을 뜻한다. '라스트마일'이란 원래 물류 분야에서 상품이 최종 소비자에게 전달되는 마지막 단계를 의미하는데, 마케팅에서는 결제 직전의 심리와 행동을 공략하는 것으로 확장되었다.

현대 소비자는 구매를 결정하기 직전까지 수많은 변수를 고려한다. 온라인 쇼핑에서는 결제 버튼을 누르기 전, 배송비나 사은품 문구 하나에도 마음이 흔들린다. 오프라인 매장에서는 계산대 앞에 놓인 작은 간식이나 액세서리를 집어드는 경우가 많다. 이처럼 구매 여정의 마지막 순간은 소비자의 감정이 가장 예민하게 작동하는 지점이며, 브랜드는 이 찰나를 놓치지 않고 설계한다.

대표적인 전략이 결제 직전 프로모션이다. "오늘 자정까지 무료 배송", "지금 구매하면 추가 할인" 같은 문구는 소비자의 망설임을 없애고 행동을 촉진한다. 또 온라인몰에서 흔히 볼 수 있는 "장바구니에 담긴 상품이 곧 품절됩니다"라는 알림도 라스트마일 마케팅의 한 예다. 이는 소비자에게 긴박감을 주어 마지막 클릭을 유도한다.

오프라인 매장에서는 진열 위치가 중요한 역할을 한다. 슈퍼마켓 계산대 앞에 놓인 초콜릿, 음료, 배터리 같은 제품은 충동구매를 노린 대표적인 라스트마일 전략이다. 소비자가 이미 지갑을 열 준비를 한 상태라 작은 금액의 추가 구매는 부담이 적다. 이런 순간의 매출은 전체 수익에서 상당히 큰 비중을 차지한다.

디지털 환경에서는 맞춤형 추천이 라스트마일을 강화한다. 결제 직전 페이지에서 "이 상품을 구매한 고객은 이런 제품도 함께 샀습니다"라는 추천이 나오면, 소비자는 자신도 모르게 추가 장바구니를 채운다. 이는 단순한 매출 증대뿐 아니라, 소비자가 브랜드와 더 깊이 연결되었다는 만족감까지 남긴다.

라스트마일 마케팅의 핵심은 작은 차이가 큰 결과를 만든다는 점이다. 이미 구매를 고려하고 있는 소비자이기에, 적절한 자극만 더해도 행동으로 이어질 확률이 높다. 반대로 이 단계에서 불편함이나 실망을 주면 모든 노력이 수포로 돌아간다. 복잡한 결제 과정, 숨겨진 추가 비용, 불친절한 마지막 경험은 소비자를 떠나게 만드는 대표적인 실패 사례다.

따라서 기업은 라스트마일 순간을 세밀하게 설계해야 한다. 결제 과정을 간단히 하고, 긍정적인 보상을 제시하며, 마지막까지 브랜드의 신뢰감을 강화하는 것이 중요하다. 고객 서비스의 친절한 인사 한 마디, 배송 알림 메시지의 세심한 톤도 라스트마일 경험을 완성한다.

언더독 효과

언더독 효과(Underdog Effect)는 사람들이 강자보다 약자에게 더 큰 호감을 느끼고 응원하는 심리를 말한다. 스포츠 경기에서 우승 후보보다 열세에 있는 팀을 응원하거나, 드라마에서 힘없는 주인공이 불리한 상황을 극복하길 바라는 마음이 바로 언더독 효과다. 이는 단순한 동정심이 아니라, 약자의 도전과 성장에서 인간적 매력을 발견하기 때문이다.

마케팅에서도 언더독 효과는 강력하게 작용한다. 거대한 글로벌 기업보다 작은 스타트업, 시장 점유율이 낮은 브랜드가 "우리는 불리한 상황에서도 최선을 다하고 있다"는 메시지를 전하면 소비자는 자연스럽게 공감한다. 특히 현대 소비자는 완벽한 강자보다 노력하는 약자에게 더 진정성을 느낀다.

대표적인 사례로 미국의 '아비스(Avis)' 렌터카 캠페인이 있다. 당시 시장 2위였던 아비스는 1위 기업과의 격차를 인정하며, "우리는 2위라서 더 열심히 합니다(We Try Harder)"라는 슬로건을 내세웠다. 이 메시지는 고객에게 진솔하게 다가왔고, 오히려 큰 반향을 일으켰다. 경쟁에서 뒤처진 위치를 솔직하게 인정한 것이 소비자의 신뢰와 호감을 끌어낸 것이다.

언더독 효과는 개인 브랜드에도 적용된다. 무명 가수가 작은 무대에서 시작해 점차 주목받는 과정, 스타트업 창업자가 어려운 환경에서 혁신을 일궈내는 서사는 소비자와 대중의 마음을 움직인다. 이런 이야기는 단순히 제품이 아니라, 브랜드가 가진 가치와 정신을 각인시키는 역할을 한다.

SNS 시대에는 언더독 효과가 더욱 강해졌다. 소비자는 자신이 직접 발견하고 응원하는 브랜드에 애정을 갖는다. 대기업의 세련된 광고보다, 작은 브랜드가 진심을 담아 올린 글과 영상을 공유하며 "이 브랜드를 키워주고 싶다"는 심리가 작동한다. 이는 곧 충성 고객층을 형성하고, 입소문 마케팅으로 이어진다.

언더독 효과는 마케팅에 중요한 교훈을 준다. 소비자는 완벽한 강자의 이야기에 피로감을 느낄 때가 많다. 반면 부족하지만 성장하려는 브랜드, 현실의 어려움을 인정하면서도 고객을 위해 노력하는 태도는 큰 공감을 얻는다. 이는 단순한 약자의 생존 전략을 넘어, 브랜드가 소비자와 함께 성장하는 동반자임을 보여주는 방식이다. 브랜드가 약자의 서사를 진정성 있게 풀어낸다면, 소비자는 단순한 구매자가 아니라 든든한 지지자가 된다. 불리한 출발이 오히려 강력한 무기가 되는 순간, 언더독 효과는 브랜드를 특별하게 만드는 힘이 된다.

디드로 효과

디드로 효과(Diderot Effect)는 하나의 소비가 또 다른 소비를 연쇄적으로 불러오는 현상을 말한다. 18세기 프랑스 철학자 드니 디드로(Denis Diderot)의 경험에서 유래한 개념으로, 그는 선물로 받은 고급 가운 하나 때문에 기존의 소박한 가구와 생활용품이 어울리지 않는다고 느껴, 결국 집안 전체를 새로 꾸미는 소비에 빠졌다고 한다. 이 일화는 인간이 새로운 물건을 소유했을 때, 그것과 조화를 이루려는 욕구가 추가 소비로 이어지는 심리를 잘 보여준다.

현대 소비 사회에서 디드로 효과는 매우 흔하다. 예를 들어 새 스마트폰을 구입하면 케이스, 무선 이어폰, 충전기 같은 주변 기기를 추가로 사고 싶어진다. 또 새로운 소파를 들이면 집 안 다른 가구가 낡아 보이고, 결국 인테리어 전체를 바꾸게 된다. 이처럼 하나의 구매가 도미노처럼 이어지는 현상이 바로 디드로 효과다.

마케팅에서는 이 효과를 전략적으로 활용한다. 온라인 쇼핑몰에서 "이 상품을 구매한 고객은 이런 상품도 함께 샀습니다"라는 추천 문구는 디드로 효과를 자극하는 장치다. 소비자는 이미 하나의 구매를 결정했기 때문에, 그와 어울리는 다른 제품에도 쉽게 지갑을 연다. 이는 교차 판매(Cross-selling)와 번들 전략(Bundle marketing)의 핵심 원리이기도 하다.

패션 업계는 디드로 효과의 대표적인 수혜자다. 소비자가 새로운 코트를 사면, 어울리는 신발이나 가방도 필요하다고 느낀다. 화장품 업계 역시 마찬가지다. 스킨케어 제품을 하나 구매하면, 세트로 구성된 다른 제품을 사고 싶어지는 것은 '조화'와 '완성'을 추구하는 심리 때문이다.

이 현상은 긍정적이기도 하지만, 소비자에게는 부담으로 작용할 수 있다. 계획에 없던 소비가 연쇄적으로 이어지면서 지출이 눈덩이처럼 불어날 수 있기 때문이다. 그래서 최근에는 미니멀리즘 소비, 필요한 것만 사는 '디클러터링(decluttering)' 트렌드가 디드로 효과에 대한 반작용으로 등장했다.

브랜드 입장에서는 디드로 효과를 적절히 활용하는 것이 중요하다. 무분별한 유도보다는 소비자가 만족감을 느끼는 '자연스러운 연결'을 만들어야 한다. 예를 들어, 스마트워치를 판매할 때 운동 앱, 건강 관리 서비스와 연계하면 소비자는 자신이 더 나은 라이프스타일을 만들어 간다고 느낀다. 이는 단순한 추가 구매가 아니라, 브랜드와의 관계를 확장하는 경험으로 이어진다. 디드로 효과는 결국 인간이 조화와 일관성을 추구하는 본능에서 비롯된다. 우리는 새로운 것이 들어오면 기존의 것과 맞추려 하고, 그 과정에서 더 많은 소비를 하게 된다. 마케터에게는 강력한 기회가 되고, 소비자에게는 주의해야 할 심리적 함정이 된다.

제로 모먼트 오브 트루스

제로 모먼트 오브 트루스(ZMOT, Zero Moment of Truth)는 소비자가 실제 구매 결정을 내리기 직전에 온라인에서 검색과 비교를 통해 최종 판단을 내리는 순간을 뜻한다. 이 개념은 구글이 2011년에 발표한 보고서에서 처음 소개되었으며, 디지털 시대 마케팅의 핵심 키워드로 자리 잡았다. 전통적으로 소비자는 매장에서 제품을 직접 보고(FMOT, First Moment of Truth), 사용 후 경험을 통해(SMOT, Second Moment of Truth) 판단했다. 그러나 인터넷과 스마트폰 보급으로 구매 전의 '검색과 정보 탐색' 단계가 결정적 순간으로 떠오른 것이다.

예를 들어, 어떤 사람이 새로운 노트북을 사려고 한다고 하자. 과거에는 매장에 직접 가서 판매원의 설명을 듣고 제품을 선택했다. 하지만 지금은 구매 전에 리뷰 영상, 블로그 후기를 검색하고, 가격 비교 사이트를 확인한 뒤 매장에 간다. 이 과정에서 이미 마음속으로 제품을 결정해 놓기 때문에 매장에서는 단순히 확인만 하고 결제하는 경우가 많다. 바로 이 순간이 ZMOT다.

마케팅 측면에서 ZMOT는 브랜드가 소비자를 설득할 수 있는 가장 중요한 접점이다. 소비자가 검색하는 순간 브랜드가 보이지 않으면, 존재하지 않는 것과 다름없다. 반대로 긍정적인 리뷰, 신뢰할 만한 블로그 포스트, 직관적인 비교 콘텐츠가 준비되어 있다면 소비자의 선택은 자연스럽게 그 브랜드로 기운다.

ZMOT는 특히 온라인 쇼핑과 모바일 환경에서 강력하다. 소비자는 제품을 직접 만져보지 않고도, 수많은 후기와 별점 평가를 근거로 구매를 결정한다. 따라서 기업은 단순히 광고를 집행하는 것을 넘어, 검색 노출과 온라인 평판 관리에 집중해야 한다. 이는 SEO(검색엔진최적화), 콘텐츠 마케팅, 인플루언서 협업 등 다양한 전략과 연결된다.

흥미로운 점은 ZMOT가 소비자의 감정에도 영향을 준다는 것이다. 리뷰에서 공감 가는 문장을 발견하거나, 유튜브 영상 속에서 실제 사용 장면을 보면 소비자는 '나도 저걸 쓰면 저런 기분을 느낄 수 있겠다'는 감정을 갖는다. 즉, ZMOT는 합리적 판단과 감성적 설득이 동시에 작동하는 단계다.

제로 모먼트 오브 트루스는 디지털 시대 소비 여정의 '보이지 않는 전쟁터'라 할 수 있다. 소비자가 검색창에 키워드를 입력하는 순간, 이미 브랜드 간 경쟁은 시작된다.

다크 패턴

다크 패턴(Dark Pattern)은 사용자가 원하지 않는 행동을 하도록 교묘하게 설계된 디자인 기법을 뜻한다. 주로 웹사이트나 앱의 UX/UI에서 나타나며, 소비자가 의도치 않게 구독을 유지하거나 추가 결제를 하도록 유도한다. 겉보기에 정상적인 인터페이스처럼 보이지만, 실제 목적은 사용자의 선택을 제한하거나 혼란을 주어 기업에 유리한 결과를 이끌어내는 것이다.

대표적인 사례는 구독 취소 과정의 복잡화다. 가입은 몇 초 만에 가능하지만, 해지는 여러 단계를 거쳐야 하고, 숨겨진 버튼을 찾아야 한다. 또 다른 예로는 꼼수 체크박스가 있다. 무료 체험을 신청하는 화면에 미리 선택된 체크박스가 있어, 사용자가 무심코 넘기면 자동으로 마케팅 메일 수신이나 유료 서비스 가입에 동의하게 된다.

온라인 쇼핑몰에서는 가짜 긴급성이 자주 활용된다. "현재 3명만 보고 있습니다", "재고 1개 남음"이라는 문구가 소비자의 불안을 자극한다. 실제로는 조작된 정보일 수 있지만, 소비자는 진짜라고 믿고 서둘러 결제한다. 또한 미끼와 전환(Bait and Switch) 방식도 흔하다. 처음에는 저렴한 가격을 강조하다가 결제 단계에서 배송비나 추가 옵션 비용이 붙어 최종 금액이 훨씬 높아지는 경우다.

이런 다크 패턴은 단기적으로는 매출을 올릴 수 있지만, 장기적으로는 소비자의 불신과 반발을 부른다. 특히 디지털 네이티브 세대는 이런 기법을 빠르게 인지하고, 온라인에서 부정적 후기를 공유한다. 결국 브랜드 평판에 치명적인 타격을 입을 수 있다. 실제로 유럽연합(EU)과 미국 등에서는 다크 패턴을 규제하는 움직임이 강화되고 있으며, 일부 기업은 법적 처벌까지 받았다.

흥미로운 점은 다크 패턴이 늘 부정적인 맥락에서만 쓰이지는 않는다는 것이다. 소비자에게 진짜로 도움이 되는 방향으로 설계하면 '넛지 마케팅(Nudge Marketing)'이 된다. 예를 들어, 사용자가 비밀번호를 설정할 때 강력한 조합을 선택하도록 안내하거나, 장바구니에서 건강한 대체 음식을 추천하는 것은 소비자 이익을 보호하는 긍정적 유도다. 따라서 문제는 기술 자체가 아니라 의도와 투명성에 달려 있다.

마케터와 디자이너가 배워야 할 교훈은 분명하다. 소비자를 속이는 방식은 단기적 성과는 낼 수 있어도 장기적으로 브랜드 신뢰를 무너뜨린다. 반면 정직하고 투명한 UX는 소비자의 충성도를 높이고, 자발적인 긍정적 입소문을 만든다. 다크 패턴은 결국 "브랜드가 소비자를 어떻게 대하는가"라는 질문으로 귀결된다. 소비자가 함정에 빠진 듯한 경험을 하면 두 번 다시 돌아오지 않는다.

스티커 가격 쇼크

스티커 가격 쇼크(Sticker Shock)는 소비자가 제품이나 서비스의 가격을 처음 확인했을 때 예상보다 지나치게 비싸다고 느끼며 받는 충격을 의미한다. 마치 매장 진열대에 붙어 있는 가격표(스티커)를 보고 깜짝 놀라는 경험에서 비롯된 표현이다. 자동차, 명품, 전자기기처럼 고가 제품에서 자주 나타나지만, 일상적인 소비에서도 흔히 일어난다.

심리학적으로 스티커 가격 쇼크는 기대와 현실의 차이에서 비롯된다. 소비자는 마음속에 어느 정도 가격 기준을 가지고 있는데, 실제 제시된 가격이 그 기준을 훌쩍 넘어가면 강한 거부감을 느낀다. 예를 들어 새 휴대폰을 100만 원 이하일 거라 예상했는데, 실제 가격이 150만 원이라면 소비자는 "너무 비싸다"는 충격을 받는다. 이 감정은 단순한 놀람을 넘어, 구매 의욕을 꺾거나 브랜드에 대한 인식에도 영향을 줄 수 있다.

마케팅에서 중요한 것은 이 가격 충격을 어떻게 완화하느냐다. 첫 번째 방법은 가치 중심의 설명이다. 소비자가 비싸다고 느끼는 순간, 단순히 가격이 아니라 '왜 그만한 가치가 있는지'를 보여줘야 한다. 자동차 브랜드가 단순히 차값을 강조하는 대신, 안전성·연비·첨단 기능을 강조하는 이유도 여기에 있다. 소비자는 "비싸지만 합리적이다"라는 설득을 받아들일 때 지갑을 연다.

두 번째는 비교 효과 활용이다. 상대적으로 더 비싼 제품을 먼저 보여주고, 그다음 제품을 제시하면 가격이 합리적으로 느껴진다. 레스토랑 메뉴판에서 가장 비싼 와인은 판매 전략일 뿐, 실제 목표는 그 옆의 중간 가격대 와인을 더 많이 팔기 위함이다. 소비자의 충격을 '상대적 안도감'으로 바꾸는 것이다.

세 번째는 분할 지불 전략이다. 전체 금액을 한 번에 보여주면 충격이 크지만, "하루 3천 원이면 이용 가능"처럼 쪼개어 제시하면 심리적 부담이 줄어든다. 헬스클럽, 스트리밍 서비스, 렌털 가전 광고에서 이런 방식이 자주 쓰인다. 소비자는 큰돈을 쓰는 느낌보다, 일상적인 작은 지출로 받아들이게 된다.

또 다른 접근은 심리적 적응이다. 처음에는 비싸게 느껴지지만, 반복적으로 가격 정보를 접하면 소비자는 점차 익숙해진다. 예컨대 전기차 초창기에는 가격이 너무 비싸다는 인식이 강했지만, 시간이 지나면서 '이 정도면 기술과 혜택을 고려해 합리적이다'라는 인식으로 바뀌었다. 마케터는 이런 과정에서 꾸준한 메시지 노출과 혜택 설명을 통해 소비자의 기준선을 조정한다.

허먼 밀러
에어론 체어 디자인 브랜딩

159

허먼 밀러(Herman Miller)는 가구 회사지만, 가구만 만들지 않는다. 그들은 "사람이 일하는 방식을 디자인한다"는 철학 아래, 기능과 인간공학, 그리고 미학을 결합해 디자인 그 자체로 브랜드를 구축한 기업이다. 그 중심에 있는 상징이 바로 에어론 체어(Aeron Chair)다.

1994년, 허먼 밀러는 기존의 가죽·쿠션 중심 오피스 체어의 상식을 깨뜨렸다. 당시 사무용 의자는 '무겁고 권위적인 가구'로 여겨졌지만, 에어론 체어는 통기성 있는 메쉬 소재, 인체의 움직임을 따라가는 구조, 그리고 절제된 곡선으로 완전히 새로운 기준을 세웠다. 이 의자는 편안함을 넘어 '앉는 경험'을 디자인한 작품이었다.

출시 당시에는 낯설다는 평가도 많았다. "너무 투명하다", "의자라기보다 의료기기 같다"는 반응이 이어졌지만, 시간이 흐르자 사람들은 깨달았다 '이 의자가 단지 사무실 가구가 아니라 인간 중심 디자인(Human-centered Design)의 결정체라는 것을'. 그 결과, 에어론 체어는 2000년대 들어 실리콘밸리의 상징이 되었고, 애플·구글·페이스북 본사 회의실마다 놓인 '디자이너들의 의자'로 자리잡았다.

허먼 밀러의 마케팅은 화려한 광고가 없었다. 대신 '제품 자체가 말하게 했다'. 그들은 에어론 체어를 기능으로 설명하지 않고, "앉는 순간, 당신의 몸이 느낄 것이다"라는 메시지로 표현했다. 이는 소비자가 직접 경험하도록 유도한 감각 중심 브랜딩(Sensory Branding)이었다.

에어론 체어의 디자인은 곧 브랜드의 철학이 되었다. 형태보다 기능, 유행보다 지속성, 디자인보다 인간. 이 세 가지 원칙은 허먼 밀러가 '디자인 명가'로 불리게 된 이유다. 그들의 제품은 사무용 가구라기보다, '인간의 움직임을 연구한 결과물'에 가깝다. 이런 철학 덕분에 허먼 밀러는 단순한 브랜드를 넘어, 인간 중심 혁신(Humanistic Innovation)의 대명사가 되었다.

특히, 에어론 체어는 '디자인으로 신뢰를 구축한 브랜드'의 상징이다. 사용자는 제품을 구매하는 순간, 허먼 밀러의 가치와 철학 '장인정신, 과학, 인간 존중'을 함께 사게 된다. 이 감정적 신뢰가 브랜드 충성도를 만들었다. 허먼 밀러는 '앉는 자세 하나에도 철학이 담긴 회사'로 인식된다.

2016년 리마스터 버전 출시 때, 그들은 단 한 가지를 강조했다: "진화했지만, 변하지 않았다." 이는 기술적 업그레이드가 아닌 가치의 지속성(Value Continuity)을 보여준 문장이다.

파라독스 오브 초이스

파라독스 오브 초이스(Paradox of Choice)는 선택지가 많을수록 소비자가 더 행복해질 것 같지만, 실제로는 오히려 만족도가 떨어지고 결정이 어려워지는 현상을 뜻한다. 이 개념은 심리학자 배리 슈워츠(Barry Schwartz)가 2004년 출간한 책 《The Paradox of Choice》에서 대중적으로 알려졌다.

소비자는 보통 다양한 옵션을 원한다고 생각한다. 예를 들어 아이스크림 가게에서 3가지 맛보다 20가지 맛이 있는 곳이 더 매력적으로 보인다. 하지만 실제로는 선택지가 지나치게 많아질수록 어떤 걸 고를지 망설이게 되고, 선택 후에도 "다른 게 더 나았을까?" 하는 후회가 따라온다. 이것이 바로 선택의 역설이다.

광고와 마케팅에서 이 현상은 중요한 시사점을 준다. 소비자에게 너무 많은 옵션을 제시하면 오히려 구매가 줄어든다. 실제 연구에서도 24가지 잼을 진열했을 때보다, 6가지만 진열했을 때 시식 후 구매율이 더 높게 나타났다. 선택지가 많을수록 시선을 끌지만, 실제 행동으로 이어지는 확률은 낮아지는 것이다.

브랜드는 이를 극복하기 위해 '선택 단순화 전략'을 사용한다. 대표적인 방법이 베스트셀러 강조다. "가장 많이 팔린 제품"이나 "고객 추천 1위"라는 문구는 소비자의 선택지를 줄여주며, 결정에 확신을 준다. 또 온라인 쇼핑몰에서는 "이런 분께 추천"처럼 소비자 상황에 맞는 옵션을 자동으로 필터링해 혼란을 줄인다.

프리미엄 라인의 성공도 선택의 역설과 관련 있다. 소비자가 너무 많은 가격대에서 고민하지 않도록, '스탠다드 – 프리미엄 – 럭셔리'처럼 단순한 구도를 제시하는 것이다. 이 경우 소비자는 복잡한 비교 대신 자신의 위치에 맞는 범주를 쉽게 선택할 수 있다.

선택의 역설은 구매 과정에서만 나타나는 것이 아니다. 결정 후에도 후유증을 남긴다. 많은 옵션 중 하나를 고른 소비자는 더 좋은 대안을 놓쳤을지 모른다는 불안감을 느끼고, 실제 만족감이 줄어든다. 그래서 마케터는 소비자가 선택 후에도 확신을 갖도록 긍정적인 경험을 제공해야 한다. "훌륭한 선택을 하셨습니다"라는 안내 문구나 사후 만족도를 높이는 서비스가 중요한 이유다.

후광 효과

후광 효과(Halo Effect)란 어떤 대상의 한 가지 긍정적인 특성이 다른 영역으로까지 확장되어 전체 평가를 좋게 만드는 심리 현상을 말한다. 예를 들어 한 사람이 외모가 단정하면 성격도 좋을 것이라고 추측하거나, 유명 대학 출신이라는 이유로 능력까지 뛰어나다고 여기는 경우다. 심리학자 에드워드 손다이크가 군인 평가 연구에서 처음 제시한 개념으로, 사람은 한 가지 인상에 쉽게 끌려 전체를 긍정적으로 해석하는 경향이 있다는 사실을 보여준다.

마케팅에서 후광 효과는 브랜드 전략의 중요한 무기가 된다. 소비자는 제품 하나의 성공적인 경험을 전체 브랜드 이미지와 연결한다. 애플이 아이폰을 성공시킨 이후 맥북, 아이패드, 에어팟 같은 다른 제품군까지 긍정적으로 평가받는 것이 대표적이다. "아이폰이 좋으니 다른 제품도 좋을 것이다"라는 인식은 후광 효과의 전형적인 예다.

광고 모델 선정에서도 이 원리가 강하게 작용한다. 인기 배우나 스포츠 스타가 제품을 사용하면, 소비자는 그 인물의 긍정적 이미지가 제품에도 그대로 반영된다고 느낀다. 실제로 명품 브랜드가 세계적 셀러브리티를 모델로 기용하는 이유는 단순한 주목도가 아니라, 그들의 이미지가 브랜드 전반에 후광처럼 비치기를 기대하기 때문이다.

후광 효과는 제품 디자인과 패키지에서도 나타난다. 고급스러운 포장과 세련된 로고는 제품의 기능이나 품질을 직접 보여주지 않지만, 소비자는 그 이미지를 근거로 "성능도 좋을 것"이라고 판단한다. 이는 시각적 후광이 브랜드 인식에 미치는 영향력을 잘 보여준다.

하지만 후광 효과는 긍정적인 방향으로만 작동하는 것은 아니다. 한 가지 부정적인 경험이 브랜드 전체를 어둡게 만들 수도 있다. 음식점에서 한 번 불친절한 서비스를 경험하면, 음식 맛까지 나쁘게 느껴지는 것이 그 예다. 따라서 기업은 긍정적 이미지를 쌓는 것만큼, 부정적 경험을 최소화하는 데도 세심해야 한다.

디지털 시대에는 후광 효과가 더욱 빠르게 확산된다. 온라인 리뷰와 SNS는 소비자의 인상을 즉각적으로 공유하게 만든다. 한 소비자가 남긴 긍정적인 후기가 브랜드 전체에 긍정적 후광을 씌울 수 있지만, 반대로 부정적 경험도 순식간에 퍼져나가 브랜드 전체 이미지를 훼손할 수 있다.

마케팅의 과제는 좋은 후광을 만들어내고 그것을 유지하는 것이다. 작은 긍정적 경험이 브랜드 전반의 신뢰와 충성으로 이어지고, 소비자의 선택을 반복적으로 이끌어내는 힘이 되기 때문이다.

자이가르닉 효과

자이가르닉 효과(Zeigarnik Effect)는 사람들이 끝마치지 못한 일이나 불완전한 상태를 완성된 것보다 더 잘 기억한다는 심리 현상이다. 1920년대 러시아 심리학자 블루마 자이가르닉이 식당 종업원을 관찰하다 발견했다. 종업원은 손님이 계산하기 전까지는 주문 내용을 정확히 기억했지만, 계산이 끝난 뒤에는 금세 잊어버렸다. 이 실험을 통해 인간의 뇌는 미완성 상태를 더 강하게 붙잡는다는 사실이 드러났다.

이 원리는 광고와 마케팅에서 매우 유용하다. 소비자의 호기심을 자극하고, 계속해서 관심을 유지시키는 데 효과적이기 때문이다. 예를 들어 드라마 광고가 '다음 회 예고편'을 활용하는 것이 전형적인 자이가르닉 효과다. 결말을 보여주지 않고 중간에 끊어버리면, 시청자는 답답함과 호기심 때문에 다시 찾아오게 된다.

광고 카피에서도 이 전략은 흔히 쓰인다. "이제껏 경험하지 못한 놀라운 변화, 그 비밀은…"과 같이 문장을 완성하지 않고 여지를 남기면 소비자는 무의식적으로 결말을 알고 싶어 한다. 이때 클릭이나 구매 같은 행동으로 이어질 확률이 높아진다.

브랜드 캠페인에서도 자이가르닉 효과는 중요한 역할을 한다. SNS 이벤트에서 "1단계 미션 완료! 다음 단계가 곧 공개됩니다"라는 형식을 취하면 참여자들은 끝까지 과정을 마무리하고 싶어 한다. 인간의 심리는 미완성 상태를 싫어하기 때문에, 브랜드는 이를 이용해 지속적인 참여를 유도할 수 있다.

제품 포장이나 매장 진열에도 이 효과가 응용된다. 예를 들어 일부 한정판 제품은 전체 디자인을 다 보여주지 않고, 반만 가린 채 판매한다. 소비자는 '안쪽에 뭐가 있을까?'라는 호기심을 느끼며 더 깊게 브랜드를 탐색하게 된다. 또 체험 매장에서 맛보기 제품을 제공하고 "나머지는 직접 경험해 보세요"라는 메시지를 주면, 소비자는 완성 욕구를 채우기 위해 실제 구매로 이어진다.

디지털 마케팅에서는 특히 영상 콘텐츠와 랜딩 페이지에서 자이가르닉 효과가 강력하게 작동한다. 유튜브 광고에서 초반 몇 초 동안 질문을 던지고 답을 바로 주지 않는 방식, 홈페이지에서 스크롤을 내려야만 전체 정보를 볼 수 있도록 설계하는 방식이 모두 이 원리를 활용한 것이다. 자이가르닉 효과는 소비자의 뇌에 '빈칸'을 남기는 기술이다. 그리고 그 빈칸을 채우고 싶다는 본능적 욕구는 소비자를 다시 광고와 브랜드로 끌어들인다.

밴드왜건 효과

밴드왜건 효과(Bandwagon Effect)는 많은 사람이 선택하고 있다는 사실이 다른 사람의 선택을 이끌어내는 현상을 말한다. 본래는 서커스 행렬에서 밴드가 탄 마차에 군중이 몰려드는 모습에서 유래했는데, 지금은 "남들도 하니까 나도 한다"는 대중 심리를 설명하는 용어로 쓰인다.

마케팅에서 밴드왜건 효과는 소비자의 사회적 증거(Social Proof)와 깊이 연결된다. 사람들은 제품의 절대적 품질보다 "얼마나 많은 사람이 쓰고 있는가"를 더 신뢰하는 경우가 많다. 그래서 기업들은 "전 세계 1억 명이 사용하는 앱", "국내 판매 1위 화장품", "고객 만족도 98%" 같은 문구를 강조한다. 이는 단순한 정보 전달을 넘어, 소비자에게 안도감과 신뢰를 주는 심리적 장치다.

대표적인 사례가 패션 트렌드다. 특정 스타일이 유명 연예인이나 인플루언서를 통해 확산되면, 소비자는 그 옷이 자신에게 꼭 맞는지 따지기보다 "요즘 다들 입는다"는 이유로 따라 입는다. 또 한때 SNS를 휩쓴 '달고나 커피'나 '셀카 각도'처럼 밴드왜건 효과는 일시적으로 폭발적인 확산력을 가지며, 바이럴 마케팅의 중요한 동력이 된다.

디지털 환경에서는 이 효과가 더 강하게 작동한다. 유튜브에서 '조회수 100만 회 돌파'라는 문구, 인스타그램 게시물에 붙은 수천 개의 좋아요는 소비자에게 "많은 사람이 본 콘텐츠라면 나도 봐야 한다"는 압력을 준다. 실제로 이런 숫자와 지표는 사용자의 클릭률과 체류 시간을 높이는 데 큰 역할을 한다.

밴드왜건 효과는 특히 신제품 런칭이나 초기 시장 진입에서 유용하다. 아직 품질이나 효용을 직접 경험하지 않은 소비자에게는 '다른 사람들이 쓰고 있다'는 사실만으로도 충분한 설득력이 된다. 이 때문에 기업은 체험단, 초기 리뷰어, 인플루언서 협업을 통해 초기 사용자 층을 확보하고, 그들의 후기를 증폭시켜 대중화를 노린다.

하지만 밴드왜건 효과에는 위험도 존재한다. 유행이 빠르게 번지는 만큼, 사라지는 속도도 빠르기 때문이다. "다들 하니까"라는 이유로 소비가 이루어진 경우, 트렌드가 식으면 소비자 충성도도 쉽게 떨어진다.

밴드왜건 효과는 결국 인간이 사회적 동물이라는 사실을 보여준다. 우리는 혼자 올바른 선택을 하기보다, 다수가 이미 선택한 길을 따르는 데서 안도감을 얻는다. 브랜드는 이 심리를 이해하고 활용함으로써, 소비자의 마음을 더 빠르고 강력하게 움직일 수 있다.

컨텍스트 마케팅

컨텍스트 마케팅(Context Marketing)은 소비자가 처한 상황과 맥락(Context)에 맞춰 메시지를 전달하는 전략을 말한다. 즉, 소비자가 언제, 어디서, 어떤 상태에서 브랜드를 만나는가를 고려해 최적의 순간에 다가가는 방식이다. 같은 광고라도 아침에 보는 것과 밤에 보는 것, 출근길에 보는 것과 휴가 중에 보는 것은 전혀 다르게 다가오기 때문에 맥락은 마케팅 효과를 크게 좌우한다.

예를 들어, 추운 겨울 출근길 지하철에서 "따뜻한 아메리카노 한 잔"이라는 문구를 본다면 소비자는 즉각적인 공감을 느낀다. 같은 광고가 한여름 오후에 보였다면 반응은 미지근했을 것이다.

디지털 환경에서 이 전략은 더욱 세밀하게 발전한다. 모바일 기기의 위치 정보, 시간대, 검색 기록, 심지어 날씨 데이터까지 활용해 맞춤형 메시지를 전달할 수 있기 때문이다. 예를 들어, 스포츠 브랜드가 저녁 시간 헬스장 근처를 지나가는 사람에게 푸시 알림으로 운동화를 추천한다면, 소비자는 자신이 처한 맥락과 광고가 딱 맞아떨어진다고 느낀다.

콘텐츠 마케팅에서도 컨텍스트는 중요하다. 단순히 좋은 글이나 영상을 만드는 것보다, 소비자가 필요로 하는 순간에 노출되는 것이 핵심이다. 여행을 준비하는 시기에 항공사 블로그에서 '저렴한 항공권 찾는 법'을 접하면 브랜드에 대한 신뢰가 커진다. 이처럼 브랜드가 소비자의 맥락을 이해하고 도움이 되는 정보를 제공할 때, 광고는 상업적 메시지를 넘어 가치 있는 경험으로 받아들여진다.

컨텍스트 마케팅의 강점은 자연스러움에 있다. 소비자가 "광고를 강제로 본다"는 불편함을 느끼지 않고, 오히려 "내 상황에 꼭 맞는 정보"라고 생각하게 만든다. 이런 경험은 브랜드에 대한 긍정적 감정을 형성하고, 구매 행동으로 이어질 확률을 높인다.

주의할 점도 있다. 맥락을 활용하는 과정에서 소비자의 개인 정보를 과도하게 수집하거나, 지나치게 노골적으로 활용하면 불쾌감과 불신을 불러일으킬 수 있다. 따라서 데이터 기반 맞춤 전략을 쓰더라도, 투명성과 신뢰를 지키는 것이 중요하다.

컨텍스트 마케팅은 결국 소비자를 이해하는 태도다. 단순히 광고를 많이 노출하는 것이 아니라, "이 순간 이 사람이 무엇을 원할까?"라는 질문에서 출발한다. 맥락을 읽는 브랜드는 소비자와 더 깊은 연결을 만들고, 그 경험은 자연스럽게 충성도로 이어진다.

플라세보 마케팅

플라세보 마케팅(Placebo Marketing)은 소비자가 제품이나 서비스에서 실제보다 더 큰 효과를 경험한다고 믿게 만드는 전략을 말한다. 의학에서 '가짜 약'이 환자에게 진짜 효과를 내는 플라세보 현상에서 착안한 개념으로, 심리적 기대감이 소비 경험에 강하게 작용한다는 점에 주목한다.

예를 들어 고급스러운 포장과 세련된 매장 분위기만으로도 소비자는 "이 제품은 품질이 뛰어날 것이다"라는 기대를 갖는다. 실제 성분이나 기능이 크게 다르지 않아도, 브랜드가 주는 이미지와 메시지 덕분에 소비자는 더 나은 효과를 체감한다. 와인의 블라인드 테스트에서도 가격표가 비쌀수록 더 맛있다고 평가하는 사례는 플라세보 마케팅의 대표적인 예다.

화장품 업계에서는 이런 심리가 더욱 두드러진다. 동일한 성분이라도 '프리미엄', '럭셔리', '의학적 검증' 같은 단어가 붙으면 소비자는 효과를 더 크게 믿는다. 실제 사용감이 조금만 좋아도 기대치와 결합해 만족도가 배가된다. 제약회사 출신 연구원이 직접 개발했다는 스토리, 임상 시험을 강조하는 카피 모두 플라세보 효과를 자극하는 장치다.

서비스 업계에서도 마찬가지다. 호텔의 '웰컴 드링크'나 항공사의 '프리미엄 체크인' 같은 경험은 실제 비용 대비 큰 차이가 없지만, 고객은 특별 대우를 받는다고 느끼며 만족한다. 카페에서 '스페셜티 원두'라는 이름만으로도 커피의 풍미가 더 깊게 느껴지는 것도 같은 원리다.

디지털 환경에서도 플라세보 마케팅은 자주 활용된다. 예를 들어 일부 앱의 '속도 최적화 버튼'은 실제로는 복잡한 기능을 수행하지 않지만, 사용자는 버튼을 누르는 순간 기기가 빨라졌다고 느낀다. 'AI 추천'이라는 문구만으로도 소비자는 결과에 더 높은 신뢰를 보이는 현상도 같은 맥락이다.

플라세보 마케팅의 핵심은 기대감을 설계하는 것이다. 소비자가 제품을 접하기 전 어떤 이미지를 갖게 하느냐, 사용 중 어떤 감정을 느끼게 하느냐가 실제 만족도를 크게 좌우한다. 결국 마케팅은 제품을 파는 것이 아니라, 소비자가 경험할 '느낌'을 파는 것이라 할 수 있다.

플라세보 효과는 인간 심리의 자연스러운 반응이다. 이를 이해하고 진정성 있게 활용하는 브랜드는 소비자에게 더 깊은 신뢰를 얻을 수 있다. 마케터가 고민해야 할 것은 "어떻게 속일까?"가 아니라 "어떻게 긍정적 기대를 만들어낼까?"이다. 기대가 경험을 강화할 때, 플라세보 마케팅은 소비자를 브랜드의 열성 팬으로 변화시킨다.

옥시토신 마케팅

옥시토신(Oxytocin)은 흔히 '사랑 호르몬' 또는 '신뢰 호르몬'이라 불린다. 사람들이 포옹을 하거나, 따뜻한 대화를 나누거나, 반려동물과 교감할 때 분비되어 유대감과 안정감을 높인다. 마케팅에서 옥시토신은 소비자가 브랜드와 정서적 연결을 형성하는 데 중요한 역할을 한다.

옥시토신 마케팅은 소비자가 브랜드를 '따뜻하게 느끼게 만드는 경험 설계'라고 할 수 있다. 광고에서 가족의 사랑, 친구와의 우정, 반려동물과의 교감을 강조하면 보는 사람의 뇌에서는 실제로 옥시토신이 분비된다. 이 감정은 곧 브랜드와 연결되어, 단순한 광고 이상의 신뢰와 호감을 형성한다.

대표적인 사례가 휴먼스토리 기반 광고다. 예를 들어, 한 우유 브랜드가 단순히 '맛있다'는 메시지 대신 아이와 부모가 함께 아침 식탁을 나누는 장면을 보여주면 소비자는 '따뜻한 가족의 순간'과 브랜드를 동일시한다. 글로벌 기업들이 감동적인 스토리텔링을 담은 광고를 제작하는 이유도 옥시토신 분비를 유도해 소비자의 감정과 브랜드를 연결하기 위함이다.

서비스 현장에서도 이 원리는 작동한다. 호텔에서 직원이 이름을 기억해 불러주거나, 카페에서 바리스타가 웃으며 음료를 건넬 때 고객은 단순한 거래를 넘어 '환영받는 경험'을 한다. 이런 순간의 감정적 연결은 옥시토신 마케팅의 가장 직접적인 형태다. 작은 제스처가 장기적인 브랜드 충성으로 이어지는 이유다.

디지털 시대에도 옥시토신 마케팅은 중요하다. 온라인에서는 물리적 교감이 어렵기 때문에, 브랜드는 스토리텔링과 커뮤니티를 통해 정서적 유대감을 만든다. 반려동물 사료 브랜드가 고객의 반려동물 사진을 공유하거나, 패션 브랜드가 고객의 사연을 소개하는 콘텐츠는 소비자가 브랜드와 '정서적 가족'처럼 느끼게 한다.

신뢰와 애정은 단기간의 이벤트로는 얻을 수 없다. 진정성 있는 이야기, 따뜻한 경험, 지속적인 공감이 쌓일 때 브랜드는 단순한 선택지를 넘어 소비자의 삶 속 동반자가 된다.

사람들이 사랑하는 브랜드는 기능이나 가격 때문만이 아니다. 그 브랜드와 함께할 때 마음이 편안하고 따뜻하기 때문이다. 옥시토신 마케팅은 브랜드와 소비자를 연결하는 가장 인간적인 접착제라 할 수 있다.

디커플링 전략

디커플링 전략(Decoupling Pricing)은 소비자가 지불하는 비용과 사용하는 경험을 분리해, 가격에 대한 부담을 줄이는 마케팅 기법이다. 소비자는 결제 순간에 '돈을 잃는다'는 감정을 느끼는데, 이를 제품 사용 경험과 분리하면 가격에 대한 저항이 줄어든다. 쉽게 말해, 돈을 쓰는 순간을 최대한 흐릿하게 만드는 것이다.

대표적인 사례가 구독 서비스다. 음악 스트리밍이나 OTT 플랫폼은 한 달에 몇 천 원을 정기적으로 결제하지만, 실제로 서비스를 이용할 때마다 돈을 지불한다고 느끼지 않는다. 매번 영화를 볼 때마다 돈을 내야 한다면 망설였을 소비가, 결제와 사용이 분리되면서 훨씬 자연스러워진다.

신용카드 사용도 디커플링 전략의 일환이다. 현금을 직접 건네는 대신 카드를 긁거나 간편 결제를 하면, 소비자는 '지불했다'는 감각을 덜 느낀다. 연구에 따르면 사람들은 카드 결제를 할 때 현금보다 더 쉽게 지갑을 연다. 이는 결제 행위와 소비 경험을 분리시켜 심리적 비용을 낮춘 결과다.

항공사나 호텔의 포인트 제도도 같은 원리다. 마일리지나 적립금은 실제 돈이지만, 소비자는 이를 '공짜 혜택'처럼 인식한다. 따라서 포인트로 물건을 살 때는 큰 고민 없이 결정을 내린다. 이는 기업 입장에서 충성 고객을 확보하는 동시에, 소비자가 추가 지출을 자연스럽게 받아들이게 만드는 효과를 낸다.

디커플링 전략은 오프라인 매장에서도 볼 수 있다. 예를 들어 놀이공원 자유이용권은 입장할 때 한 번 결제하면 이후에는 놀이기구를 탈 때마다 돈을 쓰는 느낌이 없다. 각 놀이기구를 개별 결제 방식으로 운영했다면 소비자는 매번 비용을 계산하며 망설였을 것이다. 하지만 경험과 비용을 분리한 덕분에 소비자는 자유롭게 즐기고, 체감 만족도도 높아진다.

디커플링 전략의 핵심은 '돈 쓰는 순간'과 '즐기는 순간'을 분리하는 것이다. 소비자는 결제 자체를 덜 의식할수록 경험에 집중할 수 있고, 브랜드에 대한 만족도도 높아진다. 마케터는 이 원리를 잘 설계해 소비자가 지불을 부담으로 느끼지 않고, 자연스럽게 브랜드와 관계를 이어가도록 유도해야 한다.

오늘날 많은 성공적인 서비스는 이 전략을 기반으로 하고 있다. 소비자가 돈을 쓴다는 인식을 최소화하고, 사용 경험에 몰입하게 만드는 것, 이것이 디커플링 전략의 진정한 힘이다.

바넘 효과

바넘 효과(Barnum Effect)는 사람들에게 매우 일반적이고 모호한 설명을 제시했을 때, 그것이 자신에게만 해당된다고 믿는 심리 현상을 말한다. "당신은 때로는 외향적이지만, 때로는 내성적이다" 같은 문장은 누구에게나 적용될 수 있지만, 듣는 사람은 놀랍게도 "내 얘기다"라고 느낀다. 이 효과는 미국 서커스 흥행사 P.T. 바넘의 이름에서 따온 것으로, 그는 "누구에게나 맞는 메시지를 던지면 대중은 스스로 끌려온다"는 사실을 잘 활용했다.

사람들은 자신이 특별히 주목받고 있다고 생각할 때 더 큰 호감을 느낀다. 그래서 브랜드는 의도적으로 모호하면서도 보편적인 메시지를 사용한다. 예를 들어 "당신은 더 나은 삶을 원하지 않나요?", "지금 이 순간이 변화를 시작할 때입니다" 같은 문구는 누구에게나 해당되지만, 소비자는 자신에게 꼭 맞는 말이라고 받아들인다.

운세 서비스와 성격 테스트는 바넘 효과의 전형적인 활용 사례다. "당신은 인간관계에서 따뜻하지만 가끔은 혼자가 필요하다"라는 말은 누구에게나 해당되지만, 소비자는 개인적인 통찰을 얻었다고 착각한다. 이런 원리는 온라인 마케팅에서 '퍼스널 테스트', 'MBTI형 광고' 등으로 자주 변형되어 쓰인다.

브랜드 캠페인에서도 바넘 효과는 자주 쓰인다. 글로벌 스포츠 브랜드의 "Just Do It"은 구체적인 대상이나 상황을 말하지 않는다. 그러나 사람들은 각자 자신의 삶과 연결해 해석한다. 학생은 공부를, 직장인은 도전을, 운동선수는 경기 준비를 떠올리며 그 문구가 자신에게 딱 맞는 메시지라 여긴다.

소셜 미디어 광고에서도 바넘 효과는 강력하다. "당신은 지금보다 더 성장할 수 있습니다" 같은 문장은 모호하지만, 사용자 개개인이 자신의 상황에 맞게 해석한다. 이 과정에서 소비자는 광고가 자신을 이해한다고 느낀다.

바넘 효과는 인간이 '자신만의 의미'를 찾으려는 심리에서 비롯된다. 광고와 마케팅이 그 틈을 활용할 때, 소비자는 브랜드 메시지를 개인적인 경험으로 받아들인다. 브랜드가 주는 말이 모두에게 열려 있으면서도, 각자에게 특별하게 느껴지는 것. 이것이 바넘 효과가 마케팅에서 빛을 발하는 이유다.

우리는 믿고 싶은 것을 믿는다.

톡 트리거

톡 트리거(Talk Triggers)는 소비자가 브랜드에 대해 자발적으로 입소문을 내도록 만드는 특별한 경험이나 장치를 뜻한다. "이건 꼭 다른 사람에게 이야기해야겠다"라고 느낄 만큼 독특하거나 기억에 남는 요소를 제공하는 것이다. 이는 구전 효과(Word of Mouth)를 전략적으로 설계하는 방식으로, 광고비를 쓰지 않아도 강력한 파급력을 만들어낸다.

대표적인 사례가 더블트리 호텔(DoubleTree Hotel)이다. 이 호텔 체인에서는 체크인할 때 고객에게 따뜻한 초콜릿 칩 쿠키를 무료로 제공한다. 단순한 과자 하나지만, 고객은 "호텔에서 쿠키를 받았다"는 특별한 경험을 친구와 가족에게 전한다. 실제로 많은 여행객들이 리뷰에 쿠키 이야기를 남기며, 이는 더블트리 호텔의 상징적인 마케팅 자산이 되었다.

음식 업계에도 톡 트리거는 많다. 미국의 한 햄버거 체인 '인앤아웃 버거(In-N-Out Burger)'는 메뉴판에는 없는 '비밀 메뉴(Secret Menu)'를 운영한다. 이 숨겨진 메뉴는 입소문을 통해 퍼지면서 "알아야만 즐길 수 있는 경험"이라는 차별화를 만들었다.

국내에서도 비슷한 사례를 찾을 수 있다. 한 치킨 브랜드는 치킨 상자 안에 고객 이름이 적힌 손글씨 메시지를 넣어 보냈다. 예상치 못한 따뜻한 제스처는 고객의 감동을 자아냈고, 자연스럽게 사진이 SNS에 공유되며 입소문으로 확산됐다. 작은 정성이 브랜드를 특별하게 만든 순간이다.

온라인 서비스에서도 톡 트리거는 강력하다. 한 전자상거래 플랫폼은 고객센터 응답을 기계적인 문구 대신 재치 있는 유머로 구성해 화제가 되었다. 예를 들어, 배송 지연에 대한 문의에 "죄송합니다, 택배 기사님께 초능력을 장착해 드리지 못했습니다"라는 답변을 한 사례가 공유되며 브랜드에 호감을 주었다.

톡 트리거의 포인트는 작고 진정성 있는 차별화다. 거대한 이벤트나 비싼 광고가 아니라, 소비자가 "이야기하지 않고는 못 배기겠다"는 경험을 만드는 것이다. 이런 작은 경험이 브랜드를 특별하게 기억하게 하고, 소비자의 대화 속에서 살아남게 한다.

사람들은 특별한 경험을 친구, 가족, 온라인 커뮤니티에서 이야기하고 싶어 한다. 브랜드가 그 이야깃거리를 제공한다면, 광고보다 훨씬 강력한 입소문이 만들어진다.

사람들은 광고보다 친구의 말을 더 신뢰한다.

에스컬레이터 효과

에스컬레이터 효과(Escalator Effect)는 소비자가 작은 지출이나 경험에서 시작해 점점 더 큰 소비로 이어지는 심리를 설명하는 개념이다. 마치 에스컬레이터에 한번 발을 디디면 자연스럽게 위로 올라가는 것처럼, 소비도 작은 단계에서 점차 규모가 커진다. 이는 브랜드가 고객을 장기적으로 끌어들이고, 충성 고객으로 전환시키는 데 중요한 전략적 원리다.

대표적인 사례는 스트리밍 서비스다. 음악이나 영상 플랫폼은 무료 체험이나 저가 요금제로 고객을 유입시킨다. 처음에는 "한 달 무료" 같은 작은 경험으로 시작하지만, 이후 더 많은 곡이나 콘텐츠를 즐기려면 유료 결제가 필요하다. 고객은 이미 서비스를 쓰고 있다는 이유로 자연스럽게 상위 요금제를 선택하고, 결국 프리미엄 구독자로 올라선다.

패션 업계에서도 흔히 볼 수 있다. 한 소비자가 특정 브랜드의 기본 티셔츠를 구매한 뒤 만족감을 느끼면, 점차 바지·가방·신발 같은 고가 제품으로 관심이 확장된다. 이 과정에서 소비자는 브랜드의 라이프스타일을 받아들이게 되고, 단순한 소비자에서 충성 팬으로 전환된다.

스포츠 산업에서도 에스컬레이터 효과는 중요한 개념이다. 예를 들어 프로야구 구단은 처음에는 무료 입장권이나 저가 티켓으로 관중을 유도한다. 관람객이 재미와 감동을 느끼면 이후 더 비싼 좌석을 선택하거나, 굿즈를 구매하고, 시즌권을 구입하는 단계로 나아간다. '한번 발을 디디면 멈추기 어려운 소비 상승 곡선'이 만들어지는 것이다.

온라인 쇼핑몰은 이 원리는 활용된다. 고객이 소액 제품을 결제하면, 이후 "이 상품을 산 고객은 이런 것도 샀습니다"라는 추천을 통해 점차 큰 금액의 구매를 유도한다. 첫 번째 구매에서 신뢰와 만족을 경험한 소비자는 점점 더 많은 금액을 쓰게 된다.

에스컬레이터 효과의 핵심은 신뢰와 경험의 누적이다. 처음부터 큰 금액을 요구하면 소비자는 거부감을 느낀다. 하지만 작은 성공 경험을 반복하면서 브랜드에 익숙해지고, 저항감이 줄어든다. 이 과정은 마치 계단이 아니라 자동으로 올라가는 에스컬레이터처럼 자연스럽게 일어난다.

에스컬레이터 효과는 결국 소비자의 여정을 설계하는 기술이다. 한 번의 구매가 끝이 아니라, 그 경험이 다음 단계로 이어질 수 있도록 길을 열어주는 것이다.

심볼릭 가치

심볼릭 가치(Symbolic Value)란 제품이나 서비스가 기능적 효용을 넘어, 소비자의 정체성과 사회적 의미를 상징하는 가치를 말한다. 사람들은 물건을 구매할 때 자신이 누구인지, 어떤 집단에 속해 있는지, 어떻게 보이고 싶은지를 표현하기 위해 소비를 하기도 한다. 이때 제품은 기능적 가치보다 상징적 의미가 더 큰 역할을 한다.

대표적인 예가 명품 브랜드다. 고가의 가방이나 시계는 실용성만으로 설명하기 어렵다. 비슷한 기능을 가진 제품이 훨씬 저렴하게 존재하기 때문이다. 그러나 소비자가 명품을 선택하는 이유는 그 안에 담긴 상징적 가치 때문이다. 특정 브랜드를 소유한다는 것은 단순히 물건을 가진 것이 아니라, 사회적 지위와 취향, 성공의 상징을 지니게 된다는 의미다.

자동차도 마찬가지다. 같은 이동 수단이라도 경차와 고급 세단은 전혀 다른 상징을 지닌다. 어떤 이는 실용성과 경제성을 강조하기 위해 소형차를 선택하고, 또 다른 이는 성공과 여유를 드러내기 위해 수입차를 선택한다. 실제로 자동차 광고는 연비나 성능만큼이나 '성공적인 라이프스타일'과 '자유로운 이미지'를 강조한다. 이는 자동차가 교통수단을 넘어, 자신을 표현하는 상징이 되기 때문이다.

음료 브랜드의 사례도 흥미롭다. 코카콜라와 펩시는 비슷한 맛을 지닌 탄산음료지만, 소비자가 느끼는 상징적 가치는 다르다. 코카콜라는 전통, 가족, 따뜻한 이미지를 강조하며 "행복의 순간"을 상징한다. 반면 펩시는 젊음과 도전, 변화를 내세운다. 소비자는 맛이 아니라, 자신이 속하고 싶은 문화와 정체성을 따라 브랜드를 선택한다.

디지털 제품에서도 심볼릭 가치는 강력하다. 애플의 아이폰은 '혁신과 창의성'의 상징이 되었고, 삼성 갤럭시는 '최신 기술과 다양성'의 이미지를 담았다. 같은 기능을 가진 기기라도 소비자는 브랜드에 부여된 상징적 가치를 기준으로 선택한다.

하지만 심볼릭 가치는 조심스럽게 다뤄야 한다. 지나치게 과장되거나 현실과 괴리된 이미지를 내세우면 소비자는 금세 진정성이 없다고 판단한다. 또한 사회적 가치를 담았다 하더라도 실제 브랜드 활동이 이를 뒷받침하지 않으면 '이미지 마케팅'이라는 비판에 직면할 수 있다.

기능적 효용은 시간이 지나면 잊히지만, 상징적 의미는 소비자의 정체성과 함께 오래 남는다. 브랜드의 진짜 힘은 제품의 성능이 아니라, 그 제품을 통해 소비자가 "나는 이런 사람이다"라고 말할 수 있게 만드는 것이기도 하다.

롱테일 법칙

롱테일 법칙(Long Tail Marketing)은 매출의 대부분이 소수의 인기 상품에서 발생한다는 전통적인 생각을 뒤집는 개념이다. 2004년 크리스 앤더슨(Chris Anderson)이 《The Long Tail》에서 처음 대중화한 이 이론은, 판매량이 적은 수많은 '틈새 상품'이 모이면 오히려 큰 시장을 형성할 수 있다는 사실을 보여준다. 그래프 상으로는 머리(Head)에 해당하는 베스트셀러보다 꼬리(Tail) 부분이 길게 이어져 전체 매출을 키운다고 해서 '롱테일'이라는 이름이 붙었다.

과거에는 오프라인 매장이 공간과 유통 비용의 한계 때문에 잘 팔리는 제품만 진열할 수 있었다. 하지만 온라인 시장이 등장하면서 상황이 달라졌다. 재고 부담이 적고, 검색과 추천 시스템이 발달하면서 소비자는 자신에게 꼭 맞는 다양한 상품을 찾을 수 있게 되었다. 아마존, 넷플릭스, 유튜브 같은 플랫폼이 롱테일 법칙의 대표적인 승자다. 이들은 소수의 히트작뿐 아니라, 잘 알려지지 않은 수많은 상품과 콘텐츠를 제공하며 전체 매출과 사용 시간을 크게 늘렸다.

예를 들어 아마존에서는 베스트셀러 책 몇 권보다 판매량이 미미한 수십만 권의 틈새 도서가 합쳐져 훨씬 큰 매출을 만든다. 넷플릭스 역시 최신 블록버스터 영화뿐 아니라 오래된 드라마, 특정 장르의 다큐멘터리까지 제공해 사용자의 다양한 취향을 만족시킨다. 유튜브도 마찬가지로, 인기 유튜버 영상뿐 아니라 특정 주제의 소규모 콘텐츠들이 전체 플랫폼 이용 시간을 지탱한다.

롱테일 마케팅의 핵심은 다양성과 맞춤형 경험이다. 소비자들은 이제 모두가 보는 동일한 콘텐츠나 동일한 상품만을 원하지 않는다. 오히려 자신만의 취향과 개성에 맞는 제품을 찾으며, 온라인 플랫폼은 이를 충족시켜 준다. 이 과정에서 검색 엔진, 추천 알고리즘, 소셜 미디어가 큰 역할을 한다. '당신을 위한 추천' 시스템은 롱테일 영역의 상품을 소비자가 발견하게 하는 중요한 장치다.

이 전략은 중소기업이나 개인 크리에이터에게도 기회가 된다. 예전 같으면 대형 기업이 독점하던 시장에서 소규모 브랜드가 특정 취향과 틈새 시장을 공략해 성공할 수 있다. 예를 들어, 대형 의류 브랜드가 커버하지 못하는 특정 체형이나 라이프스타일을 겨냥한 패션 브랜드, 혹은 메이저 음반사에 속하지 않은 인디 뮤지션이 디지털 플랫폼을 통해 팬층을 확보하는 것이 롱테일 전략의 사례다.

시장은 수많은 작은 조각으로 분화되어 있고, 그 조각들을 합치면 하나의 큰 그림이 된다.

고객 생애 가치

고객 생애 가치(LTV, Lifetime Value)는 한 명의 고객이 특정 브랜드와 관계를 유지하는 동안 기업에 가져다주는 총수익을 의미한다. 일시적 1회 구매액이 아니라, 장기적으로 반복 구매와 추천, 브랜드 충성까지 포함한 누적 가치를 측정하는 개념이다. 이 지표는 마케팅 전략에서 매우 중요한데, 고객 유치 비용(CAC, Customer Acquisition Cost)과 비교해 브랜드가 지속 가능한 성장을 하고 있는지 판단할 수 있기 때문이다.

예를 들어, 한 카페에서 한 번 방문한 손님이 5천 원짜리 커피 한 잔만 사면 매출은 거기서 끝난다. 하지만 이 손님이 단골이 되어 매주 두 번씩 방문한다면, 1년간 약 50만 원, 5년간 250만 원의 매출을 올려준다. 여기에 친구에게 추천해 새로운 고객까지 데려온다면 그 가치는 훨씬 커진다. 결국 고객 한 명의 가치를 단순 거래액으로만 보아서는 안 되고, 장기적인 관점에서 바라봐야 한다.

디지털 서비스에서도 LTV는 핵심 지표다. 넷플릭스나 스포티파이 같은 구독형 플랫폼은 고객이 얼마나 오래 머무는지가 사업 성패를 좌우한다. 월 1만 원 구독료를 내는 고객이 1개월만 쓰고 해지한다면 가치가 낮지만, 5년 이상 충성 고객으로 남는다면 LTV는 60만 원 이상으로 커진다. 따라서 이 기업들은 신규 가입보다 기존 고객의 리텐션(Retention, 유지율)을 높이는 데 더 많은 자원을 투자한다.

게임 업계에서도 LTV는 중요한 지표다. 무료로 다운로드할 수 있는 모바일 게임은 '부분 유료화'를 통해 수익을 낸다. 이때 '얼마나 오랫동안, 얼마나 자주 결제하는가'가 중요하다. 소수의 충성 유저가 장기간 꾸준히 결제하며 전체 매출을 지탱하는 구조가 바로 LTV 기반 전략이다.

LTV는 고객 세분화 전략과도 연결된다. 모든 고객이 동일한 가치를 가지지 않는다. 어떤 고객은 소액만 소비하고 쉽게 이탈하는 반면, 또 다른 고객은 장기간 브랜드를 지지하며 높은 수익을 안겨준다. 기업은 데이터를 분석해 '고가치 고객군'을 구분하고, 이들에게 더 나은 혜택과 맞춤형 서비스를 제공한다. 이는 브랜드 충성도를 강화해 장기적 성장을 이끈다.

LTV가 높다는 것은 고객이 브랜드에 오래 머물고, 반복 구매하며, 주변 사람에게까지 추천한다는 의미다. 반대로 LTV가 낮다면 기업은 고객 경험을 다시 설계해야 한다는 경고 신호다.

고객 생애 가치를 이해하면 마케팅의 초점이 달라진다. 단발적인 판매보다 고객과의 장기적인 관계 구축이 더 중요하다는 사실을 깨닫게 된다. 광고 한 번으로 얻는 효과는 짧지만, 충성 고객 한 명이 만들어내는 가치는 오랫동안 브랜드를 지탱한다.

플라이휠 효과

플라이휠 효과(Flywheel Effect)는 작은 힘이 꾸준히 축적되면서 점점 더 큰 에너지를 만들어내는 과정을 설명하는 개념이다. 원래는 기계공학에서 관성의 힘을 활용하는 회전체 장치를 뜻하지만, 경영과 마케팅에서는 기업이 장기적으로 성장하는 선순환 구조를 비유하는 말로 쓰인다. 초기에는 많은 노력이 들어가지만, 일정 시점이 지나면 시스템이 스스로 돌아가며 더 큰 성과를 내는 현상이다.

아마존의 성장 전략이 대표적인 사례다. 제프 베이조스는 초창기부터 플라이휠 모델을 강조했다. 고객 경험을 개선하면 더 많은 고객이 유입되고, 거래가 늘어나면 판매자 수가 증가한다. 판매자가 많아지면 상품 선택권이 넓어지고 가격 경쟁력이 높아지며, 다시 고객 경험이 좋아진다. 이 선순환이 반복되면서 아마존은 거대한 생태계를 구축하게 되었다. 작은 힘이 모여 거대한 바퀴를 끝없이 돌린 것이다.

마케팅에서 플라이휠 효과는 고객 경험과 구전 효과를 중심으로 작동한다. 만족한 고객은 주변 사람에게 브랜드를 추천한다. 새로운 고객이 유입되면 매출이 늘고, 기업은 이를 다시 서비스 개선에 투자한다. 이렇게 만들어진 긍정적 경험은 또 다른 입소문을 불러오며, 브랜드는 점점 더 빠른 속도로 성장한다. 전통적인 '퍼널(Funnel, 깔때기)' 모델이 고객을 일회성으로 흘려보내는 구조라면, 플라이휠은 고객을 다시 시스템 안으로 끌어들여 끊임없이 회전시키는 구조다.

스타트업이나 신생 브랜드에게 플라이휠 효과는 특히 중요하다. 초기에는 광고비와 마케팅 비용이 많이 들지만, 고객 경험을 충실히 설계하면 시간이 지날수록 자발적 입소문과 반복 구매가 마케팅 비용을 대신한다. 예를 들어 한 카페가 특별한 서비스와 분위기를 제공해 단골을 확보하면, 단골이 친구를 데려오고 SNS에 후기를 올리며 자연스럽게 새로운 손님이 늘어난다. 이후 매출이 안정되면 더 나은 원두와 인테리어에 투자할 수 있고, 이는 다시 고객 경험을 강화하는 선순환으로 이어진다.

하지만 플라이휠 효과는 쉽게 만들어지지 않는다. 바퀴를 돌리기 시작하는 초기 단계에는 엄청난 에너지가 필요하다. 품질, 서비스, 고객 관리 등 기본을 다지지 못하면 플라이휠은 돌아가지 않는다. 또한 한 번 회전이 멈추면 다시 가속하기 어렵기 때문에, 꾸준한 투자와 관리가 필수다.

플라이휠은 고객 경험이라는 중심축을 기반으로 스스로 돌아가는 동력을 만든다. 작지만 꾸준한 개선이 누적될 때, 브랜드는 점점 더 빠르고 강력하게 성장할 수 있다.

슈거마켓 전략

슈거마켓 전략(Sugar Market Strategy)은 소비자가 쉽게 다가올 수 있도록 저가 제품이나 서비스로 진입 장벽을 낮추고, 이후 점차 높은 가격대의 상품이나 추가 서비스를 구매하도록 유도하는 마케팅 기법이다. 이름 그대로 '설탕(Sugar)'처럼 달콤하고 부담 없는 가격으로 고객을 끌어들인 뒤, 점진적으로 수익을 확대하는 구조다.

처음부터 큰돈을 쓰는 것에는 부담을 느끼지만, 소액이라면 가볍게 결제할 수 있다. 한 번 구매 경험을 하면 브랜드에 대한 신뢰가 생기고, 이후에는 더 비싼 상품이나 부가 서비스를 선택하는 데 저항이 줄어든다. 작은 문을 열고 들어온 소비자가 점점 더 깊이 브랜드 안으로 들어가도록 만드는 것이다.

대표적인 사례가 모바일 게임이다. 대부분 무료로 다운로드할 수 있고, 기본 기능만으로도 즐길 수 있다. 그러나 게임을 오래 즐기다 보면 추가 아이템이나 프리미엄 기능이 필요해진다. 처음에는 1,000원, 2,000원처럼 가벼운 금액을 쓰다가, 점차 누적되면서 큰 수익을 만들어낸다. 게임사는 '무료'라는 달콤한 진입점으로 유저를 확보하고, 이후 부가 결제 구조를 통해 수익을 극대화한다.

구독 서비스도 슈거마켓 전략의 전형적인 모델이다. OTT 플랫폼이나 음악 스트리밍은 무료 체험이나 1개월 저가 요금제를 제공해 진입 장벽을 낮춘다. 고객은 큰 부담 없이 서비스를 경험하고, 만족감을 느낀 뒤 프리미엄 요금제로 전환한다. 이렇게 한 번 들어온 고객은 장기적으로 높은 LTV(고객 생애 가치)를 만들어낸다.

오프라인에서도 슈거마켓 전략은 흔히 볼 수 있다. 대형 마트가 '1+1 행사'나 '초특가 상품'을 내세워 소비자를 매장으로 유도하는 방식이 대표적이다. 소비자는 저가 상품 때문에 방문했지만, 매장에 들어오면 다른 고가 제품까지 함께 구매하게 된다. 결국 저가 상품은 일종의 미끼 상품이자 진입 장치 역할을 한다.

화장품 업계에서도 자주 활용된다. 브랜드가 소용량 체험 키트나 저가 라인을 먼저 내세워 고객을 확보한 뒤, 효과를 체감한 고객이 본품이나 고급 라인으로 이동하도록 만든다. "작게 시작해 크게 이어지는" 구조가 바로 슈거마켓 전략의 본질이다.

슈거마켓 전략은 결국 달콤한 시작, 깊은 관계로의 확장이라고 할 수 있다. 저가 제품으로 고객의 마음을 연 뒤, 충성도를 높여 장기적인 가치를 만들어내는 것이다. 특히 경쟁이 치열한 시장에서 고객을 끌어들이는 효과적인 방법이 된다.

퍼플 카우

퍼플 카우(Purple Cow)는 마케팅 구루 세스 고딘(Seth Godin)이 제시한 개념으로, 평범한 갈색 소들 사이에서 보라색 소가 눈에 확 들어오듯이, 시장 속에서 유난히 돋보이는 특별한 제품이나 브랜드만이 주목받는다는 이론이다. 좋은 품질이나 적당한 가격만으로는 더 이상 성공할 수 없으며, 사람들의 시선을 단번에 사로잡을 만한 차별성과 독창성이 필수라는 메시지다.

예를 들어, 수많은 커피 브랜드 중에서 스타벅스가 세계적인 성공을 거둔 이유는 커피 맛 때문이 아니다. 스타벅스는 커피를 '문화적 경험'으로 재정의했다. 매장에서 일관된 인테리어, 고객의 이름을 불러주는 서비스, 무료 와이파이 같은 요소가 모여 다른 카페와는 전혀 다른 특별한 경험을 제공했다. 바로 이 독창성이 퍼플 카우 전략이다.

테슬라 역시 퍼플 카우의 대표적인 사례다. 자동차 시장은 오랫동안 내연기관 차량이 지배했지만, 테슬라는 전기차를 이동수단이 아니라, 혁신과 미래를 상징하는 브랜드로 만들었다. 소비자들은 '미래를 앞서가는 사람'이라는 상징을 함께 구매한 것이다.

소규모 브랜드도 퍼플 카우 전략을 통해 주목받을 수 있다. 예를 들어 한 아이스크림 가게가 '까만 콘'이나 '매운맛 아이스크림' 같은 독특한 제품을 내놓는다면, 소비자는 호기심에 찾아가고 SNS에 사진을 공유한다. 이런 차별화는 광고비보다 강력한 바이럴 효과를 만들어낸다.

퍼플 카우 전략의 핵심은 "눈에 띄는 것"과 "의미 있는 것"을 동시에 충족시키는 것이다. 단순히 튀는 것만으로는 오래 살아남을 수 없다. 사람들의 이목을 끄는 동시에, 제품과 브랜드의 가치가 뒷받침되어야 지속 가능한 성장이 가능하다.

이 개념은 특히 경쟁이 치열하고 소비자가 이미 수많은 선택지에 노출된 오늘날 더욱 중요하다. 사람들은 매일 수백 개의 광고와 메시지를 접하지만, 대부분은 기억하지 못한다. 그러나 예상치 못한 경험과 강렬한 차별성을 가진 브랜드는 쉽게 잊히지 않는다.

퍼플 카우는 기존 시장의 베스트셀러를 모방하는 것이 아니라, 전혀 새로운 카테고리를 창출하거나, 익숙한 경험을 완전히 새롭게 재구성해야 한다. 이때 고객의 불편을 해결하거나 숨겨진 욕구를 건드리는 혁신이 더해진다면, 그 브랜드는 '보라색 소'로 시장에서 단연 돋보이게 된다.

리버스 포지셔닝

리버스 포지셔닝(Reverse Positioning)은 경쟁 브랜드들이 당연히 제공하는 기능이나 혜택을 과감히 제거하고, 대신 새로운 가치를 강조함으로써 차별화를 이루는 전략이다. 일반적으로 기업은 시장에서 경쟁하기 위해 기능을 계속 추가하고 서비스 범위를 넓히지만, 리버스 포지셔닝은 오히려 '뺄 것'을 먼저 고민한다. 불필요하거나 차별화되지 않는 요소를 제거하고, 고객이 진정으로 원하는 핵심 경험에 집중하는 방식이다.

대표적인 사례가 이케아(IKEA)다. 대부분의 가구 브랜드가 완제품 배송과 설치 서비스를 제공하는 반면, 이케아는 이 기능을 과감히 제거했다. 대신 소비자가 직접 조립해야 하는 불편함을 감수하게 했다. 하지만 그 대가로 저렴한 가격, 다양한 디자인, 매장에서의 독특한 쇼핑 경험을 제공했다. 소비자는 오히려 스스로 참여하는 과정에서 성취감과 재미를 느끼며, 이케아만의 차별적 가치를 받아들였다.

넷플릭스(Netflix)도 초창기에는 리버스 포지셔닝 전략을 활용했다. 기존 방송사들은 시간표에 맞춰 프로그램을 편성했지만, 넷플릭스는 편성표라는 개념을 제거했다. 대신 원하는 시간에 원하는 콘텐츠를 볼 수 있는 '온디맨드(On-Demand)' 방식을 제공해 차별화했다. 이로써 고객은 시간 제약에서 벗어나 자유를 얻었고, 이는 스트리밍 시장의 새로운 표준이 되었다.

또 다른 예로 무인양품(MUJI)을 들 수 있다. 대부분의 생활용품 브랜드가 화려한 디자인, 유명 연예인 모델, 강렬한 브랜드 로고를 내세우는 반면, 무인양품은 이를 모두 제거했다. 대신 '이름 없는 브랜드', '간결한 디자인'이라는 새로운 가치를 강조하며 독특한 포지션을 차지했다. 소비자는 브랜드 간 경쟁의 피로에서 벗어나, 심플함 자체를 하나의 미학으로 받아들이게 되었다.

리버스 포지셔닝은 '다운그레이드'가 아니다. 이케아가 설치 서비스를 뺀 대신 가격 경쟁력을 높이고, 넷플릭스가 편성표를 뺀 대신 자유와 방대한 콘텐츠를 제공했던 것처럼, '뺀 만큼 더 큰 가치를 채워야 한다'는 것이 핵심이다.

남들이 모두 채우고 있을 때, 과감히 비워내는 선택이 오히려 강력한 무기가 된다. 빼고 빼고 뺐을 때, 더 이상 뺄 것이 없을 때 완벽해지기도 하는 것이다.

"Less is More(적을수록 더 좋다)." — 미스 반 데어 로에 (독일 건축가)

세상을 움직인 마케터

필립 코틀러

필립 코틀러(Philip Kotler)는 현대 마케팅의 아버지로 불릴 만큼, 오늘날 우리가 알고 있는 마케팅 이론의 기초를 세운 인물이다. 그는 마케팅을 고객의 욕구를 이해하고 사회적 가치를 창출하는 과정으로 정의했다. 그의 사상은 "판매는 고객을 설득하는 일, 마케팅은 고객을 이해하는 일"이라는 말로 요약된다.

코틀러는 1967년 출간한 『Marketing Management』에서 마케팅을 체계적인 학문으로 정립했다. 그는 기업이 고객의 욕구를 중심에 두고 전략을 세워야 한다고 강조하며, '4P'라 불리는 핵심 프레임워크를 제시했다. 즉 Product(제품), Price(가격), Place(유통), Promotion(촉진) 네 가지 요소가 마케팅의 기본이라는 것이다. 이 4P 모델은 수십 년이 지난 지금까지도 마케팅 교육과 실무의 표준으로 자리 잡았다.

그는 또한 마케팅의 범위를 정치, 사회, 환경, 공공 분야에서도 마케팅의 개념이 적용될 수 있다고 주장했다. 실제로 그는 "소셜 마케팅(Social Marketing)"이라는 개념을 통해, 마케팅이 공공의 이익을 증진시키는 데 기여할 수 있음을 보여줬다. 예를 들어 환경보호 캠페인, 공공보건 캠페인, 비영리단체의 기부 활동 등도 모두 코틀러가 정의한 넓은 의미의 마케팅에 포함된다.

코틀러는 시대 변화에 따라 마케팅의 개념도 진화해야 한다고 봤다. 그는 마케팅의 발전 단계를 마케팅 '1.0(제품 중심) → 2.0(소비자 중심) → 3.0(가치 중심) → 4.0(디지털·인간 중심)'으로 구분했다.

이러한 통찰은 오늘날 데이터 기반 마케팅, ESG 경영, 브랜드 스토리텔링 등과 깊은 관련이 있다. 코틀러는 기업이 그들의 마음을 얻어야 한다고 강조했다. 이는 '고객을 설득하는 광고'에서 '고객과 관계를 맺는 경험'으로 전환되는 현대 마케팅의 흐름을 예견한 것이기도 하다.

코틀러는 평생을 통해 마케팅의 본질을 한 문장으로 요약했다.
"마케팅의 목적은 판매를 불필요하게 만드는 것이다."
즉, 고객이 브랜드를 스스로 선택하도록 만드는 것이 진정한 마케팅이라는 의미다.

필립 코틀러는 그 사실을 누구보다 일찍 깨닫고, 세상에 가장 체계적으로 전한 인물이다.

세스 고딘

세스 고딘(Seth Godin)은 현대 마케팅의 패러다임을 바꾼 혁신가이자 작가로, '퍼플 카우(Purple Cow)' 개념을 통해 전 세계 마케터들에게 새로운 사고방식을 제시했다. 그는 광고와 프로모션의 시대가 끝났다고 선언하며, "평범하면 잊힌다. 이제는 눈에 띄는 존재, 의미 있는 브랜드만이 살아남는다"고 말했다.

고딘은 '허락(permission) 마케팅'이라는 개념을 통해, 고객의 신뢰와 자발적 참여를 중심으로 한 새로운 접근 방식을 제안했다. 과거에는 기업이 일방적으로 광고를 보내고, 소비자는 수동적으로 받아들이는 구조였다. 하지만 고딘은 "소비자의 관심은 제한된 자원이며, 그것을 억지로 빼앗을 수는 없다"고 강조했다. 대신 고객이 스스로 관심을 허락할 수 있을 만큼 진정성 있고 매력적인 콘텐츠를 만들어야 한다고 주장했다.

그의 또 다른 핵심 철학은 '트라이브(Tribes, 부족)' 개념이다. 사람들은 '공통된 신념과 열정'을 중심으로 연결된 커뮤니티를 원한다는 것이다. 브랜드는 사람들이 모일 수 있는 문화적 중심지가 되어야 한다. 예를 들어, 하이킹을 즐기는 사람들은 단순히 등산화를 사는 것이 아니라, "자연과의 연결"이라는 가치를 공유한다. 브랜드가 이런 트라이브의 중심에 설 때, 소비자는 단순한 고객이 아니라 자발적인 전도사로 변한다.

세스 고딘은 또한 '아이디어의 전염성'을 강조했다. 그는 좋은 아이디어가 세상을 바꾸려면, 광고가 아니라 사람들 사이에서 '퍼져야 한다'고 말했다. 즉, 마케팅은 메시지를 밀어붙이는(push) 것이 아니라, 사람들이 스스로 이야기하고 공유하도록 만드는(pull) 과정이다. 바이럴 마케팅, 입소문 전략, SNS 확산 구조 등 현대 디지털 마케팅의 기본 원리들은 그의 사상에서 비롯되었다.

그는 또한 '퍼플 카우(Purple Cow)'를 통해 혁신의 본질은 차별성에 있다고 말했다. 평범한 갈색 소들 사이에서 보라색 소는 단번에 눈에 띈다. 마찬가지로 브랜드도 경쟁 속에서 독특하고 예상치 못한 가치를 제공해야 한다. 단순히 더 나은 제품이 아니라, 전혀 다른 경험을 만들어야 한다는 것이다. 애플, 테슬라, 스타벅스 같은 브랜드가 대표적인 '퍼플 카우'의 사례로 꼽힌다.

세스 고딘의 사상은 '감동을 파는 시대'의 마케팅 철학으로도 통한다. 그는 "마케팅은 제품을 파는 것이 아니라, 이야기를 파는 것이다"라고 말했다. 소비자는 기능보다 의미, 가격보다 스토리에 반응한다. 따라서 브랜드는 자신의 진짜 이유(Why)를 명확히 하고, 그것을 통해 고객의 감정과 연결되어야 한다.

세상을 움직인 마케터

데이비드 오길비

데이비드 오길비(David Ogilvy)는 "현대 광고의 아버지"로 불리는 인물이다. 오길비는 광고에서 가장 중요한 것은 '사람의 마음을 움직이는 진실'이라 믿었다. "소비자는 바보가 아니다. 그녀는 당신의 아내다."라는 그의 말은 지금도 전 세계 광고인들이 되새기는 문장이다.

오길비는 처음부터 광고인이 아니었다. 프랑스에서 셰프로 일하고, 영국 정보국과 갤럽 여론조사소에서도 근무했다. 이 다양한 경험이 그의 광고 철학에 큰 영향을 주었다. 특히 갤럽에서의 경험은 "광고는 예술이 아니라 과학"이라는 믿음을 심어주었다. 오길비는 감각이나 창의력보다 데이터, 리서치, 소비자 통찰을 우선시했다.

1948년, 오길비는 뉴욕에 자신의 광고회사 '오길비 앤 매더(Ogilvy & Mather)'를 설립했다. 당시 광고 시장은 화려한 감성 표현과 자극적인 슬로건이 주류였지만, 오길비는 전혀 다른 접근을 택했다. 그는 "광고의 목적은 제품을 판매하는 것"이라고 단언했다. 광고가 아무리 멋져도 소비자가 행동하지 않으면 무의미하다고 본 것이다.

그의 대표작 중 하나는 롤스로이스(Rolls-Royce) 광고다. 오길비는 단 한 줄의 문장으로 브랜드의 가치를 완벽하게 표현했다. "시속 60마일로 달릴 때, 이 자동차에서 들리는 가장 큰 소음은 시계 소리뿐이다." 이 문장은 화려한 수식 없이도 제품의 품질과 고급스러움을 강렬하게 전달했다. 소비자는 문장을 읽는 순간 '조용함' 속에 담긴 완벽한 기술력을 상상할 수 있었다.

또 다른 사례로 도브(Dove) 광고가 있다. 당시 비누 광고가 모두 미인 모델을 내세웠던 시대에, 오길비는 '도브는 미용 비누가 아니라 보습 비누'라는 메시지로 차별화를 꾀했다. 그는 실제 피부 실험 결과를 광고에 넣어 신뢰를 구축했고, 도브는 단숨에 시장의 표준이 되었다.

오길비는 "제목은 광고의 80%다."라고 말하며, 헤드라인의 중요성을 누구보다 강조했다. 소비자의 시선을 단 한 줄로 사로잡아야 한다는 것이다. 또 그는 유머나 감정적 과장보다 명확한 정보와 사실이 더 강력하다고 주장했다. 그의 광고에는 화려한 수사 대신, 제품의 핵심 이점이 논리적으로 담겨 있었다. 그가 남긴 원칙들은 지금도 광고 교과서에 실려 있다.

"소비자를 존중하라, 제품을 철저히 이해하라, 명확하게 말하라, 진실만 전달하라."

아메리칸 익스프레스
Small Business Saturday

181

2010년, 미국은 경기 침체의 그림자에 휩싸여 있었다. 대형 유통체인과 온라인 쇼핑몰은 여전히 성장하고 있었지만, 지역 상점과 소규모 자영업자들은 문을 닫고 있었다. 그때, 아메리칸 익스프레스(American Express, 이하 Amex)는 한 가지 질문을 던졌다. "대기업이 아닌, 동네 상점에 사람들이 다시 발걸음을 돌릴 수는 없을까?" 이 질문에서 시작된 캠페인이 바로 'Small Business Saturday'였다.

이 캠페인은 블랙프라이데이(Black Friday)와 사이버먼데이(Cyber Monday) 사이, 매년 11월 셋째 주 토요일에 진행된다. Amex는 이날을 '지역 상점의 날'로 지정하고, 소비자들에게 지역 비즈니스에서 물건을 구매하자고 제안했다. Amex는 지역 상인들에게 무료 홍보 도구, 포스터, 온라인 배너를 제공하며 그들의 가게가 SNS에서 '보여질 수 있는 힘'을 실어주었다. 즉, 대기업이 아닌 '지역 사회'를 브랜드 마케팅의 주인공으로 만든 것이다.

이 캠페인의 강점은 '브랜드의 이익'보다 '공동체의 회복'에 초점을 맞췄다는 점이다. Amex는 소비자에게 '신용카드 사용'을 권유하지 않았다. 대신 '작은 가게를 이용하는 행동이 지역 경제를 살리는 일'임을 강조했다. 그 결과, 소비자는 Amex를 금융회사가 아닌 사회적 책임을 실천하는 브랜드(Socially Conscious Brand)로 인식하게 되었다.

특히 SNS를 통한 확산 전략이 인상적이었다. Amex는 #ShopSmall 해시태그를 중심으로 소비자들이 지역 가게를 방문하고 인증 사진을 올리도록 유도했다. 이 움직임은 하나의 참여형 캠페인(Participatory Movement)으로 발전했다. 지역 상점 주인, 고객, 지역 커뮤니티가 함께 '작은 상점의 날'을 축하했고, 그날 하루는 대기업 대신 '동네의 활기'가 세상의 중심이 되었다.

결과는 놀라웠다. 캠페인 첫해에 10만 명 이상의 소상공인이 참여했고, 미국 전역에서 약 5억 달러 이상의 매출이 발생했다. 이후 미국 의회는 Small Business Saturday를 공식 기념일로 지정했으며, 버락 오바마 대통령까지 직접 캠페인에 참여해 지역 상점을 방문했다. 한 민간기업의 아이디어가 국가적 사회운동으로 발전한 것이다.

Amex는 이 캠페인을 통해 브랜드 이미지와 사회적 영향력을 동시에 강화했다. 소비자는 "이 카드를 쓰면 세상이 조금 나아진다"는 감정을 느꼈고, Amex는 신뢰 기반의 감정적 브랜딩을 완성했다. 이후 이 캠페인은 영국, 캐나다, 호주 등 다른 국가로 확산되며 글로벌 현상으로 자리 잡았다. 대기업이 '소비의 중심'이 아닌 '공감의 연결자'가 될 수 있음을 보여준 상징적 사례였다.

세상을 움직인 마케터

스티브 잡스

우리는 스티브 잡스(Steve Jobs)를 위대한 기업가로 알고 있지만, 사실은 현대 마케팅의 방향을 완전히 바꾼 천재적인 스토리텔러이자 브랜드 전략가였다. 그는 기술과 예술, 제품과 감성, 사용자와 브랜드를 하나로 묶는 새로운 방식을 세상에 제시했다. 잡스는 "사람들은 자신이 무엇을 원하는지 알기 전에, 그것을 보여줘야 한다"고 말하며, 소비자의 욕구를 예측하고 창조하는 마케팅을 실현했다.

그의 마케팅 철학의 핵심은 제품보다 '이야기'를 파는 것이었다. 애플의 광고는 언제나 기능 설명보다 철학과 감정을 전달했다. 1997년 애플의 'Think Different' 캠페인은 그 대표적인 예다. "세상을 바꾸는 사람들, 그들이 바로 우리 고객이다."라는 메시지는 단순한 광고 문구를 넘어, 브랜드의 정체성을 선포한 선언문이었다. 사람들은 제품을 사는 것이 아니라, 그 메시지에 공감하며 애플이라는 문화를 선택했다.

스티브 잡스는 브랜드 경험 전체를 디자인했다. 애플 스토어의 조명, 포장 박스의 재질, 기기를 처음 켤 때의 사운드까지 모든 것이 감성적 일관성을 갖추고 있었다. 그는 제품의 외형뿐 아니라 사용자가 느끼는 감정까지 설계했다. 이런 세심한 '경험의 통합(Integrated Experience)'이 바로 애플 마케팅의 본질이었다.

또한 잡스는 단순함(Simple is the ultimate sophistication)을 마케팅 전략의 중심에 두었다. 그는 복잡한 기술 용어나 사양보다 "한 번 보면 이해되는 단순한 메시지"를 추구했다. 아이폰 발표 당시에도 그는 기능을 나열하지 않았다. 대신 "손안의 혁명"이라는 한 문장으로 모든 것을 설명했다. 기술보다 인간의 감각에 집중한 언어였다.

잡스는 프레젠테이션에서도 마케팅의 대가였다. 신제품 공개 행사(Apple Keynote)는 발표가 아니라 하나의 '극적인 무대'였다. 그는 연출, 조명, 타이밍, 대사까지 완벽히 준비해, 새로운 제품이 등장할 때마다 관객의 감탄을 이끌어냈다. 이를 '스티브 잡스 쇼'라 부르기도 한다. 이런 몰입형 발표 방식은 이후 전 세계 기업들의 제품 런칭 행사의 표준이 되었다.

스티브 잡스의 마케팅은 화려한 기술이나 과장된 슬로건이 아닌, 철저한 인간 이해와 미학적 감성에서 비롯되었다. 그가 남긴 가장 유명한 문장은 애플의 철학을 압축한다.
"우리는 세상을 조금이라도 더 좋게 만들기 위해 존재한다."

세상을 움직인 마케터

게리 베이너척

게리 베이너척(Gary Vaynerchuk)은 '디지털 시대의 마케팅 아이콘'이라 불린다. 그는 콘텐츠와 소셜 미디어를 통한 진정성 있는 소통을 강조하며 마케팅의 새로운 방향을 제시했다. 단 한 줄의 문장으로 요약하면 그의 철학은 이렇다.
"Attention is the currency of business. (관심은 비즈니스의 통화다.)"

게리 베이너척은 가족이 운영하던 작은 와인숍을 디지털 혁신으로 바꾼 인물이다. 그는 2006년 유튜브 채널 'Wine Library TV'를 개설해 직접 출연, 와인에 대한 리뷰를 일상적인 언어로 소개했다. 당시 대부분의 와인 리뷰가 전문가 중심의 딱딱한 형식이었던 것에 비해, 그는 솔직하고 유머러스하게 소비자와 대화하듯 방송했다. 결과는 폭발적이었다. 단 몇 년 만에 가족 사업의 매출이 400만 달러에서 6천만 달러로 성장했고, 이 경험은 콘텐츠가 곧 마케팅의 핵심 자산이 될 수 있다는 사실을 증명했다.

그는 이후 디지털 광고 에이전시 VaynerMedia를 설립했다. 이 회사는 나이키, 펩시, GE 등 글로벌 브랜드의 소셜 캠페인을 성공적으로 진행하며, 전 세계적으로 영향력을 넓혔다. 게리의 철학은 단순했다. "사람들은 광고를 싫어하지만, 스토리는 좋아한다." 즉, 기업이 소비자에게 무언가를 팔기 전에, 공감과 신뢰를 쌓아야 한다는 것이다.

게리 베이너척이 가장 자주 강조하는 키워드는 '진정성(Authenticity)'이다. 그는 인플루언서와 브랜드 모두 가식적인 이미지보다 솔직함과 일관된 커뮤니케이션을 보여줘야 한다고 말한다. SNS에서 꾸며진 화려한 콘텐츠보다, 실제 사용 후기나 진심 어린 피드백이 더 큰 신뢰를 얻는다는 것이다. 그가 말한 "Document, don't create(꾸며내지 말고 기록하라)"는 문장은 오늘날 크리에이터 마케팅의 명언으로 꼽힌다.

또한 그는 '기브 앤 테이크(Give, Give, Give, Ask)'라는 개념으로 유명하다. 즉, 고객에게 가치를 먼저 세 번 주고 나서 한 번 요청하라는 것이다. 브랜드가 먼저 유용한 정보, 재미있는 콘텐츠, 진심 어린 이야기를 제공하면 소비자는 자연스럽게 관심을 갖게 되고, 이후의 구매 제안이 부담스럽지 않게 받아들여진다. 이 철학은 오늘날 콘텐츠 마케팅의 기본 구조가 되었다.

그의 마케팅 철학은 화려하지 않다. 대신 끈기, 진심, 대화라는 단어로 요약된다. 그는 "하루아침에 브랜드는 만들어지지 않는다. 매일 사람들의 신뢰를 조금씩 쌓아야 한다"고 말한다.

> Get ideas!

도미노 피자
We Fix the Roads 캠페인

184

2018년, 미국 전역의 소비자들은 SNS에 공통된 불만을 올리고 있었다. "도로가 너무 엉망이라 피자가 도착하면 다 망가진다." 배달 피자의 모양이 흐트러지고, 내용물이 한쪽으로 쏠린 사진들이 잇따라 올라왔다. 대부분의 브랜드라면 단순히 "불편을 드려 죄송합니다"라고 사과했겠지만, 도미노 피자(Domino's)는 전혀 다른 방식으로 대응했다. 그들은 이렇게 응답했다.
"If the roads are broken, we'll fix them. (도로가 엉망이라면, 우리가 고치겠습니다.)"

이 캠페인이 바로 화제가 된 "Paving for Pizza" 또는 "We Fix the Roads" 프로젝트다. 도미노는 실제로 미국의 여러 도시와 협약을 맺고, 자비로 파손된 도로를 보수하기 시작했다. 작업 현장에는 도미노 로고가 새겨진 아스팔트 패치와 함께 "피자가 안전하게 도착할 수 있도록 도로를 수리했습니다."라는 문구가 붙었다. 이것은 단순한 사회공헌이 아니라, 브랜드의 핵심 가치인 '배달의 완벽함'을 행동으로 증명한 실천적 마케팅이었다.

이 캠페인의 기발함은 바로 "문제 해결을 유머로 바꾼 태도"였다. 도미노는 고객 불만을 위기로 보지 않고, '피자가 고통받는 현실'을 재치 있게 표현했다. 광고 영상에서는 울퉁불퉁한 도로를 달리며 치즈와 토핑이 흔들리는 피자의 모습이 등장하고, "Save the pizza!"라는 유머러스한 슬로건이 함께 사용됐다. 이 친근한 톤앤매너 덕분에 사람들은 브랜드를 '피자를 진심으로 사랑하는 회사'로 인식했다.

결과는 놀라웠다. 캠페인 개시 3개월 만에 미국 50개 이상 도시에서 수백 개의 도로가 도미노의 지원으로 보수되었고, SNS에서는 "우리 마을 도로도 도미노가 고쳐줬으면 좋겠다"는 글이 폭발적으로 늘었다. 미디어는 "피자를 위해 도로를 고치는 회사"라며 연일 보도했고, 브랜드 인지도와 호감도는 동시에 상승했다. 이는 전통적인 광고비를 들이지 않고도 막강한 Earned Media(자발적 미디어 확산)를 만든 사례로 기록되었다.

결국 사람들은 도미노 피자를 "우리 일상 속 불편을 유쾌하게 바꾸는 브랜드"로 기억하게 되었다. 이후 도미노는 캠페인을 확장해 도로 보수 데이터와 위치를 고객들이 직접 제보할 수 있도록 하는 온라인 플랫폼까지 구축했다. 소비자가 '피자를 지키는 동반자'가 된 셈이다. 도미노는 이렇게 말한다. "피자를 배달하는 것만이 우리의 일이 아니다. 피자가 완벽하게 도착하도록 세상을 조금 더 평평하게 만드는 것이 우리의 일이다."

세상을 움직인 마케터

THE MAGIC OF MARKETING | 마케팅의 마법

앨 리스 & 잭 트라우트

앨 리스(Al Ries)와 잭 트라우트(Jack Trout)는 "포지셔닝(Positioning)"이라는 개념을 처음 제시하며, 마케팅을 '제품의 싸움'이 아닌 '인식의 싸움'으로 완전히 바꾸어 놓았다. 1981년 출간된 그들의 대표 저서 『Positioning: The Battle for Your Mind』는 지금까지도 마케팅 분야의 교과서로 불린다.

이전의 마케팅은 "좋은 제품을 만들면 소비자는 알아서 찾아온다"는 전제를 바탕으로 했다. 하지만 앨 리스와 잭 트라우트는 그 사고방식에 정면으로 반박했다. 그들은 소비자들이 이미 수많은 광고와 브랜드로 포화된 세상에 살고 있기 때문에, 객관적인 사실보다 인식이 더 중요하다고 주장했다. 즉, 소비자가 '어떻게 느끼는가'가 '무엇이 진짜인가'보다 강력한 힘을 가진다는 것이다.

이 이론은 간단하면서도 혁명적이었다. 포지셔닝이란 소비자의 머릿속에 '자리 잡는 것', 즉 특정 브랜드가 하나의 개념이나 이미지를 독점하도록 만드는 전략이다. 예를 들어 볼보(Volvo)는 '안전한 자동차', 코카콜라는 '진짜 콜라', 나이키는 '도전과 승리의 상징'으로 자리 잡았다. 이런 이미지는 단순한 제품 특징이 아니라, 오랜 시간 동안 일관된 포지셔닝 전략이 만든 결과다.

앨 리스와 잭 트라우트는 '1등의 법칙'을 강조했다. 시장에서 가장 먼저 떠오르는 브랜드가 가장 강력하다는 것이다. 소비자들은 새로운 정보를 받아들이는 데 제한이 있기 때문에, 후발 브랜드가 아무리 품질이 좋아도 인식의 벽을 넘기 어렵다. 그래서 그들은 "2등은 1등과 싸우지 말고, 새로운 카테고리를 만들어라"고 조언했다. 실제로 페덱스(FedEx)는 '빠른 배송'이라는 새로운 포지션을 만들며 경쟁을 피해 독자적인 영역을 구축했다.

그들의 이론은 브랜딩의 본질에도 큰 영향을 미쳤다. 브랜드란 로고나 슬로건이 아니라, 소비자의 머릿속에 형성된 인식이라는 것이다. 따라서 마케터는 경쟁사보다 더 많이 말하려 하기보다, 한 가지 메시지를 명확히 각인시키는 데 집중해야 한다. "모든 것을 다 하려는 브랜드는 결국 아무것도 기억되지 않는다"는 그들의 말은 지금도 브랜드 전략의 기본 원칙으로 통한다.

앨 리스와 잭 트라우트가 남긴 가장 큰 유산은 '명확성(Clarity)'이다. 그들은 마케터에게 "무엇을 말할까?"보다 "무엇을 기억하게 할까?"를 고민하라고 조언했다. 소비자의 머릿속에는 한정된 자리만 있으며, 그 공간을 선점하는 브랜드가 결국 시장을 지배한다는 것이다.

"시장에 먼저 들어가는 것보다 기억 속에 맨 먼저 자리 잡는 것이 중요하다."

세상을 움직인 마케터

사이먼 시넥

사이먼 시넥(Simon Sinek)은 "사람들은 당신이 무엇을 하는지가 아니라, 왜 하는지를 산다(people don't buy what you do, they buy why you do it)"라는 말로 전 세계 마케터들에게 깊은 울림을 준 인물이다.

그의 철학은 2009년 TED 강연 'How Great Leaders Inspire Action'에서 처음 소개된 골든 서클 이론(Golden Circle Theory)에 기반한다. 이 모델은 세 개의 원으로 구성되어 있다:

Why(왜): 우리는 왜 이 일을 하는가? (목적, 신념, 존재 이유)
How(어떻게): 우리는 그것을 어떻게 실현하는가? (차별화된 방법)
What(무엇): 우리는 무엇을 하는가? (제품이나 서비스 그 자체)

사이먼 시넥은 대부분의 기업이 '무엇을 만드는가(What)'에서 출발하지만, 위대한 브랜드는 '왜 존재하는가(Why)'에서 출발한다고 말한다. 소비자는 제품의 기능보다 브랜드의 철학과 이유에 더 큰 감동을 받는다.

이 이론은 애플(Apple)의 성공을 가장 대표적인 사례로 든다. 애플의 메시지는 언제나 "Think Different(다르게 생각하라)"였다. 소비자는 아이폰의 기능보다, '기존의 틀을 깨고 혁신을 추구하는 정신'에 공감했다. 그래서 애플의 고객은 단순한 구매자가 아니라 철학에 참여하는 팬덤(Tribe)이 되었다.

사이먼 시넥은 또한 리더십과 마케팅의 공통점을 강조했다. 좋은 리더는 명령으로 움직이지 않고, '왜 이 일을 하는가'를 통해 사람들을 영감(inspire)으로 움직인다. 마케팅도 마찬가지다. 고객에게 제품을 '설득'하려고 하는 대신, 브랜드의 존재 이유로 '공감'을 이끌어야 한다. 결국 "브랜드의 WHY를 믿는 사람들은, HOW와 WHAT도 자연스럽게 따라온다."

이 개념은 브랜드 커뮤니케이션의 구조를 바꿨다. 이전까지 기업들은 제품의 스펙과 기능을 강조했다면, 이제는 그 제품이 세상에 어떤 변화를 만들 수 있는가에 집중한다. 이는 오늘날 ESG(환경·사회·지배구조) 경영이나 가치 기반 마케팅의 사상적 뿌리이기도 하다. 파타고니아(Patagonia)는 이렇게 말한다. "우리는 지구를 구하기 위해 존재한다."

 세상을 움직인 마케터

브라이언 체스키

브라이언 체스키(Brian Chesky)는 '공유 경제(Sharing Economy)'를 인간적 경험으로 승화시킨 마케터이자 브랜드 스토리텔러다. 에어비앤비(Airbnb)는 단순히 방을 빌려주는 서비스가 아니라, "사람과 사람을 연결하는 여행 문화"라는 새로운 개념을 세상에 심어주었다.

2008년, 체스키와 공동 창업자 조 게비아, 네이선 블레차르지크는 샌프란시스코의 작은 아파트에서 시작했다. 당시 그들은 "호텔을 예약할 돈이 없는 여행자에게 숙소를 제공할 수 없을까?"라는 아이디어에서 출발했다. 처음에는 거실에 에어매트를 깔아 손님을 맞이하며 "AirBed & Breakfast"라는 이름을 붙였다. 이 작은 실험은 곧 '공유를 통한 새로운 신뢰 구조'라는 거대한 혁신으로 성장했다.

브라이언 체스키의 마케팅 철학은 "사람들은 여행지가 아니라, 관계를 기억한다."라는 말로 요약된다. 그는 '커뮤니티'를 만들고자 했다. 그래서 에어비앤비의 광고와 브랜드 메시지는 언제나 인간 중심이었다. "Belong Anywhere(어디서든 어울리다)"라는 슬로건은 숙박의 개념을 넘어, 전 세계 사람들에게 소속감(Belonging)이라는 감정적 가치를 제시했다.

에어비앤비는 처음부터 기능이나 가격 경쟁보다는 사람들의 이야기를 전면에 내세웠다. 실제 호스트와 여행자의 감동적인 사연, 현지 문화와 교류한 경험을 영상과 사진으로 공유함으로써, 이용자 스스로 브랜드 홍보대사가 되도록 유도했다. 이 전략은 곧 UGC(User Generated Content, 사용자 제작 콘텐츠)의 모범 사례로 꼽힌다.

브라이언 체스키는 또한 브랜드 경험(Brand Experience)의 중요성을 누구보다 잘 이해했다. 그는 "우리가 팔고 싶은 것은 침대가 아니라, 경험이다"라고 말하며, 숙박이 아닌 감정적 연결을 상품화했다. 에어비앤비는 이를 위해 'Airbnb Experiences'라는 프로그램을 만들어 여행자가 현지인의 일상 속으로 직접 들어가도록 했다. 예를 들어 파리에서는 현지 요리사와 함께 크루아상 만드는 법을 배우고, 도쿄에서는 전통 공예 수업을 들을 수 있다. 이처럼 여행을 '경험의 여정'으로 확장한 것은 전통적인 관광 산업의 틀을 완전히 바꾼 혁신이었다.

그의 경영 스타일은 스티브 잡스의 영향을 받았지만, 체스키는 "애플이 기술을 통해 인간을 자유롭게 했다면, 에어비앤비는 연결을 통해 인간을 가깝게 만든다"고 말한다. 즉, 그는 기술보다 감정, 비즈니스보다 인간성을 중심에 둔 마케터였다.

세상을 움직인 마케터

닐 파텔

닐 파텔(Neil Patel)은 현대 디지털 마케팅의 아이콘이자, 검색엔진최적화(SEO)와 콘텐츠 전략의 혁신가로 불린다. 그는 "데이터를 기반으로 소비자 심리를 읽어내는 마케터"다.

그의 전략의 핵심은 콘텐츠와 SEO의 결합이다. 닐 파텔은 '좋은 콘텐츠'가 단순히 글을 잘 쓰는 것이 아니라, 검색 알고리즘과 인간의 심리를 동시에 이해해야 한다고 말한다. 예를 들어 그는 블로그 글을 작성할 때 항상 세 가지를 기준으로 한다.

사람들이 실제로 검색하는 키워드 중심으로 쓸 것,
독자가 진짜 문제를 해결할 수 있을 것,
데이터를 근거로 신뢰를 줄 것.

이 세 가지가 결합될 때, 콘텐츠는 단순한 글이 아니라 브랜드의 신뢰 자산이 된다.

닐 파텔은 또한 무료 가치 제공 전략(Give Before You Take)으로 유명하다. 그는 자신의 웹사이트와 유튜브, 블로그에서 마케팅 관련 노하우를 거의 모두 공개한다. 광고 없이 진심으로 정보를 나누면, 사람들은 자연스럽게 그를 신뢰하고 다시 찾게 된다는 것이다. 이런 접근은 그의 브랜드를 전 세계적인 마케팅 교육 플랫폼으로 만들었다.

그가 만든 대표 도구 Ubersuggest는 수백만 명의 마케터가 사용하는 SEO 분석 툴이다. 사용자는 이 도구를 통해 키워드 트렌드, 경쟁 분석, 콘텐츠 전략까지 한눈에 파악할 수 있다. 닐 파텔은 기술을 마케팅의 조력자로 활용하며, 데이터를 감성적으로 번역하는 능력으로 평가받는다.

닐 파텔의 또 다른 강점은 끊임없는 실험이다. 그는 하나의 가설을 세우고, 실제 데이터를 통해 끊임없이 검증한다. 어떤 광고 문구가 전환율이 높은지, 어떤 색상의 버튼이 클릭을 유도하는지, 그는 모든 것을 테스트한다. 이 '데이터 기반 창의력(Data-driven Creativity)'은 그를 단순한 이론가가 아닌 실무형 마케터로 만든 핵심이다.

닐 파텔은 '데이터 속에서 인간을 보고, 알고리즘 속에서 감정을 읽은 마케터'다. 그는 오늘날 모든 마케터에게 이렇게 말한다. "당신의 목표는 클릭이 아니라, 신뢰를 얻는 것이다."

세상을 움직인 마케터

제이 베어

제이 베어(Jay Baer)는 현대 마케팅에서 고객 경험(Customer Experience)과 구전 효과(Word of Mouth)의 중요성을 체계적으로 설명한 인물이다. 그는 마케팅을 '광고를 통해 고객을 끌어오는 일'로 보지 않고, 고객이 자발적으로 브랜드 이야기를 전하도록 만드는 과정으로 정의했다. "사람들은 광고를 믿지 않는다. 하지만 친구의 이야기는 믿는다." 이 문장은 그의 철학을 가장 잘 요약한다.

그의 대표 저서 『Talk Triggers』(2018)는 입소문 마케팅의 현대적 교과서로 불린다. 제이 베어는 이 책에서 "모든 위대한 브랜드에는 사람들이 이야기하고 싶은 무언가가 있다"고 말했다. 즉, 입소문은 우연히 일어나는 것이 아니라, 설계할 수 있는 전략적 결과라는 것이다. 그는 소비자들이 브랜드를 언급하는 이유를 체계적으로 분석하며, 입소문을 유도하는 네 가지 조건을 제시했다.

Remarkable(눈에 띄는) — 예상치 못한 경험을 제공하라.
Relevant(의미 있는) — 고객의 삶과 연결된 가치를 제시하라.
Reasonable(지속 가능한) — 과하지 않지만 꾸준히 감동을 주는 경험을 유지하라.
Repeatable(반복 가능한) — 한 번이 아니라 계속해서 이야기될 수 있어야 한다.

이 네 가지는 브랜드가 단순한 캠페인 대신 지속 가능한 대화의 원동력을 만들어야 한다는 그의 철학을 잘 보여준다.

그는 '입소문'이 고객 충성도의 핵심 지표라고 강조했다. 고객이 브랜드를 자발적으로 이야기한다는 것은, 이미 그 브랜드를 신뢰하고 있다는 뜻이다. 제이 베어는 "고객의 말이 곧 최고의 마케팅"이라고 말하며, 마케터가 해야 할 일은 '광고를 만드는 것'이 아니라 '이야깃거리를 만드는 것'이라고 설명했다.

그의 또 다른 저서 『Hug Your Haters』(2016)는 고객 불만을 다루는 완전히 새로운 접근을 제시했다. 그는 "불평하는 고객은 당신의 가장 큰 자산"이라고 말한다. 대부분의 기업이 부정적인 리뷰를 두려워하지만, 제이 베어는 오히려 그 리뷰에 진심으로 대응함으로써 브랜드 신뢰를 강화할 수 있다고 주장했다. 그는 또한 "마케팅은 고객을 놀라게 하는 서비스에서 출발해야 한다"고 말한다. 작은 친절이나 유쾌한 경험 하나가 입소문을 낳는다. 한 레스토랑이 생일 손님에게 무료 디저트 대신 노래 공연을 해주거나, 한 항공사가 지연된 승객에게 정성스러운 손편지를 보내는 것처럼 말이다. 이런 진정성 있는 행동이 사람들의 마음을 움직이고, 자연스러운 홍보로 이어진다. 제이 베어의 철학은 단순하면서도 강력하다. "고객이 말하게 하라. 당신이 말하지 말고."

세상을 움직인 마케터

리처드 브랜슨

리처드 브랜슨(Richard Branson)은 '경험을 파는 마케터'이자 '브랜드 자체가 스토리인 사람'이다. 그는 버진(Virgin)이라는 단어 하나로 음악, 항공, 통신, 우주 산업까지 확장하며, "브랜드는 감정으로 기억되는 모험"이라는 새로운 마케팅 철학을 세상에 제시했다.

브랜슨의 마케팅은 언제나 도전과 유머, 그리고 인간적 진심으로 가득했다. 1970년대 초, 그는 작은 음반 매장 '버진 레코드(Virgin Records)'에서 출발했다. 당시 '버진'이라는 이름은 "세상에 처음 도전하는 풋내기"라는 의미였다. 그는 유명 가수를 섭외하지 못하자 신인 아티스트를 직접 발굴했고, 그중에는 마이크 올드필드의 'Tubular Bells'와 같은 전설적인 음반도 있었다. 이 성공은 '새로움과 반항'이라는 버진의 DNA를 굳히는 계기가 되었다.

그는 곧 음악 산업을 넘어 항공산업으로 모험을 옮겼다. 1984년, 버진 애틀랜틱(Virgin Atlantic Airways)을 설립하며 대형 항공사들에 정면으로 도전했다. 그러나 그 방식은 전통적인 마케팅과는 완전히 달랐다. 브랜슨은 광고비보다 '고객 경험'에 투자했다. 그는 "비행기를 타는 일이 지루할 필요는 없다"고 말하며, 항공편마다 엔터테인먼트와 감동적인 서비스를 결합했다. 고객이 느끼는 순간의 즐거움 자체가 최고의 홍보가 된 것이다.

브랜슨은 '브랜드를 사람처럼 만든' 대표적인 마케터이기도 하다. 버진은 언제나 유머러스하고, 자유롭고, 다소 반항적인 캐릭터로 인식된다. 그는 브랜드를 인간의 성격처럼 구축했고, 모든 커뮤니케이션이 그 톤앤매너를 유지했다. "우리는 평범한 걸 하지 않는다(We don't do boring things)"라는 버진의 정신은 광고 문구를 넘어 브랜드 문화가 되었다.

또한 브랜슨은 '퍼포먼스형 PR 마케팅'의 창시자로 평가된다. 그는 언론이 주목할 만한 이벤트를 스스로 연출하며 브랜드를 홍보했다. 열기구로 대서양을 건너거나, 버진 로고가 새겨진 잠수함을 타고 등장하는 등 그의 행동 자체가 광고였다. 하지만 그 이면에는 명확한 전략이 있었다 — "사람들은 스토리를 기억하지, 숫자는 기억하지 않는다." 즉, 그는 숫자보다 감정에 남는 이야기를 통해 브랜드를 각인시켰다. 버진 브랜드는 '모험과 열정의 상징'이다. 브랜슨은 기업을 확장할 때마다 철저히 "버진다운가?"를 기준으로 판단했다. 통신, 금융, 우주여행까지 진출했지만, 모든 사업이 공통적으로 지닌 키워드는 '도전'과 '즐거움'이었다. 그는 "모든 산업은 결국 사람을 위한 것이며, 브랜드의 임무는 그들에게 영감을 주는 것"이라고 말했다.

리바이스
Buy Better, Wear Longer

리바이스(Levi's)는 '옷'이 아닌 '세대의 문화'를 팔아왔다. 하지만 패션 산업이 환경 오염의 주범으로 지적되면서, 리바이스는 과감하게 자신들의 오래된 신화를 다시 쓰기 시작했다. 그들은 새로운 유행을 강요하는 대신, "Buy Better, Wear Longer(더 나은 옷을 사서, 더 오래 입자)"라는 역설적인 메시지를 내세웠다.

이 캠페인은 패션 브랜드가 '소비 촉진'이 아닌 '소비 절제'를 말한 드문 사례다. 리바이스는 더 많은 옷을 팔기보다, 더 오래 입을 수 있는 옷을 만들자고 선언했다. 이는 지속가능성(Sustainability)을 브랜드의 중심 가치로 전환한 철학적 리포지셔닝이었다.

리바이스는 데이터로 문제를 직시했다. 청바지 한 벌을 생산하는 데 평균 3,800리터 이상의 물이 사용된다는 사실을 공개하며, 소비자들에게 "패션의 진짜 대가"를 알렸다.
그리고 이에 대응해 Water<Less® 공정을 도입, 데님 세탁 과정에서 최대 96%까지 물 사용량을 줄였다. 즉, '지속가능한 청바지'라는 새로운 제품 가치를 창출한 것이다.

광고 캠페인 역시 감성적이었다. 영상 속에는 오래된 리바이스를 입고 자전거를 타는 청년, 세탁과 수선을 거듭하며 추억이 묻은 청바지를 입는 사람들의 모습이 등장한다. 나레이션은 담담히 말한다. "이 청바지는 낡았지만, 여전히 나의 이야기를 입고 있다." 이 문장은 소비자에게 패션의 감정적 지속성(Emotional Longevity)을 일깨운다. 유행이 아닌, 시간이 만든 멋. 리바이스는 '낡음'을 '가치'로 바꿔냈다.

이 캠페인은 전 세계적으로 큰 공감을 얻었다. 특히 MZ세대 소비자들은 '지속가능성'과 '진정성'을 브랜드 선택 기준으로 삼고 있었기에, 리바이스의 메시지는 그들의 철학과 정확히 맞닿았다. 또한 리바이스는 순환형 패션(Circular Fashion) 시스템을 구축했다. 오래된 청바지를 수선하거나 재활용할 수 있는 'Levi's Tailor Shop'을 전 세계 매장에 운영하고, 중고 리바이스를 재판매하는 'Second-Hand' 플랫폼도 개설했다. 이런 실천은 '지속가능성'을 구호가 아닌 행동으로 증명했다.

캠페인의 진정한 힘은 바로 '자기 부정의 용기'였다. 리바이스는 더 많이 팔기 위해 소비자를 유혹하지 않았다. 대신, 브랜드가 지켜온 장인정신과 품질 자신감을 바탕으로 "덜 사도 괜찮다. 우리의 제품은 오래간다."고 말한 것이다. 이 진정성이 소비자에게 깊은 신뢰를 남겼다. 리바이스는 결국 '패션의 반대편에서' 브랜드의 본질을 다시 세웠다.
"지속 가능한 미래는 유행보다 오래 남는 가치에서 시작된다."

세상을 움직인 마케터

말콤 글래드웰

말콤 글래드웰(Malcolm Gladwell)은 마케팅을 데이터나 기술이 아닌, 인간 행동의 미묘한 심리와 사회적 전염의 힘으로 설명한 작가이자 사상가다. 그는 저널리스트 출신으로, 복잡한 사회 현상을 직관적으로 해석하는 능력으로 세계적인 영향력을 얻었다. 그의 대표 저서 『The Tipping Point(티핑 포인트)』는 "어떻게 작은 아이디어가 거대한 유행으로 번지는가"를 탐구하며, 오늘날 바이럴 마케팅(Viral Marketing)과 트렌드 확산 이론의 근간이 되었다.

글래드웰은 이 책에서 "사회적 변화는 점진적으로 일어나지 않는다. 임계점(Tipping Point)을 넘는 순간 폭발하듯 번진다."고 말했다. 이는 감염병처럼 아이디어와 유행이 퍼지는 과정을 설명하는 새로운 관점이었다. 그는 세상이 움직이는 데는 세 부류의 사람들이 있다고 분석했다.

커넥터(Connector) – 사람과 사람을 연결시키는 관계의 중심자, 즉 네트워크의 허브.
메이븐(Maven) – 지식과 정보를 나누는 조언자형 인물, 소비자 트렌드의 촉매자.
세일즈맨(Salesman) – 설득력과 열정으로 사람들의 행동을 유도하는 전달자.

이 세 집단이 상호작용할 때, 특정 아이디어나 제품이 갑자기 폭발적으로 퍼진다는 것이다. 이 이론은 인플루언서 마케팅, 입소문 전략, SNS 확산 모델 등 현대 마케팅의 기본 구조로 자리 잡았다.

글래드웰의 통찰은 '작은 변화가 큰 결과를 만든다'는 사실을 실증적으로 보여줬다. 예를 들어 1990년대 뉴욕의 범죄율 급감 현상을 단순히 정책의 결과로 보지 않고, 지하철 낙서 제거나 무임승차 단속 같은 미세한 환경 변화가 시민의 행동 패턴을 바꿨다고 분석했다. 이러한 사고방식은 마케팅에서도 적용된다. 즉, 거대한 광고 예산보다 소비자 경험의 작은 디테일이 브랜드의 이미지를 바꿀 수 있다는 것이다.

그의 또 다른 저서 『Blink』에서는 인간의 직관이 얼마나 강력한 판단 도구인지 설명했다. 사람들은 논리적 설명보다 순간적인 인상과 감정으로 결정한다. 따라서 브랜드는 복잡한 메시지를 주입하는 대신, 첫인상에서 감정적 공감을 만들어야 한다. 『Outliers』에서는 성공의 본질을 다루며 "1만 시간의 법칙"을 제시했다. 마케팅적으로 보면 지속적 학습과 일관된 브랜드 경험이 시장에서의 신뢰를 만든다는 메시지로 해석할 수 있다. 즉, 단발적인 광고보다 꾸준한 스토리텔링과 브랜드 철학의 반복이 '인지의 누적 효과'를 낳는다는 것이다.

세상을 움직인 마케터

THE MAGIC OF MARKETING | 마케팅의 마법

다니엘 핑크

다니엘 핑크(Daniel H. Pink)는 '인간 이해의 예술'로 바라본 사상가다. 그는 세일즈와 심리, 행동경제학을 융합해 "사람들이 왜 움직이는가(What truly motivates people)"에 대한 답을 제시했다. 『Drive』와 『To Sell Is Human』 같은 그의 저서는 전 세계 마케터와 리더들에게 '설득의 새로운 언어'를 열어준 대표작으로 평가받는다.

핑크는 『To Sell Is Human』에서 "모든 사람은 영업가다(Everyone is in sales now)"라고 말한다. 그는 전통적인 판매의 개념을 뒤집었다. 과거의 영업은 물건을 파는 일이었지만, 지금의 세상은 누구나 자신의 아이디어·관점·가치를 팔고 있다. 마케터뿐 아니라 디자이너, 교사, 창업가, 심지어 부모도 설득의 대화 속에 살고 있다는 것이다. 즉, 그는 마케팅을 '영업의 확장된 형태'가 아니라 '관계 속에서 이뤄지는 공감의 기술'로 재정의했다.

그는 '구매'의 심리를 연구하며, 전통적인 '보상과 처벌' 중심의 설득 방식이 더 이상 효과적이지 않다고 말한다. 대신 내재적 동기(Intrinsic Motivation) — 즉, 의미·자율성·성장 욕구 — 가 사람을 움직이는 진짜 원동력이라고 분석했다. 이는 『Drive』에서 제시한 그의 핵심 이론이다. 사람들은 단순한 금전적 유인보다 "내가 하는 일의 이유"에 더 깊이 반응한다. 마케팅도 마찬가지다. 소비자는 가격보다 브랜드의 목적, 기업의 철학에 더 큰 공감을 느낄 때 지갑을 연다.

핑크는 인간의 행동이 '합리적 계산'보다 '감정적 연결'에 의해 결정된다고 강조했다. 그는 "설득의 성공은 말솜씨가 아니라 경청 능력에 달려 있다"고 말한다. 뛰어난 마케터는 말을 잘하는 사람이 아니라, 타인의 욕구를 들을 줄 아는 사람이라는 것이다. 그는 마케터에게 "판매하지 말고, 봉사하라(Sell by serving)"고 조언한다. 이는 단기적 매출이 아니라 장기적 신뢰를 기반으로 한 마케팅 철학이다.

또한 핑크는 데이터가 넘치는 시대일수록 '감성적 스토리텔링'이 더 강력하다고 본다. 그는 "정보는 사람을 설득하지 못한다. 이야기가 설득한다."고 말하며, 모든 브랜드가 '무엇을 팔고 있는가'보다 '왜 존재하는가'를 이야기해야 한다고 강조했다. 이는 사이먼 시넥의 'WHY 마케팅'과도 맞닿아 있으며, 감정과 의미를 결합한 '공감 중심 마케팅(Empathy Marketing)'의 사상적 뿌리로 평가된다.

다니엘 핑크의 철학은 데이터보다 사람, 전략보다 감정을 이해하라는 메시지로 요약된다. 그는 "사람은 정보를 분석해서 구매하지 않는다. 자신이 옳다고 느껴서 구매한다."고 말했다. 이 말은 곧 마케팅의 핵심이 '설득'이 아니라 '공감'임을 의미한다. 다니엘 핑크는 세상을 이렇게 요약했다. "우리는 모두 무언가를 팔며 살아간다. 그러나 진정한 마케터는 팔지 않는다. 대신, 사람을 움직이게 만든다."

세상을 움직인 마케터

앤 핸드리

앤 핸드리(Ann Handley)는 전 세계에서 가장 영향력 있는 콘텐츠 마케팅(Content Marketing) 전문가 중 한 사람이다. 그녀는 "마케팅은 더 이상 광고가 아니라, 이야기를 쓰는 일"이라고 말하며, 브랜드가 고객과 대화하는 방식을 완전히 바꿔놓았다. 그녀의 대표 저서 『Everybody Writes(모두가 글을 쓴다)』는 전 세계 마케터와 창작자들의 필독서로 꼽힌다.

앤 핸드리가 등장하기 전, 많은 기업은 콘텐츠를 홍보 수단으로만 여겼다. 하지만 그녀는 콘텐츠를 "관계를 시작하는 첫인사"라고 정의했다. 광고는 주목을 사지만, 콘텐츠는 신뢰를 쌓는다는 것이 그녀의 철학이다. 즉, 브랜드는 고객에게 "우리가 최고입니다"라고 말하기보다 "우리는 당신을 이해하고 있습니다"라고 이야기해야 한다는 것이다.

핸드리는 콘텐츠의 핵심을 '정보'가 아닌 '공감(Empathy)'에 두었다. 그녀는 "좋은 콘텐츠는 제품을 설명하지 않는다. 사람의 문제를 해결한다."고 말한다. 이는 사람 중심의 커뮤니케이션 전략이다. 예를 들어, 제품의 기능을 나열하기보다, 그 제품이 고객의 하루를 어떻게 바꿀 수 있는지를 보여주는 것이 진짜 마케팅이라는 것이다.

그녀는 콘텐츠 마케팅의 목표를 클릭이나 조회수가 아니라, "브랜드가 사람의 인생 속에서 어떤 의미를 갖는가"로 재정의했다. 그래서 그녀는 마케터에게 묻는다. "당신의 콘텐츠는 사람들에게 유용한가, 아니면 단순히 소음을 더하고 있는가?" 이 질문은 수많은 브랜드가 콘텐츠 전략을 다시 바라보게 만들었다.

앤 핸드리는 'MarketingProfs'의 창립 멤버로, 기업들이 데이터보다 언어의 힘을 이해하도록 돕는 데 앞장섰다. 그녀는 "모든 기업은 출판사다(Every company is a publisher)"라는 말을 남기며, 브랜드가 스스로 이야기를 발신하는 시대의 방향을 제시했다. 이는 오늘날 기업 블로그, 뉴스레터, SNS 브랜딩의 근간이 되었다. 핸드리의 콘텐츠 철학은 세 가지로 요약된다.

첫째, 작게 써라(Small) — 화려한 문장보다 진심이 중요하다.
둘째, 명확하게 써라(Simple) — 고객이 바로 이해할 수 있는 언어를 써라.
셋째, 인간적으로 써라(Human) — 기업의 말투가 아니라 사람의 목소리로 이야기하라.

세상을 움직인 마케터

세스 스티븐스 다비도위츠

세스 스티븐스 다비도위츠(Seth Stephens-Davidowitz)는 구글의 전 데이터 과학자이자, 베스트셀러 『Everybody Lies(모두 거짓말을 한다)』의 저자다. 그는 '검색 데이터'를 통해 인간의 내면을 분석하며, 마케팅의 새로운 패러다임을 제시한 인물이다. 그의 핵심 메시지는 단순하지만 강렬하다. "사람들이 말하는 것보다, 검색하는 것이 진짜 진심이다."

다비도위츠는 하버드대학교에서 경제학 박사 학위를 받았지만, 그가 주목한 건 숫자가 아니라 '사람의 욕망'이었다. 그는 사람들의 실제 행동 데이터, 특히 구글 검색 패턴을 분석하며 놀라운 사실을 밝혀냈다. 설문조사나 인터뷰에서는 감춰지는 인간의 욕구와 두려움이, 검색창 앞에서는 솔직하게 드러난다는 것이다. 이 발견은 마케팅의 패러다임을 완전히 바꿔놓았다.

그는 "데이터는 인간의 무의식을 보여주는 거울"이라 말한다. 사람들이 '지금 무엇을 검색하는가'를 보면, 그들의 욕망·불안·트렌드를 실시간으로 읽을 수 있다. 예를 들어 경제 위기 때 '저축', '투자', '불안' 등의 검색어가 급증하고, 특정 연예인이나 브랜드에 대한 감정적 검색어가 늘어나는 것은 소비자 심리의 흐름을 명확히 반영한다.

이 접근법은 전통적 마케팅 리서치의 한계를 깨뜨렸다. 과거 마케터들은 소비자에게 직접 묻고 답을 얻었지만, 그 대답에는 한계가 있었다. 다비도위츠는 이런 "말의 마케팅"을 넘어 "행동 데이터 기반 마케팅(Behavioral Data Marketing)"으로 전환해야 한다고 주장했다. 즉, 소비자가 무엇을 말했는지가 아니라, 무엇을 실제로 클릭하고 검색했는가가 진짜 인사이트라는 것이다.

그의 분석은 기업들에게 실질적인 전략적 도구가 되었다. 브랜드는 검색 데이터를 통해 고객이 무엇을 걱정하고, 어떤 문제를 해결하고 싶어 하는지를 실시간으로 파악할 수 있다. 그의 연구는 정치, 사회, 문화, 비즈니스 전반으로 확장됐다. 특히 그는 미국 대선 기간 동안 구글 트렌드 데이터를 분석해, 여론조사와 전혀 다른 유권자 심리를 예측했다. 그 결과는 실제 선거 결과와 더 일치했다. 마케팅 관점에서 세스 다비도위츠의 가장 큰 공헌은 "데이터에 인간을 다시 불러온 것"이다. 그는 숫자에 감정을 입히고, 데이터에서 이야기를 읽어냈다. 그의 철학은 단순한 빅데이터 분석이 아니라, '데이터 기반 스토리텔링(Data Storytelling)'에 가깝다. 그는 말한다. "데이터는 인간의 거짓말을 폭로하지만, 동시에 인간의 진심을 드러낸다." 이 말은 마케팅의 본질을 다시 일깨운다. 소비자는 설문지 속의 이상적 인간이 아니라, 검색창 앞의 솔직한 인간이다. 세스 다비도위츠는 우리에게 묻는다.

"당신의 마케팅은 사람들의 말에 의존하는가, 아니면 그들의 행동을 관찰하는가?"

👤 세상을 움직인 마케터

브라이언 솔리스

브라이언 솔리스(Brian Solis)는 기술과 인간의 관계를 연구하며, 마케팅을 '경험의 예술'로 재정의한 디지털 전략가이자 사상가다. 그는 '소셜 미디어 시대의 행동 변화'와 '디지털 경험 설계'를 탐구하며, 브랜드가 사람들의 삶 속에서 의미를 창조해야 한다고 강조했다. 그의 대표 저서 『X: The Experience When Business Meets Design』은 전 세계 마케터들에게 "고객 경험이 곧 브랜드"라는 개념을 확립시킨 명저로 평가된다.

브라이언 솔리스의 철학의 핵심은 '경험(Experience)이 곧 마케팅'이라는 점이다. 그는 "사람들은 제품을 기억하지 않는다. 경험을 기억한다."고 말한다. 소비자는 브랜드가 자신에게 어떤 감정, 의미, 기억을 주는가가 결정적인 요인이 된다. 즉, 오늘날 마케팅의 경쟁은 기능이 아니라 감정의 경쟁이다.

그는 디지털 시대의 소비자가 어떻게 진화했는지를 'Generation C(Connected Generation, 연결된 세대)'라는 개념으로 설명했다. 이 세대는 나이와 세대를 초월해, 인터넷과 소셜 네트워크로 연결된 사람들이다. 이들은 자신이 경험한 브랜드를 스스로 이야기하는 참여자다. 따라서 브랜드는 일방적인 메시지를 던지는 대신, 고객이 함께 공감하고 표현할 수 있는 '참여의 무대'를 만들어야 한다고 강조했다.

브라이언 솔리스는 이를 '경험 디자인(Experience Design)'이라고 불렀다. 그는 "디자인은 단지 외형이 아니라, 사람이 느끼는 모든 접점의 설계"라고 정의했다. 브랜드와 고객이 만나는 순간마다 감정이 형성되며, 그 감정의 총합이 바로 브랜드의 가치가 된다는 것이다. 예를 들어 스타벅스의 향기, 애플의 포장, 넷플릭스의 사용자 인터페이스(UI) 모두가 경험 디자인의 일부다. 그 모든 세부 요소가 모여 브랜드의 '감정적 서명(Emotional Signature)'을 만든다.

브라이언 솔리스의 마케팅 접근은 데이터와 감성을 통합한 '디지털 휴머니즘(Digital Humanism)'에 가깝다. 그는 데이터를 통해 고객의 행동을 분석하되, 그 행동의 배경에 있는 감정과 맥락을 이해해야 한다고 강조한다. 예를 들어 클릭률이나 체류시간보다, 고객이 그 경험을 통해 어떤 기분을 느꼈는지가 더 중요한 데이터라는 것이다. 이는 마케터에게 숫자보다 '의미'를 해석하는 능력을 요구한다. 그의 사상은 오늘날의 UX·CX·브랜드 경험 전략의 뿌리가 되었다. 브라이언 솔리스는 이렇게 말했다.

"사람들은 당신의 말이 아니라, 당신이 어떻게 느끼게 했는지를 기억한다."

세상을 움직인 마케터

버나데트 지와

버나데트 지와(Bernadette Jiwa)는 브랜드와 마케팅을 '이야기(Story)'의 언어로 해석한 사상가이자 작가다. 그녀는 『Story Driven』, 『Meaningful』, 『Make Your Idea Matter』 등의 저서를 통해, "브랜딩은 로고나 슬로건이 아니라, 사람들이 기억하는 이야기로 완성된다"는 철학을 세상에 전했다. 세스 고딘이 '퍼플 카우'로 브랜드의 차별화를 말했다면, 버나데트 지와는 그 차별화의 방법을 '이야기의 힘'으로 풀어낸 인물이다.

지와는 브랜드가 성공하려면 먼저 "우리는 왜 존재하는가?"라는 질문에 답해야 한다고 말한다. 제품이나 서비스의 기능보다 중요한 것은, 그 브랜드가 세상에 어떤 가치를 더하려 하는지다. 그녀는 브랜드의 정체성을 단순한 마케팅 문구가 아닌, 진심 어린 서사(Story of Purpose)로 표현해야 한다고 강조한다.

버나데트 지와는 '브랜드 스토리'라는 개념을 기존 광고의 한계를 넘는 도구로 발전시켰다. 과거의 마케팅이 '제품 중심(product-centric)'이었다면, 그녀는 '인간 중심(human-centric)' 스토리텔링으로 방향을 바꿨다. 소비자는 브랜드가 전하는 가치의 공감자이며 이야기의 일부가 된다. 브랜드는 그들의 삶 속에서 감정적 연결을 형성해야 한다는 것이다.

그녀가 말하는 스토리텔링은 화려한 슬로건이나 감성적인 문구가 아니다. 오히려 작고 진정한 순간에 담긴 '의미의 경험(Meaningful Experience)'이다. 예를 들어, 어떤 카페가 "우리는 커피를 팝니다"가 아니라 "당신의 하루를 조금 더 따뜻하게 만듭니다"라고 말할 때, 그 브랜드는 단순한 제품을 넘어 '감정적 이유'를 제공한다. 이처럼 스토리란 브랜드의 행동, 언어, 디자인, 서비스, 심지어 침묵 속에서도 흘러나오는 메시지다.

버나데트 지와는 또한 "좋은 브랜드는 고객을 주인공으로 만든다"고 강조한다. 브랜드의 이야기가 아닌, 고객의 이야기가 중심이어야 한다는 것이다. 그녀는 이를 "Inside-out Branding(내부에서 시작하는 브랜딩)"이라고 부른다. 기업이 먼저 자신들의 가치와 신념을 명확히 정의하고, 그 철학이 고객의 삶과 교차할 때 비로소 진정한 연결이 형성된다. 이 철학은 오늘날 'Purpose-driven Branding(목적 중심 브랜딩)'의 기반이 되었다. 그녀의 접근법은 작은 기업이나 스타트업에도 큰 영향을 미쳤다. 버나데트 지와는 "규모가 작다는 것은 더 인간적일 수 있는 기회"라고 말한다. 즉, 대기업이 광고로 인지도를 높이는 대신, 작은 브랜드는 진심과 일관된 목소리로 신뢰를 쌓을 수 있다는 것이다. 이는 '브랜드의 인간화(Humanization of Brand)'라는 현대 마케팅의 핵심 키워드로 발전했다. 버나데트 지와는 이렇게 말한다. "스토리는 사람을 설득하지 않는다. 스토리는 사람을 움직인다."

세상을 움직인 마케터

세라 블레이클리

198

세라 블레이클리(Sara Blakely)는 단돈 5천 달러로 시작해 전 세계 여성들의 라이프스타일을 바꾼 브랜드 스팽스(Spanx)를 만든 창업자이자, '진심으로 연결되는 마케팅'의 상징으로 불린다. 그녀는 화려한 광고나 거대한 자본 없이도, 소비자의 공감을 얻는 스토리 하나로 브랜드 제국을 세웠다.

블레이클리는 평범한 세일즈우먼이었다. 어느 날 흰 바지를 입었을 때 속옷 라인이 비치는 게 신경 쓰여, 스타킹을 잘라 입어봤다. 이 단순한 행동이 스팽스의 시작이었다. 그녀는 직접 원단을 자르고, 제품 샘플을 만들고, 미국 전역의 백화점을 돌며 제품을 설명했다. 하지만 아무도 그녀를 믿지 않았다. 그럼에도 그녀는 제품의 기능보다 여성의 불편함을 공감하는 진심으로 설득했다.

세라 블레이클리의 마케팅 철학은 단순하다. "사람들은 완벽함에 공감하지 않는다. 진짜 이야기와 실패에 공감한다." 그녀는 자신이 창업 경험이 없다는 사실을 숨기지 않았다. 오히려 이를 솔직히 드러내며 "나도 당신처럼 평범한 여성이었다"고 말했다. 이 '진정성의 서사'는 거대한 광고 예산보다 훨씬 강력한 신뢰를 만들었다.

스팽스는 초기에 광고를 거의 하지 않았다. 대신 블레이클리는 입소문(Word of Mouth)과 스토리텔링 PR로 소비자의 관심을 얻었다. 그녀는 고객의 후기, 실제 사용 사진, 인터뷰를 적극적으로 공유하며 브랜드의 진짜 목소리를 보여줬다. "이 제품 덕분에 자신감이 생겼어요."라는 소비자의 말은 그 어떤 광고 문구보다 설득력 있었다. 그녀는 "제품이 좋으면 고객이 최고의 마케터가 된다."는 철학을 실천했다.

블레이클리는 브랜드를 '유머와 인간미로 무장한 친구'처럼 만들었다. 그녀는 자신이 직접 모델이 되어, 스팽스를 입은 모습을 유쾌하게 공개했다. SNS에서는 실패담, 육아 이야기, 창업의 어려움을 진솔하게 공유했다. 이런 인간적인 소통 방식은 브랜드를 '제품을 파는 회사'가 아닌, '같이 웃고 공감하는 친구'로 느끼게 했다. 그녀의 성공은 "소비자는 논리가 아닌 감정으로 브랜드를 선택한다"는 진리를 증명했다. 스팽스는 기능적으로는 혁신적이지만, 진짜 차별화 요소는 공감의 스토리텔링이었다.

세라 블레이클리는 이렇게 말한다.

"나는 여성을 더 날씬하게 만들고 싶지 않았다. 더 자신감 있게 만들고 싶었다."

👤 세상을 움직인 마케터　　　　　　　　　THE MAGIC OF MARKETING | 마케팅의 마법

로리 서덜랜드

로리 서덜랜드(Rory Sutherland)는 영국 광고회사 오길비(Ogilvy UK)의 부회장이자 『Alchemy』의 저자로, 인간의 비합리적 심리 속에서 마케팅의 본질을 찾아낸 전략가다. 그는 "사람들은 논리로 구매하지 않는다. 감정과 맥락으로 구매한다."는 통찰로 전통적인 광고 방식을 뒤흔들었다.

서덜랜드의 철학은 경제학보다 심리학에 가깝다. 그는 소비자가 제품을 선택할 때 합리적인 비교를 하지 않는다고 말한다. 오히려 가격, 기능보다 '느낌', '기대', '이야기' 같은 비이성적 요인이 구매를 결정짓는다. 그는 "사람은 합리적이라서가 아니라, 그럴듯해 보여서 산다."고 말하며, 이 '비합리성'이야말로 마케팅의 기회라고 본다.

그는 프랑스 고속철도 TGV의 사례로 이를 설명한다. 정부는 이동 시간을 줄이기 위해 수십억 유로를 들여 선로를 개보수하려 했지만, 서덜랜드는 이렇게 제안했다. "속도를 높이지 말고, 그 시간을 즐겁게 만들어라. 모든 좌석에 와이파이와 무료 와인을 제공하면, 사람들은 오히려 더 오래 타고 싶어 할 것이다." 이 한마디는 '문제를 해결하는 대신 인식을 바꾸는 것'이 마케팅의 핵심임을 보여줬다.

이러한 사고방식은 행동경제학 마케팅(Behavioral Economics Marketing)의 대표 사례다. 서덜랜드는 인간의 착각, 감정, 편향을 브랜드가 활용할 수 있는 창의적 설득 도구로 보았다. 예를 들어, '2만원짜리 와인'보다 '특별한 날을 위한 와인'이라는 문장이 훨씬 매력적으로 들린다. 같은 제품도 표현의 맥락(Context)이 달라지면 완전히 다른 가치를 갖게 된다. 그는 이를 "제품이 아니라 인식을 디자인하라."는 문장으로 요약했다.

또한 그는 '넛지(Nudge)' 마케팅의 실무적 가능성을 확장시켰다. 강요하지 않고 자연스럽게 행동을 유도하는 방식이다. 예를 들어, 슈퍼마켓 계산대 앞에 건강 간식을 배치하는 것만으로도 구매 습관이 바뀐다. 그는 "작은 설계 변화가 사람의 행동을 근본적으로 바꾼다."고 강조했다.

서덜랜드는 기술 중심의 마케팅을 비판하며, "모든 것을 측정하려는 순간, 진짜 중요한 것을 잃는다."고 말한다. 브랜드의 가치는 숫자가 아닌 감정으로 기억되며, 고객의 마음속에서 완성된다고 본다. 따라서 그는 데이터보다 직관과 상상력을 신뢰했다.

로리 서덜랜드는 이렇게 말한다.
"마케팅의 진짜 마법은 현실을 바꾸는 게 아니라, 인식을 바꾸는 것이다."
그의 철학은 인간의 심리를 가장 유쾌하게 해석한, 현대 마케팅의 알케미(연금술)로 남았다.

마케팅의 미래와 마케터의 역할

마케팅의 미래는 기술이 아닌 인간 중심의 진화에 있다. AI, 빅데이터, 자동화 툴이 모든 산업을 뒤흔들고 있지만, 진정한 마케팅의 본질은 변하지 않는다. 그것은 여전히 '사람을 이해하는 일'이다. 다만 그 방식을 완전히 새롭게 바꿔야 한다.

과거의 마케팅은 메시지를 만드는 일이었다면, 미래의 마케팅은 경험을 설계하는 일이 된다. 광고는 사라지지 않지만, 사람들에게 '보여주는 것'이 아니라 '참여하게 하는 것'으로 바뀌고 있다. 브랜드는 소비자에게 무언가를 강요하는 존재가 아니라, 공감과 선택의 파트너가 되어야 한다. 따라서 마케터의 역할은 '전달자'에서 '연결자'로 이동한다.

AI의 발전은 마케터에게 위협이 아니라, 새로운 도구다. 인공지능은 데이터를 분석하고 패턴을 찾아내지만, 그 데이터를 어떻게 해석하고 인간의 감정과 엮을지는 여전히 사람의 몫이다. 마케터는 이제 '데이터 독해자(data interpreter)'가 되어야 한다. 숫자와 알고리즘 속에서 사람의 마음을 읽는 감성적 분석력이 중요해진다.

또한 미래의 마케팅은 '브랜드의 진정성(authenticity)'을 중심으로 돌아간다. 소비자는 더 이상 거짓 메시지나 과장된 슬로건에 반응하지 않는다. 그들은 기업의 철학, 행동, 사회적 책임까지 관찰하며, 브랜드의 진심을 판별한다. ESG 경영, 지속가능성, 윤리적 소비는 트렌드가 아니라 브랜드 생존의 기준이 되었다. 즉, 마케터는 세상을 설득하는 사람이 아니라, 가치를 전달하는 사람으로 진화해야 한다.

미래의 마케터는 스토리텔러이자 경험 디자이너다. 마케터는 광고 문구를 만드는 대신, 브랜드가 세상과 어떻게 대화할지를 설계할 수 있어야 한다. AI가 메시지를 자동 생성하는 시대에도, '이 이야기가 왜 사람들에게 의미 있는가'를 이해하고 감정의 언어로 번역할 수 있는 능력은 인간만이 할 수 있다. 이것이 바로 마케팅이 단순한 기술이 아닌 인문학적 감수성의 영역인 이유다.

기술의 발전 속에서도 변하지 않는 한 가지가 있다. 사람은 여전히 감정으로 선택하고, 관계로 기억한다는 사실이다. AI가 아무리 정교한 문장을 만들어도, '공감'은 여전히 인간의 영역이다. 미래의 마케팅은 데이터를 기반으로 하되, 감정을 중심에 두는 휴먼 마케팅(Human Marketing)으로 나아갈 것이다.

**소비자는 바보가 아니다.
그녀는 당신의 아내다.**

데이비드 오길비(David Ogilcy)

**THE MAGIC OF MARKETING
마케팅의 마법**

초판 1쇄 발행 2025년 11월 14일

지은이 강동성
편집디자인 (주)그래피스타
펴낸이 장길수
펴낸곳 지식과감성#
출판등록 제2012-000081호

주소 서울시 금천구 벚꽃로298 대륭포스트타워6차 1212호
전화 070-4651-3730~4
팩스 070-4325-7006
이메일 ksbookup@naver.com
홈페이지 www.knsbookup.com

ISBN 979-11-392-2905-9(03320)
값 16,000원

• 이 책의 판권은 지은이에게 있습니다.
• 이 책 내용의 전부 또는 일부를 재사용하려면 반드시 양측의 서면 동의를 받아야 합니다.
• 잘못된 책은 구입하신 곳에서 바꾸어 드립니다.

지식과감성#
홈페이지 바로가기